华章经管

HZBOOKS | Economics Finance Business & Management

传神文案

文案写对，营销才能做对

空手 ● 著

WRITE YOUR
BRAND
L!T

机械工业出版社
China Machine Press

图书在版编目（CIP）数据

传神文案：文案写对，营销才能做对 / 空手著. -- 北京：机械工业出版社，2021.2
ISBN 978-7-111-67463-4

I. ①传… II. ①空… III. ①营销策划 - 文书 - 写作 IV. ① F713.50

中国版本图书馆 CIP 数据核字（2021）第 012781 号

传神文案：文案写对，营销才能做对

出版发行：机械工业出版社（北京市西城区百万庄大街 22 号　邮政编码：100037）

责任编辑：赵陈碑　　　　　　　　　　　　　责任校对：李秋荣

印　　刷：三河市宏图印务有限公司　　　　　版　　次：2021 年 3 月第 1 版第 1 次印刷

开　　本：170mm×230mm　1/16　　　　　　印　　张：21.25

书　　号：ISBN 978-7-111-67463-4　　　　　定　　价：79.00 元

客服电话：（010）88361066　88379833　68326294　　　投稿热线：（010）88379007

华章网站：www.hzbook.com　　　　　　　　　读者信箱：hzjg@hzbook.com

本书法律顾问：北京大成律师事务所　韩光 / 邹晓东

推 荐 语

这是一本用文案穿越品牌营销的书，讲述了如何写好文案，让它精准而漂亮地去穿越，穿越品牌、穿越竞争、穿越产品、穿越媒体、穿越场景、穿越需求，直达人心而让人产生共鸣。杰出的文案还可以穿越商业，成为社会流行符号；穿越时间，成为历史文化记忆。读这本书，不仅能学到文案创作技巧，还可以收获对品牌营销的体系化认知，以及如何透过一句文案来构建品牌营销的具体方法。

丁邦清

七溪地芳香集团创始人、省广集团前总裁

作为科特勒增长实验室和科特勒大师传承项目的导师，空手先生获得了客户的高度评价！毫无疑问，空手是我见过的国内内容营销和文案领域的顶尖专家。

在数字化营销转型的时代背景下，用产品模式去创造内容、用精准的内容去定义品牌、用高价值的内容来连接顾客，是每一个营销人都要掌握的关键能力！空手这本书适合成为文案和内容专业人士的实用指南。它是空手对文案领域十几年从业经验的积累和精炼，内容丰富，结构精当，以简驭繁，相信对每个想提升文案和内容能力的人，都会大有裨益。

曹虎

科特勒咨询集团全球合伙人及中国区总裁、《什么是营销》作者空手是一个营销理论基础超级扎实而且非常接地气的策略创意人，由他推荐的每一句文案，以及他所有的推荐理由，都值得细细品味。

陈绍团（团长）

找马咨询策略长

这是本极致的书！从品牌、营销、结果（案例）三个角度洞见文案，几乎把文案写作中所有应考虑的东西都写了下来，树立了专业的文案写作原则，在相当时期内将是一个标杆。我会把这本书，一直放在必读推荐书单里。

丰信东

《小丰现代汉语广告语法辞典》作者

文案变得不一样了吗？在信息超载的时代，让消费者以最少成本获得最大收益已成为基本原则。文案也首当其冲，如何通过最短话语击中用户，使之产生共鸣、感觉亲近，这个考验变得越来越大。《传神文案》深入探究了这一点，值得读者深读，而空手更值得读者坐下来与之深聊。

徐志斌

见实科技 CEO、《小群效应》和《社交红利》作者

品牌如何融入消费场景？在大数据时代，品牌如何给自己贴上标签占据用户心智？品牌营销如何与用户建立社交机制？品牌又如何形成社会流传？这本书给出的答案是文案，用一句精准而极具穿透力的文案来定义品牌，做好营销。其实质是用文案的外壳，来包裹品牌营销的内核。好文案兼具场景力、标签力、社交力和流传力。

许晓辉

万物天泽营销咨询创始人、每日优鲜前合伙人兼CMO

一句顶一万句的文案，始于对人性的洞察，经过逻辑推理，最后精炼归

纳，达到触动人心、大众传诵的效果。

刘春雄

郑州大学副教授、新营销倡导者

作为营销界最懂文案、广告界最懂营销战略的专家，空手老师跨越更多的维度，以手术刀般精准的手法，切割分解了文案写作的过程，充分演绎了"文案"这门手艺。

苗庆显

益合营销机构首席顾问、《营销按钮》作者

空手是我见过的最有科学家气质和工程师精神的广告创意人，他同时结合了天马行空的创意和严谨细致的理性，既像科学家一样探寻创意奥秘，又像工程师一样搭建品牌系统。他的创意方法是真正的方法。正如这本《传神文案》，真的是将创作变成音律，如同将浪漫的星空变成罗马众神殿。

陈格雷

《超级 IP 孵化原理》作者、张小盒等 IP 孵化人

怎样写好文案？空手这本《传神文案》其实不仅解决了文案写作问题，而且讲透了营销的思维，从文字到文本到文化，从标签到场景到社交。如果想要文案传神、占据人心，看这一本书就够了。

刀姐 doris

女子刀法创始人、CEO

文案谁都能写，但写得精彩很难，能改变商战格局更难。这本书讲述了其中的奥妙逻辑，其方法系统，案例翔实。推荐给热爱学习的营销人阅读。

关健明

《爆款文案》作者

一看目录就觉得特别精彩，让人迫不及待想要读下去，从序言到后记每一句都很有意思，堪称全程高能。虽然20多万字，虽然理论体系扎实、方法论十足，但给人的阅读体验十分流畅，让人一口气读完不觉枯燥，不走神，不打瞌睡。在书中几十个精妙绝伦的案例和品牌故事里，你会发现无数惊喜，并受益匪浅。

张大驰

鼠打猫互动创始人、执行创意总监

2015年，我离开服务了整整8年的老东家，开始了自己的创业之路。我们的第一个品牌是植观，这也是国内较早做氨基酸洗护产品的品牌。为了给这个品牌写宣传卖点（Power Claim），大家花了很多时间，写了很多版本：

一开始用的是"氨基酸洗护领导者"，但感觉有点自说自话。

后来找广告公司帮忙，把它改成了"自然会有答案"，一个有着双重含义的口号，但感觉跟品牌联系得又不够紧密。

最后，我们找到了这句话——"氨基酸，要植观"。它简单、直接、定义清晰，而且有排他性——用江南春的说法，好的品牌口号应该满足"用户爱不爱、员工用不用、对手恨不恨"这三个维度。据此评估，这个口号是很不错的，所以我们会坚持用下去，"山无棱，天地合，才敢与君绝"！

说了这么多，我想说明的是——文案的力量！文案内容是"1"，先要把它立起来，然后在媒介上花的钱才是后面的若干个"0"，这样整个数字才有价值。空手是广告行业的前辈巨擘，他对文案和内容的深刻理解会帮助我们把营销做得更高效。他的书，非常值得一读！

唐亮（TT）

植观创始人

好文案，一句顶万句

　　沃伦·巴菲特（Warren E. Buffett）是股神，也是可口可乐的忠实粉丝。他自1988年开始买入可口可乐股票，如今已持有超过30年，拥有可口可乐公司近10%的股份。巴菲特有一个特殊的"养生之道"，就是每天喝5罐可口可乐：白天3罐，晚上2罐；在公司喝经典可口可乐，在家喝樱桃味可口可乐。除了买股票、买产品，巴菲特还亲自上阵代言。2017年，樱桃味可口可乐在中国市场推出时，巴菲特同意可口可乐公司在瓶身印上他的卡通形象，不收分文代言费。

　　2015年11月16日，是可口可乐弧形瓶的100岁生日。从年初开始，可口可乐公司就在全球发起各种庆生营销活动。当年4月，可口可乐全球股东大会在美国亚特兰大召开，现场还播放了一段巴菲特弹奏尤克里里的视频。巴菲特用自弹自唱的方式，为可口可乐弧形瓶献上生日歌。而他弹唱的，就是可口可乐史上最经典的广告歌——《我想给世界买瓶可口可乐》(*I'd Like to Buy the World a Coke*)。这首歌来自1971年可口可乐著名的山顶广告，它被认为是可口可乐史上最成功的广告，也是被翻拍次数最多的广告。

很多人都知道巴菲特的选股秘诀——"护城河"，他只投资那些拥有足够宽、足够深、不容易被跨越的护城河的企业，并在几十封致股东的信里反复提到"寻找有护城河的企业"。在巴菲特的观念中，护城河分为四种：成本优势、高转换成本、无形资产、网络效应。拥有护城河，才是一个伟大企业的首要标准。

作为可口可乐最大的股东，巴菲特30多年来收获了丰盛回报，至今可口可乐仍是巴菲特所创立的伯克希尔公司投资组合的重要部分。毫无疑问，可口可乐是一家拥有护城河的企业，而它最主要的护城河就是无形资产，即可口可乐的品牌效应。品牌为这款99.6%都是碳酸、糖浆和水的软饮料注入了灵魂，品牌帮它获得了巨大的光环效应和竞争优势。正如那句广为流传的假设所说，假如可口可乐在全世界的工厂都被一把火烧光，只要品牌还在，一夜之间它就能重整旗鼓，让所有厂房在废墟上拔地而起。

可口可乐究竟是如何从一款普通糖水变成全世界最知名的品牌，成为全世界消费者心目中的图腾的呢？纵观可口可乐的品牌全球化之路，我发现有两次极具象征意义的事件。

第一次是在第二次世界大战（简称二战）期间，可口可乐的供应保障。

在20世纪40年代，尽管可口可乐曾千方百计想推广到全世界，但是在很多地方它的知名度并不高。正是二战的爆发将可口可乐推向了世界舞台，确立了它在全球饮料业的巨无霸地位。

日本偷袭珍珠港之后，可口可乐时任总裁罗伯特·伍德拉夫（Robert Woodruff）就发布了一条特别命令："不管我们国家的军队在什么地方，不管本公司要花费多大成本和代价，我们都要保证每名军人只花5美分就能喝到一瓶可口可乐！"为此，可口可乐按照美军标准，在各个美军驻地、在各个战区一共修建了多达64家装瓶厂，将可口可乐作为部队配给物资发往美国部队。就这样，随着美国大兵奔赴欧洲战场和太平洋战场，可口可乐也跟着走向世界，成就了一段二战传奇。

在残酷的战争间隙，在生与死、血与火之间，喝上一瓶清爽提神的可乐，那种美妙的感觉就像身处天堂一样，可口可乐成了激发军人士气的重要装备。

为什么要打仗？就是为了保卫自己喝可口可乐的权利和自由，保卫包含可口可乐在内的美好生活，这就是可口可乐被赋予的价值内涵。它因而成为美国的代表符号，成为美国梦的象征。

第二次就是 1971 年经典的山顶广告歌⊖，也就是巴菲特翻唱的那首歌的首播。

在广告中，来自全球各个角落的 200 名年轻人，身着各自国家的传统服饰，聚集在意大利的一个山顶上，手中各握着一瓶可口可乐，真诚地唱出："我想给世界一个家，用爱灌溉它，种上苹果树，养上蜜蜂和雪白的斑鸠；我想教世界歌唱，用美妙、协调一致的和声；我想给世界买瓶可口可乐，让它时刻相伴……"

这支广告一经推出就获得如潮好评，在全世界引起巨大反响。它不仅在当时成功刺激了可口可乐的全球销量，而且使可口可乐公司收到了超过 10 万封赞美这支广告的来信，人们要求重播广告，并索取这首广告歌的整段乐谱。

由于电台拒绝给这支广告做免费广播，可口可乐重新填了词，将《我想给世界买瓶可口可乐》改为《我想教全世界唱首歌》（*I'd Like to Teach the World to Sing*），然后找到了两支乐队录制唱片。歌曲发布后仅仅两周，就登上了"Billboard Hot 100"歌曲排行榜，到 1972 年初，这两张唱片累计销售超过 100 万张。

虽然歌词中完全没有提及可口可乐，但是每个听到这首歌的人，都会自然想起可口可乐。正如《纽约周刊》所评价的：这是肯定会火的潜意识广告。

可口可乐用一曲世界大合唱，清晰地传递了品牌的价值观，那就是每个人都可以平等地享受一瓶可乐，没有年龄、性别、肤色、国籍之分。"我想给世界买瓶可口可乐"这句文案所传递的观念，非常有效地体现了可口可乐的全球形象：和平、友爱、团结、分享。

20 世纪著名波普艺术家安迪·沃霍尔（Andy Warhol）创作的第一件作品

⊖ 马克·彭德格拉斯特. 可口可乐传 [M]. 高增安，等译. 上海：文汇出版社，2017.

就是关于可口可乐的。他说："你在电视上看到可口可乐时，你会知道美国总统喝可口可乐，演员伊丽莎白·泰勒（Elizabeth Taylor）喝可口可乐，当然你也可以喝可口可乐。你喝的可口可乐和别人喝的一样，有钱你也不能买到比街头流浪汉喝的更好的可口可乐。所有的可口可乐都是一样的，所有的可口可乐都是好的。"

同一个世界，同一瓶可口可乐。世界大同的理想，靠一瓶可口可乐实现了。可口可乐从此成为爱与和平的化身，成为全世界通行的语言，在全球各个角落大获成功。

在这首广告歌中，最后收尾的话是可口可乐当时的广告语" It's the Real Thing"，但是由于" I'd Like to Buy the World a Coke"反响太过热烈，它反而取代了原本的广告语，成为可口可乐新的品牌主张。

为什么巴菲特会对这首歌情有独钟呢？我想，正是这一句"我想给世界买瓶可口可乐"给可口可乐注入了灵魂和生命，为其全球化提供了绝佳注脚，成为品牌价值的完美象征。所以可口可乐才会不断翻拍这条广告，包括 1990 年的超级碗广告、2005 年零度可乐的发布会广告（文案改为"我想让世界冰爽一下，停下脚步并微笑。我想给你来瓶可口可乐，让你持续冰爽"）、2006 年可口可乐在新加坡上市 35 周年广告，以及 2011 年可口可乐 125 周年广告。[⊖]

这句文案，就是可口可乐品牌战略的精髓所在，它用明确的字眼定义了品牌，将品牌从一个抽象的概念，变成一个有血有肉、有温度有态度的存在，从而与消费者建立起长期联结。

品牌是企业战略与营销管理的顶层设计，而品牌沟通主要建立在文案的基础上。对消费者来说，文案不仅是决策和购买的强力提示，也是对品牌的精确定义，是品牌价值、品牌形象、品牌态度与个性的核心载体。消费者主要通过文案来感知品牌，文案是品牌操控人心的武器。

广告教父大卫·奥格威（David Ogilvy）曾说："每一条广告都是对品牌形

⊖ 何丹琳.《广告狂人》最后一集致敬的可口可乐 1971 年广告是如何诞生的? [EB/OL].（2015-05-25）[2020-06-01]. https://www.meihua.info/a/63335.

象的长期投资。"同理，每一篇文案都是对品牌价值的一次加分。文案创作不是为了吸引眼球和语不惊人死不休，不是为了展现你的文采和文学天赋，而是要对品牌进行精心设计与表达，从而让消费者想买品牌、爱上品牌，帮助品牌获得持续的竞争力和长久的续航力。

纵观商业史上那些成功的品牌，总是包含了一些具有强大生命力的文案。

文案是消费者记忆的抓手。正如提到劲酒，你会先想到"劲酒虽好，可不要贪杯哦"；提到脑白金，那句"今年过节不收礼，收礼还收脑白金"马上涌到嘴边。文案甚至能成为社会流行语，帮助品牌成为消费者生活的一部分，比如农夫山泉的"大自然的搬运工"、小米的"永远相信美好的事情即将发生"。

文案是消费者行动的推手。它指引消费者做出购物决策，并提示消费者及时购买，比如"吃完喝完嚼益达""困了累了喝红牛""（欧莱雅）你值得拥有""人头马一开，好事自然来""一年逛两次海澜之家"。这些文案都在告诉消费者为何要购买品牌，以及何时购买。

文案是构建品牌的先手。它定义品牌，为品牌赋予价值、情感和个性。比如宝马的"悦"、可口可乐的"爽"、路易威登的"旅行"；提到耐克你会想到"Just do it"，提到苹果你会想到"不同凡想"（Think different），提到谷歌公司（Google）你会想到它那句著名的口号"不作恶"（Do not be evil）。这些文案可能会被替换，也不一定出现在品牌的每条广告和每次传播之中，但它们早已进入消费者心智，成为品牌和企业文化的一部分。这就是文案的力量。

简言之，好文案可以传神。它不必长篇大论，只需几行字、一句话甚至一个词，就能将品牌精神概括出来，让品牌的神韵呈现出来，就能对消费者"一语中的，一击制胜"。好文案，一句顶万句。

要想写出这样的文案，需要的不是遣词造句的能力，而是对品牌与市场的领悟和洞见。文案不是要一个人埋头搞文学创作，而是要对商业策略进行创造性表达。如果一个文案不理解企业客户的营销目的、品牌策略，不理解消费者心理，不理解社会和媒介环境，他又怎么能写出好的文案呢？

我从2006年进入广告业，以文案的身份入行，做过策划、客户主管

（AE），担任过策略总监、客户总监；在注重创意的外资公司做过，也在强调策略的本土公司做过；管理过一线业务部门，操盘过一年数亿元预算的整合传播方案，也负责过营销战略、内容营销等支持项目，帮不少企业做过中长期战略规划。回顾我的职业生涯，从这么多视角审视文案，我愈发对如下两点有了深刻认知。

第一点，要做好文案，不能仅限于文案。

很多人将文案创作简单地理解成写字："不就是写几行字吗？"文案的确是写字，但他要在理解品牌价值优势、了解企业竞争态势、研读消费心理和社会文化趋势的基础上写字。

要想写好文案，先要搞懂品牌，因为品牌是文案的出发点。品牌的核心价值主张是什么？品牌跟消费者沟通的调性是什么？品牌的目标用户拥有什么样的三观和生活方式？如何回答这些问题都会影响文案的表达。不"懂"品牌的文案不是好文案。

要想写好文案，还要读懂市场。文案要能适时反映市场的状况和变化，将企业的市场策略落地，帮助品牌树立有别于竞争对手的差异化价值与形象，比如领导者品牌、挑战者品牌其文案写法都是不一样的。不"懂"市场的文案不是好文案。

我这么说并不是在贬低文案，并不意味着文案只是企业营销宏大叙事中一个微不足道的小角色。恰恰相反，在谈多了战略、品牌、市场之后，我反而认为文案最重要。即使在视频、图片内容大行其道的今天，文案也很重要。

这正是我想说的第二点：策略再牛，最终还是要靠文案进行表达和表现。

一家企业可以写上一份几百页的PPT来详细阐述其市场规划、品牌战略，但是当企业要与消费者沟通时，最终还是要用文案使策略落地，用文案来传递品牌信息，用文案来打动消费者，让品牌进入消费者心智，而消费者也主要是靠文案来记住企业、理解企业。毕竟，企业不能直接在电视上投放其战略PPT，不是吗？

文案是联结市场策略和用户沟通的中枢，但通过几句话、几行字就把品牌表达清楚，把"你是谁""你跟别人有什么不一样""消费者为什么要买你（的产品）"这些企业基本问题说清楚，是一件非常难的事。而且通过几句话、几行字就让消费者产生购买欲，产生强烈的认同与共鸣，这是一件更难的事。这也正是文案真正了不起的地方。

从业以来我见过太多文案人员，虽然他们入行多年，但是一收到创意简报，他们就迫不及待地找套路、抄模版，一写文案却还是只会玩谐音梗、换字梗……这样写文案是走不远的。如果你只是把文案当成一场文字游戏，只会在文字技巧上下功夫和在遣词造句上做文章，那其实你还没有走进品牌营销的大门。

"汝果欲学诗，工夫在诗外。"我希望在本书中呈现的，是文案背后的商业逻辑，是当你提笔写文案时，应该如何去思考，如何将品牌与市场策略通过文案创造性地表达出来。

市面上的文案书，通常面向广告公司的文案人员，或是企业负责新媒体、要写产品推文的运营人员。而实际上不管在哪个行业，只要你从事营销与品牌运营工作，如今都需要具备一定的文案功底。所以我把本书视为一本讲透品牌营销的文案书，它以文案为切入点，以品牌营销为落脚点，来阐释如何通过文案来打造品牌、制订市场方案，真正将纸上的策略转化成对消费者心智、行为的实质影响与改变。而这一切，最终都要靠文案的创作来实现。

是为序。

目　录

第一章　文本

做文案的三重境界

知乎上有个近万人关注的问题："文案的价值在哪里？为什么凭几句广告语就能拿那么多工资？"看到这个问题，我就想讲两个故事：一个故事叫"当然"，另一个故事叫"改变"。

先来看第一个故事。

2007 年 4 月 27 日，对联合利华公司来说是一个大日子。在连续十年没有新品上市以来，联合利华终于在中国推出了一款新的洗发水——清扬。清扬一问世就被寄予了厚望，联合利华希望它能够在三年内成为中国去屑洗发水第一名。清扬是有这个资本的，它在进入中国市场以前，就是南美、欧洲、东南亚多个地区市场的领导品牌。为达成这个目标，清扬要挑战的对手，正是老冤家宝洁旗下的海飞丝。作为当时的去屑领导品牌，海飞丝占据着 12% 左右的市

场份额。[⊖]

为了打败海飞丝，清扬做了充足准备。

在产品上，清扬首次提出"男女区分"的去屑概念，并提供男士专用去屑产品，抢占男士去屑市场。而且，清扬还首次推出"深度头皮滋养"去屑方案，强化去屑的卖点，增加中国消费者的信任背书。

在营销推广上，清扬在上市第一年就花了5亿元广告费。除了电视广告轰炸和铺天盖地的报纸、户外、门户网站广告投放外，清扬还在各大终端渠道开展"百分百挑战，头屑不再来"的去屑大挑战活动。这是中国洗发水市场上有史以来最大规模的消费者体验活动。清扬宣称要在3个月时间内，让1000万消费者直接体验到清扬的去屑功效。

在品牌传播上，清扬则由中国台湾人气女星小S（徐熙娣）代言。电视广告中，小S对着镜头自信又带着挑衅地表示："如果有人一次又一次对你撒谎，你要做的就是立刻甩了他。"然后，一个很像海飞丝的蓝色瓶子就被她顺手扔了出去。接着小S表示："现在你需要一个能够真正去屑的产品，它就是清扬。"这个电视广告咄咄逼人，攻击性十足，它瞄准的对象是谁也就不言而喻了。

面对清扬的强劲攻势，宝洁内部严阵以待，花了很长时间来讨论应对策略。作为消费者公认的去屑领导品牌，面对清扬对"去屑"认知的争夺，海飞丝要做的就是捍卫自己的领导品牌地位，强化自己作为去屑首选品牌的消费认知。

所以，海飞丝讲了一个词——"当然"。

"去屑，当然海飞丝"，这就是海飞丝对清扬的回应。为此海飞丝也发起了一波品牌战役，投放了大量广告来传达这个信息。其中，它的海报文案是这么说的："哪个洗发水从第一次就有效？当然，海飞丝""哪个洗发水能有效对抗7种头皮问题？当然，海飞丝""哪个洗发水能拉近我们的距离？当然，海飞丝"……

如果你有去屑需求，你还需要选择其他品牌吗？当然是海飞丝啊。如果

⊖ 唐亮.植观Tony：我在宝洁经历过的几次广告营销战役[EB/OL].（2016-01-05）[2020-06-01]. https://mp.weixin.qq.com/s/0qIBmhvnYFZmlsYXsU_B1A.

你要买去屑洗发水，你还需要考虑吗？当然是海飞丝啊。这就是海飞丝应对清扬的市场策略和用户沟通策略。所以说，领导品牌应该怎么做营销？那就是时刻展现领导品牌风采，捍卫领导者地位。一个"当然"，展示了海飞丝作为去屑洗发水老大的实力和自信。

当然，最终结局是美好的。海飞丝守住了领导品牌的地位，不过清扬也成功赢得了市场。海飞丝和清扬"神仙"打架，结果其他品牌遭殃。二者共同做大了去屑洗发水市场，抢占了其他洗发水品类和品牌的市场份额。

"当然"两个字好写，但写出这一个"当然"从来不是想当然的事。很多人不明白的是，文案为了写好那几个字，背后要做多少功课，又要有怎样的策略思考。写几个字容易，而且文案为了追求消费者理解的最大化，经常写的都是大白话，没有高深的概念和术语，亦无文采可言，看起来连小学生都能写，但是想明白文案为什么要写这几个字却很难。

所以我在本书中将要列举的所有案例，都不是为了给大家展示文案作品并告诉你"看，这就是好文案"，并且说一些"不痛不痒"的文案大道理。我希望呈现的是每一个品牌为什么要这么写文案的思考过程和商业逻辑。理解这个过程和逻辑，你才能明白文案的价值，你才能学到最好的文案方法。

我要说的第二个故事，是关于"改变"的故事。

"改变"这个词，是很多品牌都喜欢讲的一个概念，为什么品牌都热衷于"改变"呢？因为实际上品牌对消费者的意义就是为其生活方式和价值观念带来强化，或者带来改变。要么，品牌强化消费者认同，使其愈发坚信自己的选择，从而让品牌获得更多支持与信赖，比如海飞丝讲"当然"，就是在强化消费者对海飞丝作为去屑领导者的认同；要么，品牌改变消费者的固有认知和行为习惯，从而为自己赢得销售机会。

2010年，李宁宣布更换品牌logo（商标）和slogan（口号），使用多年的"一切皆有可能"被"Make the change"取代，这句新口号的中文版叫作"让改变发生"。

2015年，SK-II换上新的全球品牌主张"Change Destiny"，并在中国发起了声势浩大的营销推广活动"改写命运"，号召广大女性消费者将命运掌控在自己手中——我的人生我做主。

2016年，奥迪以"造就改变"为主题，召开奥迪品牌峰会暨全新奥迪A4L发布会，并在随后的各大车展上，都以"改变"为理念展示奥迪新的产品设计与布局，展现品牌日趋年轻化的形象。当年底，奥迪又推出"每个第一次，引燃改变"的全新沟通理念，来打造全新奥迪车主形象，吸引中国年轻一代消费者。

一个运动品牌、一个护肤品牌、一个汽车品牌，在品牌传播中不约而同地选择了"改变"。同样的文字，但是仔细分析起来，你会发现三个品牌各有各的考量。

李宁讲改变，那是因为品牌战略的调整。

21世纪以来，中国体育产业开始起飞。2001年国足出线、申奥成功，极大地点燃了国人的运动热情，助推了国内运动风潮的兴起，拉开了各大运动品牌快速增长的大幕。到了2008年，北京奥运会的举办更是成为运动品牌的巅峰时刻。作为当时中国运动品牌的领头羊，李宁在奥运会上出尽了风头。随着李宁公司创始人李宁点燃奥运圣火，李宁品牌也达到了前所未有的高度。

2009年，李宁品牌销售额83.87亿元，荣登国内运动品牌第一的宝座，国内市场份额直追耐克、阿迪达斯。随后，李宁启动高端化、国际化战略，将竞争对手锚定为耐克、阿迪达斯，并开始布局核心城市市场和海外市场。

基于这一新的品牌战略，李宁更换了品牌logo，从原来的旗帜飘扬换成更立体、更时尚、更锐利的"人"字造型；品牌名更多使用LI-NING而非中文李宁；广告语也从中文换成英文；在产品端则连续提价，推出一系列中高端产品。

"让改变发生"，是为了改变它在消费者心目中原有的品牌认知，提升品牌价值，树立国际化品牌形象。李宁随后启动的"90后李宁"等品牌战役，就是为了布局未来，让"90后"从零开始接受一个国际化、高端化的李宁。

虽然这个战略过于激进，品牌建设脱离了用户基本盘（当时李宁超一半消费人群年龄在35～45岁，"70后"是消费主力），产品提价丢失了市场基本盘，并且，李宁正好赶上中国体育产业的产能过剩危机，整体市场下滑，这一战略转型最后以连年亏损而告终，但是，"改变"的确忠实反映了李宁的战略变化，将李宁的新战略落实到了各项营销执行与品牌沟通中。

SK-II 讲改变，那是因为用户价值观和社会文化的变迁。

平权运动在全球兴起，女性独立自主的意识日渐觉醒，她们渴望主宰自己的命运。所以 SK-II 因应这种女性心理变化，提出新的品牌主张，通过价值观营销的方式和女性用户进行沟通。这种"改变"洞察了时代思潮，帮助 SK-II 构建了独特的文化内涵，SK-II 因而在网上迅速走红，品牌大获成功。

奥迪讲改变，则是由于汽车市场的变化。

在中国豪华汽车市场，品牌排名在过去很多年里都是奥迪、宝马、奔驰。这是因为在商务消费主导市场的传统年代，四平八稳、稳重大气、一直是商务用车的首选，是精英人士身份和地位的象征，它帮助奥迪站稳了中国豪华车领导品牌的地位，从 1988 年起连续 29 年蝉联销售冠军。

但是"成也萧何，败也萧何"，到了豪华车市场私人化消费的今天，加上年轻人成为消费主力军，奥迪的商务精英格调也就从过去的优势变成了劣势，和宝马强调的性能和驾驶乐趣、奔驰代表的豪华与时尚品位比起来，奥迪根本无法吸引年轻人的目光，品牌随之显得"老年化"，并且奥迪车主也在年轻人心目中成了守旧落伍的代表。故此，奥迪的在华销量自 2017 年开始先后被奔驰、宝马超越，如今在中国豪华车市场只能屈居第三。

当市场趋势开始改变，当消费者观念开始改变，旧有的品牌认知就会成为前进路上的绊脚石，所以奥迪必须做出改变。如果大家有留意过近年来奥迪的新车型就会发现，奥迪的产品设计已经从过去的稳重大气，变得越来越时尚动感，产品线条变得更加硬朗和锋利。当然，改变必须是全方位的，不仅在产品上要变，在品牌形象、用户沟通方式、营销推广上都要做出改变。

所以从 2016 年起，奥迪开始以"造就改变"为主题，推出全新一代 A4L、新款 A3 等产品。2016 年 12 月，奥迪又选择了马龙、郝景芳、程丛夫作为代言人和奥迪车主代表，来塑造奥迪新的用户形象。他们分别作为首位男乒全满贯选手、首位雨果奖中国女作家、首位勒芒赛中国车手，通过各自的经历和成绩来体现奥迪"每个第一次，引燃改变"的诉求主张，为品牌赋予积极进取、突破自我的态度。这一轮新的品牌战役，目的就是为了改变奥迪在消费者心目中的固有形象和认知，打动新一代汽车消费者。

从李宁到SK-II，再到奥迪，可以看出市场多变、消费者善变，所以品牌必须跟着改变。虽然"改变"两个字好写，但你必须对企业市场战略、竞争状况、用户心理、社会文化进行深入分析，才能明白为什么要写下这"改变"二字。

回到我们开头的那个问题，为什么文案凭几句话就可以拿那么多工资？因为在文案寥寥数字背后，有着复杂的商业思考、精妙的人性考量。文案是对市场策略的高度提炼，是对品牌传播的精准概括，是对用户心理的一击命中。别说文案凭什么拿那么多工资，在我看来文案就是广告公司最重要的职位，文案就应该是广告公司薪水最高的职位。

尽管这么说，但是在现实中，文案往往是整家公司薪水最低的，因为文案是一门没有任何门槛的手艺，大家都觉得写文案很容易。

一名文案刚入行，最先学会的都是基础的文字技巧：写标题的套路、写广告语的技法、写文章以及长图文的模板。这些知识一开始挺有用，它能帮你应付工作，快速完稿。但这也是文案不值钱的原因，因为生搬硬套的技巧缺乏真正的技术含量，它只能帮你写出60分的文案，而且现实总是会比套路复杂，套路很容易失效，套路就是你文案进阶路上最大的绊脚石。

这时候，你得开始试着研究文案背后的逻辑、文案流传的规律，开始思考：什么样的文案能够精确表述品牌价值，什么样的文案能够深入用户心智，什么样的文案可以指引市场策略，什么样的文案可以引领起整个营销传播。当你不再照搬套路，而是研究思路，这时你就已经进阶了。

对于这些能够定义品牌价值、概括品牌营销策略的文案，我把它们称为品牌的核心文本，或者说，品牌超文本。

文本是品牌之本，是品牌发起传播的源头，是企业市场策略的具象表述，它是品牌的中心、营销的中心。帮助品牌制定核心文本，才是一名文案最重要的工作，是品牌营销中最具价值、最有难度的部分。

表面上看，以文字的角度，从事文案是没有门槛的。但是以文本的角度，好文案的天花板却相当高。因为建立品牌文本靠的不是灵机一动，而是系统思考；它要的不是诗人、作家，而是对品牌的系统认知，对营销的深刻洞见。看看广告史上那些成功的文案作品，无一不是精妙文字构想与缜密商业策略的完美结合。

文本的价值，不只是出现在产品海报上的几句话，也不只是一篇介绍产品功能的推文。文本关注的不是文字游戏，而是如何占据人心和舆论，如何赢得市场。它能帮助企业塑造一种独特的品牌文化，从而吸引和打动消费者；也能帮助品牌成为社会流行文化的一部分，从而获得广泛的社会影响力和话语权。文本是一种高维度的文案思维。

从文字的创作而始，到构建品牌文本，再到塑造品牌文化而终，文字、文本、文化，就是文案的三重境界。

————————

第一节　文字、文本、文化

1. 要来就来真的

在营销业，品牌是个万能词汇，它似乎能跟一切相关概念进行搭配，组合成一个新的术语，诸如品牌战略、品牌营销、品牌管理、品牌核心价值、品牌形象、品牌个性、品牌文化、品牌故事、品牌知名度、品牌美誉度……人人都在谈品牌，但一千人眼中就有一千种品牌定义。关于何谓品牌众说纷纭，品牌成了个任人打扮的小姑娘。我们且来看看当今业界通行的三大品牌模型又是如何定义品牌的。

广告教父大卫·奥格威认为，品牌代表一种形象。

品牌形象来自消费者对产品本身、产品生产者（企业），以及产品使用者的种种综合性联想。它包括对产品功能利益的联想、对产品属性和品质的联想、对产品使用经验的联想、对用户身份的联想、对价格档次的联想，以及由此衍生出关于个性、态度、价值观念的联想。这就是品牌形象说。

品牌资产鼻祖戴维·阿克（David A. Aaker）认为，品牌代表一种无形资产。

它是消费者掌握的关于产品和企业的相关知识，阿克将品牌资产分成五个部分，即五星资产模型：知名度（关于知道的知识）、认知度（关于品质的知识）、品牌联想（关于个性和价值的知识）、忠诚度（关于价差的知识）和其他专有资产（商标和专利）。品牌资产是企业最重要的资产形式。

此外，另一位营销大师凯文·凯勒（Kevin Keller），则进一步提出了基于消费者的品牌资产模型，即 CBBE（customer-based brand equity）模型。凯勒则将品牌资产分成六个维度：显著性、绩效、形象、评价、感觉、共鸣。这就是品牌资产说。

全球最大广告集团之一 WPP 集团（Wire & Plastic Products）旗下的市场调研与咨询公司凯度华通明略（Kantar Millward Brown）认为，品牌代表一种关系。

凯度使用品牌动力金字塔模型来测量品牌，将品牌与消费者之间的关系按从疏到密、由低到高，分成五个层级（存在、相关、表现、优势、绑定），它们呈金字塔分布。品牌建设的最低层级，就是品牌在消费者心目中有存在感；品牌建设的最高层级，则是和消费者达成绑定，建立强势关系；在这两个层级之间，是另外三个层级。这就是品牌关系说。

无论是形象说、资产说，还是关系说，你都会发现品牌指向的都是人类基本的心理现象。品牌就是消费者的内心戏，它是产品及其消费者构成的一个共同体，用一个公式来表示就是：品牌＝产品＋消费者。品牌和产品的最大区别，在于产品是摆在货架上的，而品牌则存在于消费者心中。把人加入产品，品牌才真正开始起作用。要想打造一个成功的品牌，就要通过种种手段对用户心智施加影响。

大家知道，心智是营销人经常挂在嘴边的一个词。杰克·特劳特（Jack

Trout）和艾·里斯（Al Ries）写作《定位》一书，副标题就叫作"争夺用户心智的战争"。而现代营销学之父菲利普·科特勒（Philip Kotler）则强调营销要从消费者出发，满足用户需求，需求潜藏于人性的因素之下，这是心智。

尽管各种品牌理论、营销理论都强调心智，但是心智这个概念听起来既模糊，又抽象，也玄奥。到底应如何影响心智和占领心智，着实让人百思不得其解。我专门研究过几十本心理学书籍，试图从中找出规律，但总感觉越看越迷惑，因为人类的心理本来就难以捉摸、难以量化，更别提要利用它变成方法论应用于营销之中了。

直到后来，我看到了一句让人眼前一亮的话——

> 按照权威语言学家诺姆·乔姆斯基（Noam Chomsky）的观点，语言才是人类本质的中心所在。⊖伴随语言能力的产生，人类才有了心智理论。

在《语言的科学：詹姆斯·麦克吉尔弗雷访谈录》（*The Science of Language: Interviews with James McGilvray*）一书中，乔姆斯基认为：语言的用途不仅仅是交际，更重要的是用于内在心智——我们无时无刻不在跟自己说话。事实上，我们说出口的话，在整个语言系统里只占微乎其微的一部分，剩下 99.9% 的语言都是心语，我们一直在自我交谈。简单来说，我们通过语言认识自己、影响他人。如果没有语言，我们就无法知道自己是谁、别人在想什么，以及别人在怎么想我们。

语言学家和认知心理学家史蒂芬·平克（Steven Pinker）也表示，语言是人类表达思想和情感的媒介，是洞察人类心智的窗口。⊜在其皇皇巨著《语言本能：人类语言进化的奥秘》（*The Language Instinct: How the Mind Creates*

⊖ 诺姆·乔姆斯基.语言的科学：詹姆斯·麦克吉尔弗雷访谈录[M].曹道根，胡朋志，译.北京：商务印书馆，2015.

⊜ 史蒂芬·平克.语言本能：人类语言进化的奥秘[M].欧阳明亮，译.杭州：浙江人民出版社，2015.

Language）一书中，平克如是说："在所有文化中，社会交往都是依靠劝说和争论来实现的。一个句子的措辞方式在很大程度上决定了人们的选择结果……人类学家指出了一个现象，部族中的首领往往都是天才的演说家，而且大多妻妾成群，这对于任何一个怀疑语言能力与达尔文学说无关的人来说，都是一个绝好的提醒。"

不光是原始部落，其实今天也差不多如此。语言在人类生活中的作用不胜枚举，如果你想影响他人，改变他人的态度和行为，不管是靠游说或威胁，还是靠广告传播或营销公关，都离不开语言。

心智就是营销的主战场，而语言则是影响心智的核武器。本质上而言，过往的品牌理论都是建立在心理学的基础上；而从应用的角度来看，其实品牌更应该架构在语言学的基础上，因为语言才是心智的关键，是进入人类心智的大门。

文本（包括语言及其重要载体文字）才是品牌的中心，在品牌的建设中扮演着重要角色。品牌的核心价值要通过文本进行表达，品牌的个性和形象要通过文本进行演绎，从而建立品牌。

香港维他奶集团旗下的著名茶饮料品牌维他柠檬茶，曾经连续16年在港销量领先。这个品牌用一个字来形容就是"真"。"真"，就是维他柠檬茶的品牌超文本。

"真"代表着维他柠檬茶的产品利益点。其产品特色就是采用茶叶原叶浸取，保留纯正独特的茶涩味，所以维他柠檬茶一直宣传"真茶＋真柠檬"的核心卖点，围绕着"真"大做文章，宣传产品品质的货真价实。

"真"代表着维他柠檬茶的情感联结点。在品牌塑造上，维他柠檬茶不只是在讲产品的"真"，也是在讲消费者的"真"，"真"代表着年轻人活出真我、个性率真、敢作敢当、不妥协的生活态度。

比如维他柠檬茶早几年的品牌诉求"要来就来真的"。其中有一条TVC（电视广告）是这样拍的——一对情侣走在路上，女生突然说："如果我掉进河里，你会救我吗？"男生："当然会啊。"于是女生立马就跳进了路边的河里。

接着打出品牌标版：要来就来真的！真茶＋真柠檬，维他柠檬茶。"要来就来真的"充分展现了年轻人的生活态度。

近年来，维他柠檬茶又换上了一句新的品牌广告语："够真才出涩。"这句话将产品价值——真茶叶带来茶涩味，与用户价值观（做真实的自己才能活得出色）完美结合在一起，从而赋予品牌以个性和情感，让品牌拥有了生命力。"真"代表了维他柠檬茶的价值观点。

对维他柠檬茶来说，不管是投广告、发推文，还是搞活动、做推广，其实都是围绕着"真"来展开的。"真"将维他柠檬茶的产品利益点、情感联结点、价值观点统合在一起，帮助维他柠檬茶从一款茶饮料变成一种生活态度、一种人生价值观，成为一个与消费者共享、共有的生活品牌。

除了维他柠檬茶，维他奶集团旗下的另一主打产品维他奶，在2018年6月也将品牌诉求升级为"这一刻满满是真"，结合品牌即将到来的80周年庆，强调"80年真心做好豆奶，满满是真维他奶"。在电视广告中，维他奶还打造了一首关于"真"的广告歌："这世界，多点真，会变不一样。真的成长，每步都值得鼓掌；真的梦想，就在不远地方……""真"将真材实料的产品品质和真心实意对待消费者的品牌理念结合在一起，成为对维他奶品牌的最好诠释。

一个"真"字，帮助维他柠檬茶和维他奶这两大产品确立了品牌核心价值，赢得了消费者的记忆、认同与购买。它不仅统领了产品品牌的建设，而且变成了整个维他奶集团的品牌识别符号，牢牢地占领了用户心智。一个"真"字，塑造了一个品牌。

2. 生活是用来分享的

今天，品牌营销的构成越发复杂，平面、视频、活动、事件、公关、话题、H5、自媒体等无所不包，媒体碎片化，沟通渠道分散而内容多样。品牌说得越多，消费者越无法感知品牌到底代表什么，对品牌的印象只有模糊的一团，对品牌有何价值说不清、道不明，这非常不利于品牌建设。

在这个去中心化的年代，品牌建设恰恰需要中心化的文本构建。文本明确定义品牌，界定品牌核心人设（角色设定或身份设定）和核心价值体系，因而它能够统领起品牌的整合营销传播，为内容的创作指明方向。不同媒体、不同渠道、不同内容形式，在文本的指引和规范下进行演绎输出，帮助品牌发出同一个声音，表达同一种价值，塑造同一种风格。

很多品牌战役、营销推广都是以文本为核心发起的，围绕核心文本通过各种形式、各种内容与消费者展开沟通，这样才能做到形散而神不散。文本，就是品牌的那个"神"。

T-Mobile 公司是世界上最大的电信运营商之一。它不仅在西欧地区和美国都拥有自己的移动网络，并且通过金融手段参与东欧地区和东南亚地区的网络运营，可以说这是一家遍布全球的跨国通信运营商，全球用户高达 1 亿人之多。

2009 年 4 月 30 日，T-Mobile 在伦敦著名的鸽子广场发起了一场快闪事件（Flash Mob）。它向行人分发了上千支话筒，一起合唱英国国民乐队披头士（The Beatles）的经典歌曲 *Hey Jude*。

整个活动一共有近万人参与，活动现场的大屏幕上投影出众人齐唱的镜头，有男、有女；有老人、有孩子；有学生、有白领；有穿戴整齐的绅士、有衣衫褴褛的乞丐，所有人都开心地投入同一首歌的演唱之中。

活动现场的视频被剪辑后上传到视频网站 Youtube，播放次数达到了千万级别，在全球引发强烈共鸣。你即使听不懂英语，也能被他们的情绪感染。在视频的最后，T-Mobile 告诉大家："Life's for sharing."（生活是用来分享的。）

2010 年圣诞节，T-Mobile 又在伦敦希思罗国际机场如法炮制。当人们拖着沉重的行李箱，风尘仆仆地走下飞机，准备回家之际，人群中的快闪族突然走出来，载歌载舞，给旅客们送上回家的祝福。旅客们先是感到惊奇，然后受到感染，他们纷纷停下脚步，驻足欣赏，甚至参与进去。活动现场的视频同样被剪辑后投到网络平台上，得到了更广泛的传播和讨论。当然，在视频的最后，T-Mobile 会无一例外地告诉你，生活是用来分享的。

围绕"生活是用来分享的"这一核心文本，T-Mobile 多年来发起了一系列品牌营销活动，从利物浦的地铁站到伦敦国际机场，从英国的城市广场到美国的购物中心。无论在哪个国家，无论活动形式是合唱、群舞，还是《愤怒的小鸟》真人版游戏，T-Mobile 的品牌营销致力于向消费者传达的就是"分享"的品牌精神。

作为一家通信运营商的口号，"生活是用来分享的"代表着 T-Mobile 的产品属性、核心价值、品牌内涵，以及 T-Mobile 在全球消费者心目中的形象。

无论活动参与人的肤色如何、年龄如何、性别如何、收入如何，在万人群舞的节奏中，在万人大合唱的旋律中，在众人合力完成一件事的巨大情绪中，"生活是用来分享的"总能赢得人们深深的共鸣，围绕着这一核心文本，T-Mobile 通过大量的事件营销塑造了品牌的价值观。正如 T-Mobile 的品牌总监斯宾塞所说，"分享生活是我们的宗旨"。⊖

对一个真正成功的品牌而言，要想赢得人们的长期喜爱与认同，光靠产品价值传播是不够的，它还必须输出某种价值观，在人们的生活中扮演某种角色，代表某种意义，成为社会公认的某种价值观念和文化 ICON（图标），这样的品牌才具有长久的生命力。

价值和价值观塑造了品牌文化和企业文化，共同形成了某种可称为战略的东西。对企业来说，想要长期赢得消费者，不仅要创造并传递顾客价值，还要通过价值观表达，让消费者、企业员工、其他利益相关者都能与品牌牢牢联结在一起。价值定义了企业的核心产品与业务方向是什么，而价值观则指出企业为什么要这么做，为企业营销创新和组织管理提供行为准则。创造价值是企业的基本竞争力所在，坚守价值观才是企业真正的护城河所在。只有将价值创新与价值观营销结合在一起，我们才能打造真正伟大的品牌。所以说，战略 = 价值 + 价值观。

但是，价值和价值观总是容易陷入抽象和模糊的境地，所以要用明确的

⊖ 第一财经周刊.T-Mobile——通讯界的广告玩家 [EB/OL].（2011-06-21）[2020-06-01]. https://www.yicai.com/news/878378.html.

文本来进行定义。文本不仅能帮助消费者理解品牌的文化内涵，帮助品牌无缝融入消费者生活，还能帮助企业管理层和战略制定者更清晰地认识到自己的品牌代表什么，与竞争对手的区隔和差异化是什么，从而避免品牌泛化、战略空洞化的倾向，帮助企业指明市场方向。文本对于品牌营销具有战略上的指导作用。

3. 看见文字的力量

尽管文本如此重要，但近年来由于短视频和直播的爆发，以及5G的到来，很多人开始预言，文案已经式微，视频广告将大行其道，网红和直播达人将取代广告文案的角色。实际上这种观点并不新鲜，当然，也不正确。我还记得2006年我刚刚进入广告业，那会儿广告公司谈得最多的话题就是：现在还有没有人读文案？

那时已经是一个读图的时代，它伴随着互联网、拍照手机、光纤宽带而来，当图片、视频、表情包开始在网上泛滥，当每个人都成了摄影师，人心变得浮躁，人们沉迷于图片之中，不再有心情阅读大段大段的文字。于是，各路大师纷纷预言：文案已死。文字阅读被抛弃，为此许多广告文案惶惶不可终日。

这就是多年前的广告环境，与今天多么相似。尽管文案十年前就被判了死刑，但近年来，我发现情况发生了很大的变化，大家在网上竞相讨论走心文案、扎心文案、态度文案，"月薪三万的文案"则开始受到全行业的追捧。

2017年3月，网易云音乐在杭州地铁1号线推出乐评专列，在地铁站内和车厢里，印满了一句句精选的音乐评论，让人们"看见音乐的力量"。靠着这一系列打动人心的乐评，网易云音乐上线即刷屏，"收割"了一大批粉丝，具体文字如下：

> 十年前你说生如夏花般绚烂，十年后你说平凡才是唯一的答案。
>
> 最怕一生碌碌无为，还说平凡难能可贵。

周杰伦把爱情比喻成龙卷风，我觉得特别贴切。因为很多人，像我，一辈子都没见过龙卷风。

我从未拥有过你一秒钟，心里却失去过你千万次。

世界如此广阔，人类却走进了悲伤的墙角。

理想就是离乡。

年轻时我想变成任何人，除了我自己。

我不喜欢这世界，我只喜欢你。

不在一起就不在一起吧，反正一辈子也没多长。

祝你们幸福是假的，祝你幸福是真的。

……

从创意表现上来看，网易云音乐这一波推广活动的主角完全是文案，在其广告画面中没有使用图片，所谓视觉元素也只是一个大红底，加上简单的线框作为平面版式。美术在这一广告中的作用，只是通过大面积纯红色块的应用，来使乐评文案在地铁站嘈杂的环境中更加醒目，惹人注意。

从品牌策略上来看，网易云音乐作为一个音乐平台，在其广告中却没有使用音乐，而是利用乐评文案与用户沟通，来唤起用户共鸣。事实上，网易云音乐与其他音乐平台相比，其核心优势不是歌曲版权，而是用户留下的各种神评论，文案就是网易云音乐的最大卖点。所以这一波品牌战役所展示的，并非网易云音乐所宣称的"看见音乐的力量"，而恰恰是"看见文字的力量"。

同样在2017年，阿里钉钉做的一波品牌战役同样刷屏，围绕"创业很苦，坚持很酷"这一主题创作的一系列文案，如"感觉自己这次会成功，这种感觉已经是第六次""在车里哭完，笑着走进办公室""因为理想，成了兄弟；因为钱，成了仇敌""没有安全感的人，却要让大家有安全感"，引发无数创业者共鸣。

这些文案写出了创业者的真实经历和心声，看了让人动容，让人泪目，让人揪心，这就是文案的力量。而这一系列平面广告设计，则和网易云音乐一样，使用大面积的蓝色纯色为背景，配以大字报式的标题文案，加上因为要投放户外而采用的白色斑马线版式设计。

从"文字＋图像"的平面构成来说，美术通过醒目的色块运用和版式设计，负责引人注意；文案则通过暖心的语言文字，负责打动用户。这种玩法，正在成为今天很多品牌不约而同的选择，文案正变得越来越重要。

2017 年还有一个刷屏案例来自蚂蚁财富，它推出了"每天都在用六位数的密码，保护着两位数的存款""全世界都在催你早点，却没人在意你还没吃早点""你每天都很困，只因为你被生活所困""小时候总骗爸妈自己没钱了，现在总骗爸妈：没事～我还有钱""世界那么大，你真的能随便去看看吗？"……一系列扎心文案，得到了社会的广泛流传。

这系列文案的本意是希望通过对年轻人经济窘境的描述，提醒他们需要理财，进而传递蚂蚁财富"让理财为生活创造更多机会"的财富理念。但是没想到文案用力过猛，让很多人感觉太过扎心，是在嘲笑贫穷，以致蚂蚁财富最终不得不发布声明致歉。

蚂蚁财富刷屏的同时，还有京东金融的《你不必成功》，在这条长度接近三分钟的视频广告中，京东金融用从头说到尾的长文案旁白赢得了一大拨年轻人的心。2020 年 B 站（www.bilibili.com）广告《后浪》，同样是大篇文案独白，在互联网上引发巨大声浪。

为什么文案变得越来越重要？为什么文案既能暖心又能扎心？为什么江小白能仅凭一个翻来覆去的产品封套文案，就硬生生在保守稳固的白酒业杀出一条路来，成长为一个年销 20 亿元的新品牌？为什么如今广告环境会发生这样的变化？

首先，因为今天是一个信息超载的年代。信息超载就意味着消费者的注意力稀缺，他们没有时间好好欣赏创意，从中提取信息。如果消费者在 1 秒钟内理解不了广告在讲什么，那么他可能就直接放弃不关注了。而在如此短的时间内，文字传递信息就比图片更直接更高效，因为图像信息进入人脑后，还是要被翻译成文字信息（即心语），消费者才会理解图像在讲什么。

今天的平面广告越来越喜欢大字报式文案标题，文章、推文标题党满天飞，就是因为人们没有时间、没有耐心细看全文，所以标题承担着抓住消费者注意力、攫取消费者情绪和好奇心的重要功能。标题没起好，内文写得再好也没用。

其次，因为今天的传播环境更加注重互动互联。消费者的行为模式从传统时代的 AIDMA（引起注意—产生兴趣—培养欲望—形成记忆—促成行动），转变成为互联网时代的 AISAS（引起注意—产生兴趣—进行搜索—做出行动—进行分享），再转变成为移动互联时代的 SIPS（共感—确认—参与—分享和扩散），消费者对于品牌营销的主动搜索、参与创作、分享扩散等行为，对于品牌营销的效果达成，就变得至关重要。

为了便于消费者搜索和分享，为了便于形成社交扩散，企业必须为品牌营销设置话题、提炼关键词，从而上热搜、上头条，产生裂变效应。而图像不便于二次传播，既不方便口口相传，也不方便网上搜索。

最后，因为对信息的传播而言，比事实真相更重要的是情绪和立场。做传播必须懂得贴标签，因为标签能用最简单的字眼最大限度地表达观点、情绪、身份、立场，这样消费者才能迅速代入身份和马上站队。

尽管标签化也有信息处理过于简单化的弊病，你冷静客观陈述了半天事实，对方一个标签就把你给定性了，但消费者的心智特点就是这样，复杂的信息他们记不住，今天他们看到的绝大多数信息第二天就会忘得一干二净，可是标签却能深入人心，乃至操纵舆论。今天可以说就是一个标签化的年代。

总而言之，今天的品牌传播非常依赖于造话题、贴标签、做标题党、堆关键词，而这些就是文本的价值所在。文本是传递信息、制造共鸣的关键。文本塑造文化，帮助品牌成为一种社会文化现象，从而占领社会舆论，成为社会流行的一部分。因此，文本的作用被推高，成为品牌营销的重心所在。

回顾人类信息简史，你会发现我们的生活和社会发生的重大变革都和文字相关。语言、文字及其传播载体的变化是最重要的变革动因。

我们一共经历过五次信息革命。

第一次是语言革命。按照尤瓦尔·赫拉利（Yuval Noah Harari）在《人类简史：从动物到上帝》(*Sapiens: A Brief History of Humankind*) [⊖]一书中的说法，7万年前，我们智人之所以能够走出非洲、征服世界，是因为我们有独特的语言。语言，让我们以前所未有的方式思考和沟通，帮助我们实现了认知跨越，完成了从食物链中段到顶端的巨大飞跃。

第二次是文字革命。公元前3200年，两河流域诞生了世界上最早的文字——楔形文字，有了文字，苏美尔人的城邦和国家才开始诞生。文字的发明，是人类文明肇始的标志。

第三次是印刷革命。1454—1455年，约翰内斯·古腾堡（Johannes Gutenberg）在德国美因茨采用铅合金活字印刷术印刷圣经。伊丽莎白·爱森斯坦（Elizabeth Eisenstein）在其巨著《作为变革动因的印刷机：早期近代欧洲的传播与文化变革》(*The Printing Press as an Agent of Change: Communications and Cultural Trans*) [⊜]中，详细论述了印刷革命对欧洲文艺复兴、宗教改革、近代科学、启蒙思想和工业革命的影响。我们完全可以说，印刷术的革新就是人类近代文明的先导。

特别是印刷术还催生了报纸这一最早的大众媒体，而现代广告业就是随着报纸成为全国性媒体而出现的。什么是广告的第一个定义，就是广告先驱、文案大师约翰·肯尼迪（John Kennedy）所说的"Sales in Print"（纸上推销术），这句话给广告业树立了明确标准。

第四次是电子革命。动画、电影、电台、电视的发明，使得语言文字和视觉图像以前所未有的方式融合在一起，发挥了巨大威力。电视将我们带入娱乐时代，电视也是人类进入现代生活的标志。

20世纪60年代，彩色电视在美普及，广告业随之掀起创意革命，大卫·奥格威、李奥·贝纳（Leo Burnett）、威廉·伯恩巴克（William Bernbach）三大创意旗手，分别提出了品牌形象论、产品戏剧性和创意ROI理论。他们

⊖ 尤瓦尔·赫拉利.人类简史：从动物到上帝[M].林俊宏，译.北京：中信出版社，2014.

⊜ 伊丽莎白·爱森斯坦.作为变革动因的印刷机：早期近代欧洲的传播与文化变革[M].何道宽，译.北京：北京大学出版社，2010.

都主张广告从人性出发，震撼用户心灵，强调创意导向，将广告业从简单粗暴的硬销和无趣平庸中拯救出来。

由于电视将语言文字与视觉图像融合，"文案＋美术指导"也从20世纪60年代开始成为广告公司的标准人员架构或作业流程。文案负责创作文字，美术负责设计画面，这种模式一直延续到今天。

第五次则是网络革命。也就是我们今天身处的年代，它随着计算机、互联网、手机的发明而到来。新的信息载体登台，又将给广告业带来新的变革。

我们大脑每天接收的外部信息，其中83%来自视觉，11%来自听觉，视听加起来达到94%，剩下的则来自触觉、嗅觉、味觉、平衡觉等其他感官。视听信息是什么呢？视觉就是文字和图像，听觉就是语言和声音。

这就是说，企业要想影响用户心智，说服顾客买单，核心就是两种信息传播方式：语言文字和视觉图像。当然，企业也可以用声音、味道、气味、手感等传播品牌，比如英特尔的"灯，等灯等灯"，但它并非主流，局限性很大。

所以，企业要想从无到有设计一个品牌，其实就是构建两套体系：文本体系和视觉体系。文字和图像从来就是信息的基石，这两种载体加上动态的文字（音频）、动态的图像（视频），构成了传统四大媒体（报纸杂志、户外广告、广播、电视）和互联网整个内容生态的分布。

回顾中国互联网30年发展史，不同的内容平台、社交媒体先后迭起，基本上是沿着文字、图像、音频、视频的进程不断发展与改变。在PC时代，文字平台因创作成本最低而率先起步，从早年的论坛、门户网站到2000年博客进入中国，都是文字主宰下的内容形态。接下来，2004年播客出现，最后则是视频平台的登场，2005年土豆网、2006年优酷网问世，后来又有爱奇艺、腾讯视频跟进。

到了移动互联网时代，伴随着智能手机革命、3G牌照发放，大量图片素材被创造出来，图文融合成为最初的内容形式，2009年新浪微博上线，2011年微信问世，知乎和小红书亦紧跟着创立。紧接着音频登场，2012年左右蜻蜓FM、喜马拉雅、荔枝先后涌现，当然音频还包括了特殊的一类，那就是音乐。不过人们听得最多的音乐当然是带有文字歌词的。

最后是 2013 年底 4G 牌照发放，短视频平台开始爆发，2015 年快手用户大涨，2016 年抖音创立。可以说，在文字和图像两大信息载体上，整个互联网的内容格局大势已定，因为四种信息形式，都已经名花有主，各有强势平台出现。除非是随着 5G、AR/VR、可穿戴设备的大发展，在视听以外还能融入体感、触觉等更多信息形式，才会出现又一次信息革命。

2020 年直播大火，开启全民直播带货时代，而直播最关键的能力，说到底无非是语言的表达与沟通。不管媒体怎么变化，技术怎么发展，文本始终是品牌营销最重要的组成部分，是最基本的交流符号。除非有一天，人类不再需要使用语言文字进行沟通。

最后我用伯恩巴克的一句话来为本节内容收尾吧！"我担心的是我们会过分崇拜技术而忘却实质。我们用不着把事实做得平平稳稳、规规矩矩。我们用不着书呆子，也用不着科学迷。让我们向世界证明，高雅的品位、优美的艺术和流畅的文笔才是畅销的关键。"

第二节　认识、认知、认同

1. BMW 之悦

品牌如人，这是我们经常说的一句话。试想一下，你和你身边的同学、同事、朋友、恋人认识的过程，你就能明白品牌的成长路径和不同发展阶段应如何规划。

从一个陌生人开始，首先，你要记住这个人的名字、长相，了解他的基本信息，比如年龄、职业、收入等。接下来，你会更全面、更详细地了解这个人，包括他的能力、特长、三观、性格、兴趣爱好、为人处世风格，等等。

再后来，你会对这个人有一个整体评价和态度倾向，对其产生某种情感。

比如你觉得你们的性格很合得来，三观很对得上，有共同的兴趣爱好，跟你是同一类人。他身上的某些地方让你很认同，于是你们成了朋友、情侣，建立了更稳固的关系。当然，如果你对他不认同，评价是负面的，你们也许会变得形同陌路，甚至反目成仇。

这就是我们与他人的社会交往过程，一个由浅及深、从认识到认知再到认同的过程。认识—认知—认同，这也是消费者接触、了解并最终爱上一个品牌的过程。

首先，记住品牌名、logo、产品设计与包装，了解它的基本属性，知道这个品牌是谁，是做什么的。其次，理解品牌的功能和品质，掌握品牌知识，知道这个品牌的产品有什么功用，跟同类产品相比有什么不同，有什么特别的优势。最后，和品牌建立情感和精神上的联结，产生"这就是我的品牌"的感觉。

消费者对一个品牌的熟悉和理解是渐次深入的，品牌建设是一个心理过程。从这个过程上来讲，如何打造一个品牌其实就是依据"认识—认知—认同"的过程来进行规划设计，先让消费者认识你，再让消费者认知你，最后让消费者认同你。而品牌文本的表达也应根据品牌建设的这一心理过程不断改变，不断优化调整，让文本的表达与消费者的心理过程相匹配。

比如提到宝马，大约很多人会立刻想到"驾驶乐趣"，这就是宝马强大的品牌文本。"驾驶乐趣"给宝马树立了一个清晰的识别符号，让宝马区隔于奔驰、奥迪等豪华车品牌；给宝马提供了一个差异化价值标签，让消费者认识到宝马的产品功能与价值；给宝马奠定了作为成功人士身份与社会地位象征的品牌意义。

但宝马的品牌建设不是一天完成的，不是靠一句"驾驶乐趣"就成功的，宝马在打造品牌的过程中，不断调整其品牌文本，完善整个品牌。

1965 年，宝马首次将德语"Freude am Fahren"（意为驾驶乐趣）应用于品牌传播，这个词出现在商业广告和品牌画册中。但到了 20 世 70 年代，宝马还只是德国巴伐利亚的一个小汽车厂。当时，宝马非常渴望进入美国市场，但它遇到了一个巨大障碍——美国消费者不认识宝马，而且宝马也不符合美国人心目中的豪华车标准。

　　美国人公认的豪华车品牌如林肯和凯迪拉克都有着气派的外观、宽敞的空间、奢华舒适的内饰。而宝马在尺寸、内饰上根本就是相形见绌，品牌也毫无优势可言。

　　当然，宝马有自己的优势，比如动力和底盘，以及由此带来的出众性能和驾驶快感，但如何让美国人认识到这一点，并且相信这就是豪华车新标准呢？毕竟，你不能拿出产品说明书，跟消费者长篇大论去描述宝马的技术和产品特点。

　　于是，宝马用了四个英文单词向美国消费者介绍自己——"The ultimate driving machine"（终极驾驶机器），如图 1-1 所示。

图 1-1　终极驾驶机器广告

资料来源：www.bmwstyle.tv/the-ultimate-driving-campaign。

　　宝马是谁？宝马就是终极驾驶机器。这是 1971 年灵狮广告（Lowe）为宝马创作的经典广告语。这句文本精确定义了宝马这个品牌，完美传递了宝马追求速度、操控、驾驶感的品牌理念和精神。它让美国消费者一下子就认识了宝马、记住了宝马，宝马因而得以打开北美市场，销量开始暴涨。

随着宝马在豪华车市场站稳脚跟，它在美国又换了一句新的广告语："Sheer Driving Pleasure."（纯粹驾驶乐趣。）如果说"终极驾驶机器"是站在企业角度，对宝马的身份进行定义的话，那么"纯粹驾驶乐趣"则完全是从用户感受和消费体验出发，来描绘品牌价值，表达宝马带给消费者的好处到底是什么。

这就是"乐趣"。宝马只用了一个单词，就让消费者理解了品牌。这一个单词，将产品功能与用户体验完美地结合在一起。这一个单词，就讲清楚了宝马动力澎湃、底盘出色、操控精准的产品性能；肆意驰骋、尽情享受的用户体验；以及忠于纯粹、追求驾趣的品牌理念。从"终极驾驶机器"到"纯粹驾驶乐趣"，经过近半个世纪的坚持传播，宝马成功给自己贴上了运动豪华车的标签，在一众豪华车品牌中，成为一个极具差异化和辨识度的存在。

在品牌大获成功的同时，宝马也遇到了一些新的问题，特别是在中国市场。它被部分消费者视为一个暴发户品牌，在社会舆论中，宝马经常和富二代、傲慢、恃强凌弱、不负责任、飙车闹事等负面评价关联在一起。宝马的这一社会形象，让那些极其注重自身形象的精英人士退避三舍，转而去选择奔驰、奥迪等品牌。

于是，宝马决定对"驾驶乐趣"进行优化，进一步丰富品牌内涵。2009年下半年，宝马在德国市场率先推出了新的品牌诉求——"JOY IS BMW"。随后，北美市场方面，在2010年冬奥会期间，开始跟进投放了这一主题的品牌广告；中国市场方面，也于2010年3月启动了"BMW之悦"的品牌战役，"JOY"成为宝马全新的、全球统一的品牌战略。

在中文语境下，"JOY"最终被翻译成了一个汉字：悦。为此，宝马中国还专门注册了一个书法字体的"悦"字，作为国内统一使用的品牌标识。这个用毛笔书写的"悦"字，不仅遒劲动感，同时也让宝马品牌带上了更多中国味道。

按照宝马官方解释，"悦"不仅代表着技术和性能层面的驾驶乐趣，也表达了消费者在努力进取、收获成功、与人分享时的喜悦，在实现自我价值、担当人生责任过程中收获的满足感和自豪感。"悦"不止停留在用户握住方向盘的那一刻，而是涵盖了身心感受之悦、成就梦想之悦、责任与分享之悦等多个层次的消费者情感。

如果说"乐趣"更多基于产品体验价值层面，那么"悦"则主要强调用户自我实现价值层面。宝马的品牌传播，开始从单向度传播产品体验的"驾驶乐趣"，升级为用户全方位感受的"BMW之悦"。宝马希望用"悦"来增添品牌内涵，提升品牌的亲和力，加强与消费者的情感联系，从而解决它在中国市场遇到的一些小麻烦，适应更多中国新中产消费阶层。

在"悦"的指引下，宝马核心产品线 3、5、7 系，分别围绕"运动之悦""梦想之悦""巅峰之悦"展开产品传播。其中宝马新 3 系在 2012 年上市时，传播主张叫作"以悦制胜"；5 系用过的广告语则有"有容，乃悦"；7 系针对高端人士则打造了"悦享巅峰人生"等一系列主题活动。宝马三大产品线，围绕着"悦"打造了不同的文本进行传播，并且都大获成功，不仅对"悦"从各种维度进行了充分演绎，同时也让整个宝马的形象变得更加丰满。

在产品的传播以外，2012 年的伦敦奥运会，宝马打造了"为悦全力以赴"为主题的品牌战役，将"悦"与拼搏进取、赢得成绩的运动精神结合在一起。2015 年，宝马又启用了新的品牌主张"悦创造奇迹"，将"悦"与消费者的激情、创造、个性经历相融合。

"悦"这一核心品牌文本，帮助宝马修正了车主形象，实现了品牌年轻化与个性化，这也是宝马在中国豪华车市场能够后来居上，超越奥迪和奔驰的重要原因。"悦"统领起了宝马整个品牌的塑造，涵盖了宝马在各个产品系列、各个时期、各个维度的品牌建设。我们完全可以说，"悦"就是宝马品牌战略的中心部分。

回顾宝马的整个品牌演进史，我们可以清晰地看到它是如何塑造品牌的。宝马先是通过"终极驾驶机器"定义自身，让消费者认识宝马。然后再利用"纯粹驾驶乐趣"，让消费者认知、体验宝马的核心价值。最后，宝马打造了

"BMW之悦"，用"悦"注入消费者情感，丰富品牌的内涵和社会形象，赢得更多人对宝马的认同。这就是宝马"认识—认知—认同"的品牌建设全过程。

根据不同阶段的品牌需要，品牌文本进行相应的表达，并贯穿于品牌建设与成长的全过程。难能可贵的是，宝马三阶段的文本一脉相承，保持了品牌的连续性和一致性。

对品牌建设而言，有人将品牌视为目的。企业经营的目标与使命就是打造卓越品牌，正如很多企业都有"树百年品牌"的口号，因为品牌是企业的重要护城河，是企业的核心竞争力之一。

也有人将品牌视为手段。企业的终极目标还是创造利润，而品牌则能帮助企业更好地创造利润。一方面品牌让销售活动从一锤子买卖变成持续的顾客购买，带来忠实顾客，从而提高销售效率；另一方面品牌可以为产品赋予无形价值、提高溢价，从而帮助企业赚取超额利润。

还有人将品牌视为结果。如果一个企业产品做得好，卖得好，消费者都说好，那么我们就可以认为这个企业的产品是个"大品牌"，是个"知名品牌"。

这些说法都没有错，不过它们都是站在品牌的作用层面，是从"果"上来看。但是从应用的层面，从"因"上来看，我们如何从无到有打造一个成功的品牌呢？那就要把品牌视为一个过程——一个在消费者内心逐层深化的心理过程。根据消费者的心理阶段来设计品牌文本，并将之作为核心来引导并实施品牌的内容传播与营销推广，从而完成品牌的建设。

多年来我在广告公司带文案人员，首先教的都不是文字技巧，而是对品牌和营销的整体性认知。文案人员要懂得透过品牌去思考文案，透过文案去表达品牌。只有这样，在面对一个具体的文案创作时，你才知道思考的方向是什么，应该从哪个角度切入去写，才能真正写出可以帮到品牌和市场的文案。

2. 活出年轻

品牌是心智的产物，是在产品和消费者之间建立的一套心智操控系统，品牌通过文本主导的内容输出对消费者心智施加影响。那么，文本究竟如何影响心智呢？

这里我就要继续引用一下史蒂芬·平克的观点来说明了。在《心智探奇：人类心智的起源与进化》（*How the Mind works*）一书中，平克认为人类心智具有四大能力：视觉感知、推理、情感和社会关系。[⊖]

视觉感知帮助我们描述外界景象。但视觉感知并非只是通过眼睛对外界进行"拍照"，而是我们用心语对外界景象进行描述的过程。就像你看到一本书的形状，你内心会把它描述成"长方形"，而实际上书在我们视网膜上的投影却是一个梯形。视觉是用心智语言建立的一个心理符号，当你看到耐克的品牌 logo，你不会只把它当成一条物理弧线，而是会用心语把它描成一个勾，这个"勾"就是心语，它是一个心理概念，包含着丰富的意义和情感，并将其赋予了耐克品牌。

推理帮助我们理解和阐释自己身处的世界，用已知来推测未知。比如我告诉你某品牌采用全进口材料、拥有全球独创科技和发明专利，那么你就会推测这个品牌性能卓越、品质可靠，以及价格不菲。

情感帮助我们适应环境与挑战，并做出恰当的反应。它为我们的大脑确立目标、设立优先级。比如当我们在户外看到野兽或蛇，我们首先会感到恐惧，而这种情绪就会瞬间调动我们的大脑和身体，来做好应对挑战或逃跑的准备。情感指引行动，我们的思考和行为总是"有感而发"。而且，我们的情感不仅指向他人，同时还能为客观事物赋予情感。事实上，我们会对自己身边的一切生发出独特的思想和感情，即使是没有生命的物品。这就是我们为什么要做品牌的原因，品牌能让一个物理实体来代表我们的形象、个性和态度。

社会关系则帮助我们形成群体和组织，建立和外界的联系。在这种能力的驱使下，我们才能够与他人建立合作，才有部落、城市、国家、文明的出现，

⊖ 史蒂芬·平克.心智探奇：人类心智的起源与进化 [M].郝耀伟，译.杭州：浙江人民出版社，2016.

这是我们智人能够统治地球、攀上食物链顶端的最强大武器。而有了这种能力，品牌才可以成为消费者的朋友、家人、情人，这就是品牌对心智的调动。

在人类心智的四大能力之中，我们通过内在语言感知外界形象，我们使用语言文字推理信息、表达情感，并与他人、他物建立社会关系。文本无疑是品牌最重要的沟通工具和社交媒体。

全球知名矿泉水品牌依云，仅凭一瓶水就可以名列世界 500 强品牌，凭的是什么？依云又是如何打造品牌的呢？核心就是一句话："live young"（这句话被翻译为"活出年轻"或"永葆童真"）。

首先，看到这句话，你就会进行推理——依云水品质很好，富含各种矿物元素，长期饮用有利健康，并保持身体的年轻活力。

作为一款高端矿泉水品牌，依云第一大产品卖点就是它的优质水源。它位于阿尔卑斯山腹地的法国依云小镇。来自山顶的高山融雪和山地雨水，经过至少 15 年的冰川岩层过滤，在不经任何人体接触和化学处理的情况下灌装入瓶，形成了一瓶瓶依云水。依云因而天然纯净，品质健康。

依云的第二大产品卖点是有为其背书的历史背景和品牌故事。1789 年法国大革命中，一名得了肾结石的流亡贵族，遍寻名医不治，但来到依云小镇喝了当地的泉水一段时间后，疾病竟然不治而愈，依云水从此名声大噪。

这两大产品卖点都通过"活出年轻"这一文本得到了充分展示，它传达了依云最基础的品牌价值。

其次，"活出年轻"不仅传达产品功效，还和消费者进行了情感沟通。它不仅关乎年龄，还关乎心态。依云号召消费者要以年轻乐观的心态来享受每一天，追求一种健康、活力、积极向上的生活方式。这才是依云品牌真正的价值所在。

按照依云自己的说法，"活出年轻"代表着将年轻作为一种精神和生活方式，一种由运动所呈现的价值（见图 1-2）。⊖所以依云的品牌营销一直以来都

⊖ 腾讯体育.依云全力出击三大满贯，莎娃激情演绎活出年轻 [EB/OL]（2011-01-10）[2020-06-01]. https://sports.qq.com/a/20110110/000897.htm.

围绕着那些能够体现年轻精神的内容载体来展开，比如持续开展依云高尔夫球大师赛，赞助三大网球赛事并由网坛名将莎拉波娃长期担任品牌大使。

图 1-2　活出年轻广告

资料来源：www.brand.haibao.com/article/1454338.htm。

基本上，依云的营销可以分成运动、时尚、音乐舞蹈三大类，而这三者都完美体现了"活出年轻"的品牌精神，将依云年轻活力的形象深深植入消费者内心，与消费者建立了情感和关系。

对消费者而言，当他愿意花十几块、几十块钱购买一瓶水时，他想要的其实已经不仅仅是一瓶水质健康、水源优质的水了，更是一种对于品牌的认同，以及某种意义上身份地位和生活方式的象征。这就是"活出年轻"的价值所在。

最后，依云还为"活出年轻"打造了一个形象化的载体——依云 BABY。自从 1998 年首次推出"婴儿"形象以来，依云拍摄了一系列深入人心的经典广告，都以婴儿为主角。比如表演跳水和水中芭蕾的婴儿、滑旱冰跳街舞的婴儿、在大海上冲浪的婴儿、网球场上挥拍决战的婴儿，这些广告不仅爆红网络，而且让消费者记忆深刻，完美传达了喝了依云水你就能像婴儿一样年轻充满活力的品牌价值，依云 BABY 也成了品牌代表性的记忆符号。

所以从心智的角度、从品牌的心理过程来看，品牌需要打造三大系统：

- 符号系统——品牌需要差异化的识别符号，提高产品辨识度，帮助品牌区别于竞争对手，符号作为消费者记忆的抓手，还可以让消费者迅速认识你、记住你。
- 价值系统——品牌需要一套核心价值标签，它将繁多复杂的产品信息进行整理、简化、浓缩、提炼，从中找出品牌的关键特征和带给消费者的核心利益，并转化成品牌的核心沟通概念，向消费者进行传递，帮助消费者认知品牌价值，提高品牌的溢价能力，并强化品牌的信用背书。
- 意义系统——品牌需要成为社会文化的一种象征，它不仅代表着某群人的情感、态度、个性、自我形象，还代表着某种社会地位和社会公认的生活方式，从而成为社会文化的一部分。当品牌做到这些，就拥有了牢固的社会形象和品牌地位，与目标消费者建立了牢固的社会关系。

符号系统帮助消费者视觉感知、认知并记忆品牌。价值系统帮助消费者推理、认知产品功能及品质。意义系统与消费者建立情感和社会关系，赢得消费者认同。而在这三大系统之中，文本起着最核心的作用。

文本可以为品牌创造识别符号。通常来说，基础的识别符号是关于视觉的，比如品牌 logo、标准色和 VI（视觉识别）、产品设计和包装特征、吉祥物等。文本符号不仅具备识别性，还可以告诉消费者品牌属性与利益，从而帮助品牌区别于对手，并从竞争中脱颖而出，比如谈及洗发水，一说海飞丝你就会想到去屑，提到飘柔你会想到柔顺，潘婷代表护发，沙宣代表造型，这些词语已成为品牌的代表性符号。

文本符号比视觉符号更能触及品牌根本，从根本上帮助品牌实现差异化。上文谈到的依云，其视觉符号"依云BABY"也是在核心文本的指引下延伸出来，是"活出年轻"这一策略指导下的视觉呈现。

文本可以帮助品牌打造一套标签库，成为品牌价值的载体。比如宝马的"悦"、维他奶的"真"，都代表着消费者对品牌的认知与联想，在营销推广之中，品牌可以围绕这一标签展开，通过广告、内容、活动、事件、公关各种形式对品牌价值进行充分演绎和表现。而当"悦""真""活出年轻"这些价值标签深入人心之后，它又可以成为品牌的一个识别符号，变成一种社会文化ICON。

文本可以为品牌制造社会文化效应。文本可以将产品利益与用户体验结合在一起，与生活场景结合在一起，与社会价值观结合在一起。这样的品牌文本在传播推广的过程中，便有机会成为消费者的口头禅，成为社会流行语。品牌因而得以融入大众生活，在消费者心目中成为一种生活方式和价值观象征，成为社会文化的一部分。比如"生活是用来分享的"，比如钉钉、蚂蚁财富、网易云音乐的广告文案，还有像"人头马一开，好事自然来"和"钻石恒久远，一颗永流传"这样的文本，它增加了品牌在消费者心目中的分量，为品牌赋予了社会形象和社会地位，加强了品牌与消费者的联结，在社会文化中形成了流传。

品牌不是一天建成的，它的建设是一个在消费者内心持续进化的过程。故而要根据品牌不同阶段的发展有针对性地创作品牌文本，并且不同阶段的品牌文本要承担不同的角色和作用。

首先，品牌要让消费者认识你，了解你是谁，知道你与竞争对手有什么差异。这时，文本承担的是识别作用，为品牌构建符号系统。

其次，品牌要让消费者认知你，告知消费者产品功能和知觉质量等相关品牌知识。这时，文本承担的是传递品牌价值、管理用户认知的作用，为品牌构建价值系统。

最后，品牌要让消费者认同你，让用户成为你的忠实顾客和铁杆粉丝。这时，文本承担的是象征作用，制造社会文化效应，树立社会地位和社会形象，建立用户社交，形成社会流传，为品牌构建意义系统。

文本即品牌，文本帮助消费者认识、认知、认同品牌。认识、认知、认同，这就是品牌的三次进化。

第三节　原子、比特、模因

一个学科有一个学科的基础概念，如经济学的基础概念就是稀缺，有限的供给总是无法满足无限的欲望，所以如何将稀缺资源进行最大化利用就成了经济学的核心课题。而对市场营销学来说，其基础概念毫无疑问是交换。营销所做的一切努力，都是为了促使企业与消费者之间达成交换。有交换，企业才能有业绩，才能创造利润。

基于此，你会发现，关于营销最初的定义，其实都是关于交换的。1922年，美国学者弗雷德·克拉克（Fred Clark）给营销下了一个最初的定义，那就是"促使商品所有权转移和实体分销所做的努力"。1935年，美国市场营销协会（AMA）给出的定义则是"把商品和服务从生产地流向消费地所从事的各种经营活动"。到了1960年，AMA又将这一定义修正为"市场营销是生产者引导商品和服务流向消费者或使用者所从事的各种经营活动"。

不管是哪个定义，都可以看出，营销关注的核心就是生产者和消费者之间的交换。但在市场营销的早期，人们更看重的显然是商品的空间转移，即交易场所、分销、渠道，怎么用更高的效率和更低的成本，把商品从工厂转移到货架上，再从货架上转移到消费者手中。"流通"成为营销理论的焦点所在。

但是，要想让交换达成，除了交换物"产品"本身和交换场合"渠道"以外，还有两个重要前提：

- 第一，信息对称。
- 第二，消费者的信任与满足。

首先，为了达成交换，买家和卖家必须先交换信息。没有信息，消费者根本不会产生要拥有某物的想法和需求，更无法决定自己要买什么、买哪个品牌。消费者需要大量收集信息，从而做出对自己最优的购买决策。但是，卖家天然比买家掌握更多信息，企业和消费者之间永远存在信息不对称，这就是营销存在的必要性，企业必须向消费者有效地传递信息，从而唤起消费者需求，指引消费者做出购买决策。

信息对称是交换的前提，所以最早诞生的广告理论就是 USP 理论——独特的销售主张（Unique Selling Proposition）。它强调每一则广告都必须向消费者提供一个主张，让其明白购买广告中的产品可以获得什么利益。这个 USP 就是企业与消费者沟通时提供的有效信息是什么，你的企业提供的信息越独特、越有销售力，消费者越能从众多商品中辨识你，选择你。

随着市场和技术的变化，美国西北大学教授唐·舒尔茨（Don E. Schultz）又指出，存在于消费者头脑中的信息才是真正的营销价值之所在。因为所有其他的营销变量，如产品设计、定价、分销渠道，都能够被竞争对手复制或攻破。信息传播今后将是主要的营销力量，是营销组织唯一的持续竞争优势。[○]

为此，舒尔茨教授在 1993 年出版了经典著作《整合营销沟通》(*Integrated Marketing Communications: Putting It Together & Making It Work*)，极力主张消费者沟通就是营销的全部，营销即传播，传播即营销，两者不可分离。因此，企业有必要将所有营销信息进行适当整合，向消费者进行一体化灌输。营销的主战役，就是争夺信息空间。

其次，对任一交换来说，信任是交换的基础，获得满足则是交换的目标，而信任与满足，都关乎人心。

企业能交换，因为它创造价值；消费者要交换，因为他拥有需求，需求—价值的交换就是交换的本质。只有满足消费者需求的产品，才具备真正的价值；没有需求，也就无所谓价值。需求是判断产品价值的标尺，因而决定着企

○ 唐·舒尔茨，斯坦利·坦纳鲍姆，罗伯特·劳特伯恩. 整合营销沟通 [M]. 孙斌艺，张丽君，译. 上海：上海人民出版社，2006：48-50

业产品创新和营销的方向。所谓营销，就是对消费者需求进行管理，根据消费者需求决定企业的市场细分、目标人群、产品定位，以及产品设计、定价、渠道、促销推广的实施。

那么，作为消费者，我们的需求从哪里来，心理满足又受到哪些因素的影响呢？

一是，需求来自我们的生活方式。1963 年，威廉·莱泽（William Lacer）提出了"生活方式"（Value and Lifestyle）的营销观念，他认为关注消费者需求的本质，就是关注消费者的生活方式。生活方式决定消费者的购买心理与行为，而所有的品牌建设最终都会走向以生活方式为中心的品牌。

二是，需求取决于人们的自我认知，受到我们内部心理环境的影响。我们认为自己是一个什么样的人、我们想要成为什么样的人，这些自我认知观念驱动了我们消费行为的产生。

消费者需要的远远不止于产品功能，更重要的是情感和内心世界的满足。我们内在的情感、态度、动机、个性，影响着我们对一个品牌的看法，决定了我们是否会购买它。所以，在 20 世纪 60 年代品牌形象论、品牌个性论相继诞生，广告业开始强调塑造感性价值的重要性，并要求品牌与消费者建立紧密关系，赢得用户信任。

三是，需求受制于我们所处的家庭、群体、亚文化和大众文化，受到我们外部社会环境的影响。随着消费者力量崛起和社会价值观巨变，科特勒老先生又先后提出了"大市场营销"和"营销 3.0 时代"的概念。企业营销必须关注人类期望、精神和价值观的响应，与消费者产生深度共鸣。同时，企业还要树立良好的企业形象，承担社会责任，从而赢得公众舆论。如此，企业才能建立忠诚的粉丝群体，创造顾客的终身价值。[○]

为了具备交换的这两个前提，品牌便产生了。品牌是承接产品信息和市场信息的载体，品牌还承载用户信任，代表着消费者对产品与企业的感受与满

○ 菲利普·科特勒，何麻温·卡塔加雅，伊万·塞蒂亚万.营销革命3.0：从价值到价值观的营销[M].毕崇毅，译.北京：机械工业出版社，2019.

足。从此，品牌成为营销的中心课题。但品牌要想影响消费者，须知人们不只是身处一个有形的世界，还生活在一个由信息和文化构筑的无形世界之中。人的自我认知、生活方式、社会观念，乃至一言一行、一举一动，都受到了外界信息和社会文化的影响。

简言之，我们同时生活在三个世界之中：原子的世界、比特的世界、模因的世界。原子是物理世界的基本微粒，比特是信息量的最小单位，这两者不必多讲。模因最早则由英国知名进化生物学家理查德·道金斯（Richard Dawkins）提出，出自他那本天才般的著作《自私的基因》（*The Extended Selfish Gene*），其英文单词是 meme，仿照基因（gene）一词而造。模因就是社会文化中的基因。它在我们的语言、观念、思维和行为方式中进行复制和传递，就像基因在生物进化过程中的作用一样。当然它不是通过遗传的方式，而是通过模仿进行传递，从而驱动人类文化观念进化。模因是我们心理的复制因子，是文化的基本单位。

对营销而言，最重要的不是货物的流通，而是产品对消费者生活空间的占领。营销战役，不在于对有形的货架和渠道的争夺，而在于对信息空间和文化空间的争夺。文本创作的要义，不是为了单纯地传递产品信息，而是为了占领我们所生活的那些无形空间。文案是传递，文本是占领。原子、比特、模因，这就是市场营销的三度空间。

1. 脏是好的

我家常用的洗衣液，固定只有三个品牌：奥妙、立白、蓝月亮。买后二者，因为那是我服务的客户。用奥妙，则是因为我实在太爱它的广告了，最爱的是奥妙的全球品牌文本："dirt is good"（脏是好的）。听起来这真是一句奇怪的口号，脏怎么能是好的呢？且听我慢慢道来。

对洗衣粉、洗衣液这些洗涤用品来说，核心用户是家庭主妇。主妇生活中最头疼的大约就是家里的熊孩子了。明明刚穿上身的干净衣服，转眼就弄得一身脏。这就是主妇们最经常面对的生活场景。

为了卫生考虑，为了不弄脏衣服，很多父母会选择限制孩子的行动，他们总是跟孩子说：不要在地上爬、不要玩泥巴、不要摸这个、不要碰那个……

但爱玩是孩子的天性，弄脏衣服是成长过程中不可避免的现象。怕弄脏衣服，就阻止孩子玩耍其实才是最糟糕的事情。于是奥妙告诉孩子们的父母：脏是好的。让孩子尽情去玩，让他们大胆去触摸、去探索世界，衣服脏了不要怕，有奥妙（见图1-3）。

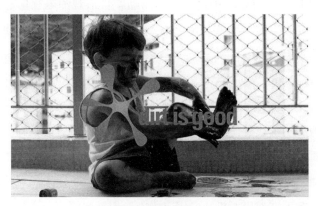

图1-3　脏是好的广告

资料来源：www.trellis.co/blog/9-ways-utilize-branding-content-marketing。

在奥妙非常经典的一则电视广告中，一群孩子穿好运动服，准备去户外打排球，推门却发现大雪纷飞，球场已被厚厚的积雪覆盖。对此情景，孩子们不免失望。但他们没有放弃，而是戴上棉手套，扛起铁锹，一起动手将球场清理干净。然后，这群孩子在雪水混合着泥浆的球场上，开心地打了一场排球赛。虽然他们洁白的运动服早已辨不出颜色，满身满脸都是泥巴，但他们却收获了欢乐，收获了成长。

看完这个广告，你大概就会明白，为什么奥妙要宣扬脏是好的。这则视频尤其让我感触颇深，因为我高中时就干过同样的事。当时我们全班十几个男生花了一上午，从厚厚的积雪里把一块篮球场给"挖"了出来。虽然只打了一下午球，第二天球场又被大雪重新掩埋，但是那一下午的球赛至今令人难忘，真是美好的青春时代。

而在奥妙投放的另一则微信朋友圈广告中，一个衣着干净的小男孩远远看着三个"小泥猴"在大树下玩泥巴，带着一脸的羡慕和落寞。广告配的文案告诉我们："也许，这是一个最遗憾的童年……"因为怕弄脏衣服，所以孩子错过了美好的童年。奥妙告诉父母，要让孩子"释放玩耍天性"，这一句也是奥妙在国内使用过的广告语。

除了这些广告，奥妙还拍过一条宣扬品牌价值观的电视广告。广告中展示了很多新生儿出生时的场景，无论什么肤色、国家，每个人在出生时，身上无不是看起来脏兮兮的。广告最后，奥妙告诉我们："No one comes into this world perfectly clean."（没有人是干干净净来到这个世上的。）所以，脏是好的。

这就是一个洗衣液（或相关洗衣用品）品牌的核心文本和品牌价值观，这个案例深刻地影响了我的广告职业生涯，影响了我对品牌的认知。我们通常做品牌，一般都是从产品卖点、功能利益出发，而洗衣粉、洗衣液的产品功能，无非是去污渍、柔顺衣物、有香味、不伤衣物、不伤手、天然无残留……再往下想，比如什么手洗专用、机洗专用、内衣专用、超浓缩，在我看来，其营销概念的成分更大一点。

这就使得产品之间越来越同质化，每个品牌的诉求都差不多，每个广告都在拼命告诉消费者自己的产品怎么怎么好。电视上充斥着叫卖式广告，但消费者却根本分不清不同洗衣液之间到底有什么区别，最后进了超市就变成谁正在促销、正在做活动就买谁。这可以说是任何一个行业，在竞争加剧、产品同质化严重之后，都会面临的营销窘境。

而奥妙，则将目光转向了消费者。他们思考的不是奥妙有什么产品功能，而是奥妙在消费者生活中扮演什么角色，对消费者来说奥妙意味着什么。当你开始思考这样的问题，你才能够真正打动消费者；当你转向消费者的生活场景，才能做出真正有差异化的品牌。

脏是好的，不只是一条广告语，更是一种生活观念，一种伟大的儿童教育理念。这一点，我想每一个做了父母的人都能体会。下一次，如果你的孩子弄得一身脏，记得千万忍住怒火，心里默念：脏是好的、脏是好的、脏是好的……

只有你跟天下父母沟通这样的文本，你才能引起他们的兴趣，才能够打动他们。品牌是一种心理现象，消费者的生活场景是孕育品牌的土壤。一条成功的品牌文本来自关联的生活场景，它会占领消费者的生活空间。

2. Intel Inside

虽然交换是营销的基础概念，但营销并不是一个甜蜜的二人世界，"我卖你买，你情我愿"。营销的麻烦在于它是一种三角关系，除了企业和消费者，还有竞争对手的存在。企业不仅要解决用户需求问题，还必须回答一个问题：跟同类对手比起来，我的竞争优势在哪里？而对消费者来说，面对货架上一排相似的产品，也必须做出购买决策：品牌甲和品牌乙看起来差不多啊，我到底该选哪个？

竞争战略之父迈克尔·波特（Micheal Porter）在《竞争战略》（*Competitive Strategy*）一书中，总结了三种最基本的获取竞争优势的方法：①总成本领先；②差异化；③聚焦。

先从聚焦开始讲起，聚焦指的就是，在一个特定的细分市场内，针对一个特定的目标人群，实现总成本领先或者提供差异化价值。所以，竞争战略其实就只剩下了两种。而换个角度来看，总成本领先本身就是一种差异化价值。那么，竞争战略核心就只剩下一种，那就是差异化。可见，创造差异化价值是企业战略的第一要务。

但这种差异化价值最终还是要回归到消费者的认知中去。如何将品牌的差异化变成消费者的消费观念和决策标准，这才是竞争成败的关键。

在个人电脑（personal computer，PC）行业的起步阶段，由于消费者缺乏专业的电脑硬件知识，所以他们只能根据 PC 厂商的品牌来做出购买决策，比如是买戴尔的还是买惠普的。PC 厂商掌握着市场的主导权。

因此，对生产微处理器的英特尔来说，它的市场局面相当被动。因为它生产的只是一个隐藏在 PC 内部不为人知的部件，它无法影响消费者决策，因而也就无法在 PC 的产业链中起到举足轻重的作用。

英特尔决定改变自己的地位，并向消费者宣告自己的存在——1991 年，英特尔推出了"Intel Inside"计划。这个计划规定，PC 厂商只要采购英特尔的处理器，并且在自己的产品上、广告中出现英特尔的"Intel Inside"标志，就可以向英特尔申请广告补贴，或者在采购芯片时得到现金冲抵。

很快，消费者就在各大 PC 品牌的电脑产品上看到了这个"Intel Inside"标志，它提醒消费者这台电脑内有英特尔处理器。并且，在各大 PC 品牌的电视广告中，结尾标版都变成了英特尔，还有那个熟悉的"灯，等灯等灯"音效，极具品牌辨识度。

英特尔很快变得家喻户晓，从一个默默无闻的电脑部件制造商一跃成为全球知名品牌。十年之间，英特尔公司的市值翻了 26 倍，从实施"Intel Inside"之初的 100 亿美元达到 2001 年的 2600 亿美元。[⊖]"Intel Inside"也从此成为 to B（对商家）企业打造品牌的经典范例。

那么，"Intel Inside"这次品牌战役究竟好在哪里？to B 企业又应该如何打造品牌呢？其实，精髓不在于投放大众广告、塑造高大上的品牌形象，而在于对信息世界的占领、对社会舆论的争夺。

首先，"Intel Inside"帮助英特尔奠定了 PC 领域的话语权。它让消费者形成了这样一种消费观念：买电脑就要买内有英特尔处理器的电脑，用英特尔处理器的电脑性能更强。英特尔建立了消费者选择电脑的消费标准。

当消费者在买电脑时，指名要买内有英特尔处理器的电脑，英特尔也就能将这种影响力施加到 PC 厂商身上：如果你的电脑不用英特尔处理器，消费者就不会购买。这个大棒加上广告补贴的攻势，使得几乎所有 PC 厂商都参加了"Intel Inside"计划。英特尔通过 to C（对消费者）影响消费观念，倒逼（to B 的）客户选择自己，提高了自身对 PC 厂商的议价能力。

⊖ 唐·舒尔茨，海蒂·舒尔茨. 整合营销传播：创造企业价值的五大关键步骤 [M]. 王茁，顾洁，译. 北京：清华大学出版社，2013.

其次，"Intel Inside"建立了英特尔和 PC 厂商之间的商业联盟。为了拉拢 PC 厂商，并且打击竞争对手 AMD，英特尔提供的补贴力度惊人，甚至相当于某些厂商的季度利润。这一强大的补贴策略使得 PC 厂商完全倒向自己，彻底排挤了竞争对手，帮助英特尔攫取了近 90% 的市场份额。也因为如此，英特尔遭到了 AMD 的起诉，以及欧美各国、日韩等国反垄断部门的调查，罪名是不正当竞争和垄断行为。

最后，由于英特尔对消费决策的强大影响力，以及庞大的市场份额，英特尔成了 PC 行业的一个产品标准。它和微软组成了一个名叫"Wintel"的联盟，对 PC 厂商来说，只要生产电脑，就要使用微软的 Windows 系统，使用英特尔的芯片。没有什么其他选择，因为这是一个技术兼容问题，当时 PC 市场上的 Windows 系统，基本上只面向英特尔的 x86 架构。

由于英特尔对行业标准和消费标准的双重垄断，它才成为 PC 行业的王者，不仅独霸了市场，而且获取了超额利润。不过也因为超额利润的存在，英特尔变得自我革新不足，其他厂商也希望摆脱英特尔的垄断，随着移动时代的到来，英特尔就开始走下坡路，手机厂商也不愿意再让英特尔攫取大部分利润。当然这是后话，这里不再赘述。

从 1991 年推出开始，"Intel Inside"一直沿用了 26 年，成为一个时代的标志。通过"Intel Inside"这个案例可以看出，对一个品牌的打造而言，特别是一个 to B 品牌，最重要的是你能否主导消费观念和影响社会舆论，并且成为行业的产品标准，这样你才能占据竞争的制高点。其实近两年的 5G 之争，核心也是在争夺行业标准、争夺 5G 的话语权。

主导消费观念、影响社会舆论、制定行业标准，实际上都是品牌对信息空间的占领。企业竞争的实质，归根结底是对信息空间的占领、对品牌话语权的争夺，而这需要品牌超文本。

3. 有淘宝，可劲造

淘宝有一句耳熟能详的口号，叫作"万能的淘宝"。在淘宝上，你能买到各式各样的商品和服务，无论排队占座、跑腿代购、小语种翻译、绝版影印资料，甚至打通任督二脉，全——都——能——买！只有想不到，没有买不到。

不过，从品牌打造的角度来看，"万能的淘宝"并不能代表淘宝的全部认知。回顾淘宝的整个发展历程，其品牌塑造大致可以分成三个阶段。在每一阶段，淘宝力图建立的品牌价值和营造的品牌形象是不一样的。

从 2003 年 5 月创立开始，最初两年淘宝的口号叫作"淘你喜欢！"，它的意思很明确，在这里可以淘到你喜欢的好东西，这是淘宝带给消费者的价值主张，也是给予消费者上淘宝的理由。

到了 2005 年，淘宝先后超越 eBay 易趣、日本雅虎，成为亚洲最大的购物网站。而且，淘宝当年还以 80 亿元的成交额，超越了沃尔玛。淘宝开始赢得越来越多消费者的喜爱。对很多人来说，逛淘宝就像逛街一样，变成了一种爱好，一种生活乐趣。只要点点鼠标，就可以看遍天下好东西。就像逛街的乐趣在于逛不在于买一样，在淘宝上淘到自己的心头好，发现以前没有见过的新玩意儿，本身就是一件充满乐趣的事。

所以从 2005 年开始，淘宝又把品牌诉求改成了"淘我喜欢！"，原本"淘你喜欢"的承诺变成"淘我喜欢"的个性主张。从"你"到"我"的变化，进一步突出了消费者的态度和情感。

2008 年，淘宝又把广告语改成"淘！我喜欢"。虽然文字没有任何变化，只是挪动了标点符号的位置，重新断句，但是，这句话进一步突出了"淘"，"淘"开始变成一种生活方式，变成消费者每天日常的习惯动作。这时的淘宝，已经不仅仅只是一个购物网站，而是一种生活的基本要素，一种充满探索与发现、乐趣和享受的消费体验。

这就是淘宝品牌建设的第一阶段，它以"淘"为核心文本，和消费者做情感与态度沟通，让淘宝变成消费者的习惯动作，变成消费者的生活方式。

随着淘宝的日渐壮大，2011 年淘宝分拆成 B2C 的淘宝商城（随后改名为天猫），以及聚焦 C2C 的淘宝。天猫独立以后，当仁不让成为阿里的经营核心，流量、资源、政策都在向其倾斜。2012 年"双十一"当天，支付宝交易额达到 191 亿元，其中天猫 132 亿元，淘宝 59 亿元，孰轻孰重可见一斑。

当平台越做越大，"双十一"越做越好，淘宝里的众多中小商家却渐渐发现，淘宝正在变成大品牌和大卖家的领地。对他们来说，淘宝变得越来越难做，门槛越来越高，广告费还越来越贵。双十一不过是赔本赚吆喝，好处都被大商家赚走了，小商家只剩下一些残羹冷炙。

中小商家本是淘宝发家的基石，但现在它们正面临着被边缘化的风险，而且直接威胁到了它们的生存与发展。这不仅让中小商家们不满，也影响到淘宝的进一步壮大。于是，阿里开始提出"小而美"的电商新概念。不同于天猫的高大上，淘宝要打造成更多中小商家的舞台，包容海量的小微店铺，提供独具特色的各式产品和服务，并且在"双十一"以外，阿里为中小卖家打造了一个新的节日——"双十二"。

随着战略的调整，淘宝的品牌建设也随之进行了一系列调整。2013 年"双十二"，淘宝打造的品牌战役叫作"人民的宝贝——千万掌柜大献宝"。

与大牌云集的天猫"双十一"不同，"人民的宝贝"将镁光灯对准了中小卖家。它强调了淘宝的草根属性，展示了淘宝平台的丰富性和包容性。到了 2014 年，"万能的淘宝"开始出现在淘宝官方的品牌传播中，并很快成为一句大众流行语，成为对淘宝的最好概括。

这就是淘宝品牌建设的第二阶段，"人民"和"万能"就是这一时期的核心文本，它让淘宝从一个有趣的购物网站变成一个大众生活平台，从一种个性化的生活方式变成一种社会流行文化。

"万能的淘宝"，一方面让人惊叹于淘宝内商家商品的应有尽有、琳琅满目；另一方面，"万能"也总是和品质良莠不齐、商家鱼龙混杂、山寨和假冒伪劣林立关联在一起。

2014 年阿里整体上市以后，置身于镁光灯和公众的审视之下，淘宝开始遭遇到越来越多的负面报道和舆论危机，它因大量仿冒山寨货被媒体和公众口诛笔伐，假货和盗版行为被大量报道。此外，淘宝还被竞争对手针对，京东在其电视广告中直接喊出口号"叫你亲不如质量精"。

　　所以在 2015 年，淘宝 12 周年之际，淘宝发起了一轮新的品牌战役——"有淘宝，可劲造"。"造"开始变成淘宝新的品牌文本、品牌符号。

　　"造"代表着淘宝的创造精神和创新意识。在淘宝这个大平台上，无数特色小卖家发挥自己的创造才华，为消费者提供极具创新意识的美好商品。它们也因而得以白手起家，逐渐壮大，甚至成为淘宝上长出来的上市公司。

　　围绕着"造"，淘宝打造了"一万种可劲造"地铁艺术展、悬念广告等，来和消费者沟通淘宝新的品牌形象和精神。2016 年，淘宝又推出了一个新的节日——淘宝造物节。这是淘宝历史上首次举办的超大规模线下活动，它邀请淘宝上那些极具创造精神的店铺，一起来打造一个充斥着奇思妙想、天马行空的想象、新奇原创力的潮酷市集，向全世界的年轻人来展现淘宝的创造力和想象力。

　　从此，造物节成为淘宝一年一度的保留节目，被誉为中国青年创造力的"奥斯卡"。基于"每个人都是造物者"的理念，造物节成为淘宝的又一大品牌 IP，"创造"也成了淘宝新的品牌精神与形象。

　　这就是淘宝品牌建设的第三阶段，它以"造"为品牌核心文本，来刷新品牌形象和影响社会舆论。

　　其实，淘宝的成长历程正和中国经济的发展进程一致。作为"世界工厂"，中国制造凭借自己的成本与规模优势席卷全球，但也一度成为廉价、低端、山寨的代名词。随着中国政府提出从"中国制造"向"中国创造"转型，淘宝也将"创造"的精神融入自己的品牌基因。此外，强调创造、创新也贴合了 2016 年开始兴起的消费升级这一社会趋势，在"创造"的带动下，淘宝正成为产品创新、创意经济、新消费、新潮流的风向标。

　　从"万能"到"创造"，淘宝也体现出了一个电商领导品牌的社会责任与担当，淘宝的核心价值，不再是应有尽有的品种数量，而是基于创新、创造的质的飞跃。淘、万能、创造，三个阶段的品牌核心文本，帮助淘宝从一个购物网站，变成一种潮流生活方式，并融入社会思潮和社会文化之中，帮助品牌引领社会舆论，完成对社会文化空间的占领。

在上一节内容中，我们就已谈到，心智才是营销的主战场，营销要做的不在于如何将产品从车间搬运到货架，更重要的是如何完成对信息空间和文化空间的占领。在这个信息大爆炸的时代，只有掌控消费话语权，引领社会舆论，企业才能塑造真正的核心竞争力。而品牌只有融入用户生活和社会文化，成为大众共通的消费心理，形成一种消费惯性，企业才能永葆青春活力。

营销的核心不是为了占领货架，而是为了占据人心和抢夺社会话语权。更细致一点讲，则是对消费者所处的生活空间、信息空间、心理空间和社会文化空间的占领。

品牌文本通过呈现场景，占领消费者的生活空间，激发用户需求，融入消费生活；品牌文本通过提炼标签，占领消费者的信息空间，传递品牌价值，主导用户认知；品牌文本通过创造社交，占领消费者的心理空间，形成社会联结，建立用户关系；品牌文本通过影响流传，占领消费者的文化空间，培养用户习惯，成为社会文化。文本不是文字游戏，而是品牌大计。文本深化品牌与消费者之间的关系，文本帮助营销占领市场空间。场景、标签、社交、流传，这也就是本书在接下来的章节之中最核心的四大主题。

在我们先民的传说中，仓颉造字之时曾出现"天雨粟、鬼夜哭"的神异现象。这是因为文字的发明是人类历史上惊天地、泣鬼神的大事。有了文字，我们才能认识宇宙万物，洞察自然奥妙。唐代书画家张彦远对此的注解是："造化不能藏其密，故天雨粟；灵怪不能遁其形，故鬼夜哭。"这就是文字的力量。

而在西方的神话中，又有巴别塔的故事。当时，天下人联合起来，决定造一座城和一座塔，塔顶直通上天。由于人类语言相通，心意一致，建成的塔很快就直插云霄。这件事惊动了上帝，上帝说人类有了一样的语言，做起事来就没有做不成的了。于是上帝就变乱了人类的语言，使人类相互之间无法沟通，建塔计划因此失败，人类自此各散东西。这就是语言的威力。

此外，还有法国大文豪巴尔扎克的传奇。巴尔扎克一生奋笔疾书，创作甚丰，一共写出了91部小说，他的《人间喜剧》被誉为资本主义社会的百科全书。在他写作的房间，摆着一座拿破仑的雕像，在雕像的底座上，刻着巴尔扎克的一句话："彼以刀剑未竟之事业，吾以笔锋完成之。"

高中时代的我，曾将这句话作为自己的座右铭。这句话志向颇大，但我总疑心笔锋何以有刀剑的威力。直到做了多年营销之后，我才真正意识到，语言文字是心智的基础，是传播的基础，是社会文化的基础。

文字、文本、文化，就是文案的三重境界。

认识、认知、认同，就是品牌的三次进化。

原子、比特、模因，就是营销的三度空间。

懂得文案对于品牌和营销的意义，才能写出真正传神的好文案，写出一句顶万句的文案。而这，我把它称为写文案的三三法则。

第二章　场景

人货场的商业新逻辑

网上有个段子，据传在索尼与阿里的一次公开会议中，索尼高管对一个问题非常困惑："索尼的游戏机已经占领了全世界玩家的客厅，为什么始终无法在中国年轻人中普及？"而马云的问答是："因为目标人群真的没有客厅！"

中国的游戏产业，只有端游的网吧时代和手游的卧室时代，而绝没有一个客厅时代。对玩游戏的中国年轻人来说，学生时代客厅是家长的天下，工作以后租房了又整天宅在房间，他们生活中根本没有客厅场景。因为消费场景的缺失，所以索尼游戏机无法占领中国市场。

这虽然只是一个段子，却道出了场景的价值。阿里在 2017 年提出人、货、场概念，主张重构人货场，打造新零售。场是连接人和货的中枢，是构建新零售体系的重要一环。而这里的"场"，在我看来，绝不应仅仅被视为交易场所，更重要的是消费场景。

　　对货而言，一个产品成功的关键，就在于其能否在目标消费者的生活中找到相应的使用场景，否则就是"皮之不存，毛将焉附"，销量也就无从谈起。对人而言，我们的日常生活空间，是由一个个场景组成的。从每天早上睁开眼起，洗漱场景、用餐场景、通勤场景、办公场景、学习场景、休闲场景、聚会场景、应酬场景、睡眠场景……构成了我们一天的生活。我们在场景下思考，在场景下行动，场景决定我们的需求和欲望。一句话，人无往而不在场景之中。

　　对营销来说，场景是品牌进入消费者生活的入口，是品牌获取心智流量的接口。一个成功的品牌在消费者生活中一定代表着一个典型场景。如果品牌不能成为用户生活场景的一部分，那么即使喊再多口号，做再多广告，品牌也始终游离于消费者心智之外。

　　场景是触发器，人的需求总是在场景下产生，在场景下激活；场景是定位器，场景决定了品牌在消费者生活中的位置，决定了品牌在消费者生活中扮演什么角色；场景是连接器，场景将品牌和消费者紧密关联在一起，为消费者制造现场感、代入感和仪式感，让消费者沉浸其中，充分展示品牌带给消费者的利益和价值。

　　对文案创作而言，首先要拥抱场景思维，用场景来思考用户需求和市场策略，用场景来洞见消费者心理和决策行为，用场景来表达品牌价值和产品体验。文本帮助品牌建立场景，并借助场景的桥梁，让产品进入消费者生活，融入消费者心智。

———————

第一节　场景造需

1. 吃完喝完嚼益达

口香糖是生活中的常见物品，口香糖品牌在宣传产品利益时，通常主打两个卖点：清新口气和保护牙齿。前者如绿箭，多年来一直强调 100% 天然薄荷，使你口气清新自然；后者如益达，"关爱牙齿，更关心你"的广告广为人知。

作为口香糖的两大代表性品牌，绿箭和益达的品牌知名度都很高，清新口气和保护牙齿也绝对是绝大多数人都需要的功能利益，尽管如此，绿箭和益达还是需要持续不断地进行广告投放。这是因为虽然我们都需要清新口气、保护牙齿，但这个需求并不会每天都产生，要吃口香糖的想法不会每天被我们想起，它要从一个潜在的心理需求浮出水面变成一个实际的购买行为。所以绿箭和益达需要不断提醒消费者，不断唤起他们的需求，不然消费者就会忘记买口香糖这回事了。

在这种情况下，品牌传播并不只是简单地告知消费者口香糖能清口护齿就完事了，比宣传产品功能更重要的是唤起用户需求。如果消费者没有产生需求，你的产品利益讲得天花乱坠也是没有用的。

那么，消费者在什么情况下对清新口气最有需求呢？答案就是社交的时候，和他人在一起亲密交谈，口气不佳真的是一件令人尴尬的事。

从 2007 年开始，绿箭就在宣传"绿箭让我们更亲近"。口气清新了，我们才能更亲近。到了 2014 年，绿箭又把品牌文本更改为"清新口气，你我更亲近"，广告画面里出现的都是家人、情侣、同事，相亲相爱，亲密无间。

特别是绿箭代言人五月天拍摄的电视广告，讲述五人搭牛车去石头村，用绿箭跟女生打招呼的故事。五月天主唱阿信从口袋里掏出一条绿箭，递给郭碧婷说"交个朋友吧"，这个情节让人印象很深。

而不管是绿箭的品牌文本、平面创意、视频广告，其实整个品牌传播，都在为口香糖集中塑造一个场景——社交。在社交场景下，消费者最可能对清新口气产生需求，产生购买绿箭的意愿。

再来看益达。我们再问这个问题：消费者在什么情况下对保护牙齿最有需求呢？答案就是吃饭的时候，我们从小就被教育，饭后要漱口，清洁口腔。所以，益达从 2010 年开始诉求"吃完喝完嚼益达"，这一品牌文本在同步上线的

《酸甜苦辣》系列电视广告中得到了充分展开。

《酸甜苦辣》是一套由彭于晏和桂纶镁主演的爱情系列故事广告, 拍摄制作和投放一共历时三年。从两人的沙漠邂逅开始, 最后以有情人终成眷属告终。在爱情的漫漫旅途上, 两人体会到了爱情的酸甜苦辣。当然, 酸甜苦辣既是爱情, 更是食物, 故事全程都围绕着餐桌和食物展开, 并以益达为道具, 串联起故事的主线。最后益达告诉你"不管酸甜苦辣, 总有益达"。

和益达早年的广告片(即郭碧婷主演的便利店故事《是你的益达》)相比, 通过店员和顾客的故事诉求"关爱牙齿, 更关心你", 虽然二者同为爱情故事, 而且"关爱牙齿, 更关心你"也点出了产品利益, 但"吃完喝完嚼益达"的表达更为直接。

因为"吃完喝完嚼益达"和"不管酸甜苦辣, 总有益达"这两句文本, 成功构建出了一个餐饮场景。在餐饮场景之下, 消费者对保护牙齿的需求会被充分激活。而"关爱牙齿, 更关心你"则是在讲产品功能, 它以理性的利益诉求为主, 辅以感性的情感诉求。这两者的区别就像一个是拉, 循循善诱地引导消费者产生需求; 另一个是推, 描绘产品功能, 将产品推向消费者。

根据益达官方的一项调查显示, 《酸甜苦辣》系列广告投放 8 个月内, 消费者对益达的品牌认知增长了 40% ~ 50%。"吃完喝完嚼益达"也帮助益达成功超越绿箭, 成为中国口香糖市场的第一品牌。[○]

由于酸甜苦辣系列的大获成功, 在彭于晏、桂纶镁的第一季、第二季广告结束之后, 益达立刻又推出了白百何、郭晓冬主演的《酸甜苦辣3》, 而这一次的故事设定, 则是一个白百何饰演的小厨师向郭晓冬饰演的厨神学习厨艺的故事, 进一步强化了益达的餐饮场景。在广告中, 郭晓冬尝了白百何自创的拔丝煎面之后评论说"甜到掉牙了", 白百何回应道"是你牙齿不好吧, 大叔", 这一情节也让很多人记忆犹新。

只是一颗小小的口香糖, 却在各自的品牌传播中分别构建出两个截然不同的消费场景。一个社交场景，一个餐饮场景，通过场景带入消费者，让消费者产生吃口香糖的需求。围绕"清新口气，你我更亲近"和"不管酸甜苦辣，总有益达"这两句核心文本，绿箭和益达分别展开各自的广告创意，并配合以相应的营销推广，场景指导了两个品牌的营销开展。

这就是场景的第一大作用——场景造需。

人的需求总是在场景中产生。不同场景下，消费者会产生完全不同的需求。一个很简单的例子，假如我明天要去做一场公开演讲或提案，那么在这个场景下，我的需求可能是西服、衬衫、领带，还有发蜡。而假如我不需要出门，只想窝在家里读一天书或者看两部电影，那么在宅家场景下，需求则大约是可乐、薯片或者外卖。

品牌营销就要通过文本来构建属于自己的典型场景，通过场景将自身产品与消费者需求关联在一起，通过对场景的表达和演绎，激发消费者的购买欲。这就叫场景造需。

要知道，需求是市场营销最重要的概念，没有之一。有人曾问菲利普·科特勒："哪一个词可以精准地定义营销？"科特勒毫不犹豫给出了自己的答案：需求管理（demand management）。

发现顾客需求，管理顾客需求，满足顾客需求，这就是市场营销要做的事，需求管理贯穿营销的始终。一切生意机会都从消费者需求中来。

但问题是，消费者的需求经常处于沉寂状态。如前所述，每个人都对护齿、清口有需求，但他们为什么没有每天吃口香糖呢？因为消费者的需求并不总是活跃的，潜在需求不一定能转化到实际的购买意愿和行动上来。

这就需要场景的存在，场景不断地提醒消费者他的需求是什么，唤起他的行为倾向。消费者只要置身于特定的场景，其需求就产生了，被触发了。场景是需求的触发器，场景让消费者的需求从沉寂状态走向激发状态。

需求作为营销的起点，任何企业都必须首先知道自己的目标人群有什么需求待满足。所以在科特勒的营销体系中，STP+4P占据最核心的位置。STP包括了市场细分（segment）、目标人群（target）、产品定位（position），STP的核心是需求。

只有对需求进行清晰判断，企业才能确定自己要进入哪个细分市场，要针对的目标消费者是谁，该生产什么样的产品。而在 STP 战略确定以后，企业才能围绕选定的细分市场和目标人群，实施产品、价格、渠道、推广的 4P 战术执行。

需求是营销的先导。换句话说，"谁最有可能买你（你的产品）？"这是营销需要解决的第一个问题。而解决这个问题最好的办法，就是找到产品最典型的消费场景。场景可以帮助品牌挖掘需求，定义人群和市场。这就是口香糖的故事。

2. 经常用脑，多喝六个核桃

2005 年，河北养元公司濒临破产，旗下的八宝粥、核桃乳等 15 个品类，没一个能赢得消费者青睐，更没资格和娃哈哈、银鹭这种饮料名企一较高下。

在做完几个月市场调研后，养元公司发现：矿泉水、牛奶等品类市场都趋于饱和，竞争激烈，大品牌众多；唯独核桃乳饮料默默无闻、无人问津，于是公司决定砍掉其他品类，集中火力猛攻核桃乳。

核桃乳在当时无疑是一个小品类，做小品类市场是一把双刃剑。一方面你可以说它竞争对手少、渗透率低，是一个巨大的蓝海；但反过来，小品类也意味着需求稀缺，为什么我不喝牛奶、果汁、矿泉水、椰汁、凉茶、冰红茶，而要喝核桃乳呢？你必须教育消费者、培育市场，让他们想喝核桃乳。但我们都知道，培育市场是一件需要花费巨额营销费用的事，吃力不讨好不说，还有可能给别人作嫁衣裳。

决定主攻核桃乳之后，河北养元打造了一款产品"六个核桃"。这是一个直观的好名字，当然一瓶饮料里并没有六个核桃，用"六"据说是为了讨个吉利。

在当时，六个核桃面临的最大挑战，就是怎么解决核桃乳的需求问题，到底什么样的消费者最有可能买它？如何让消费者对核桃乳产生需求？

养元首先想到的办法，就是给消费者一个选择六个核桃的理由，描述产品利益。六个核桃最初使用的广告语叫作"六个核桃，好在六点"，一下子给了消费者六个喝核桃乳的理由。但这一句话完全是企业导向、自以为是的诉求，消费者听完后不知道它具体好在哪，而且显然也没有兴趣去深究这六点究竟是什么。

六个核心给出的核心消费理由是健脑益智。根据以形补形的传统认知，核桃一直都有补脑的功效。而且对于六个核桃这个名字本身，也有说法表示中医建议每天吃六个核桃就能补脑。所以与其说"好在六点"，它还不如直接喊出"喝六个核桃，益智健脑"的产品功能卖点。当然，这句话也是有问题的，首先它可能违反广告法，因为非保健食品是不能宣传保健功能的；其次，更重要的一点是，"推"销更容易遭到消费者拒绝。

很多品牌做传播，一上来就喜欢喊功能，讲产品利益，这其实是不对的。做营销并不是从产品开始的，而是从用户开始。企业觉得"我的产品真是好啊"，而在消费者那里则是"跟我有什么关系"，这就是大多数企业在做营销时遇到的困境。要想让产品的好和消费者发生关系，不如给消费者一个场景。

2009 年，六个核桃换上一句新的口号"经常用脑，多喝六个核桃"，从此销量一发不可收拾。

经常用脑的场景是什么？其实就是一个学习场景。谁最需要经常用脑？当然是学生群体，读书做功课很费脑。学习场景，首先清楚定义了六个核桃的核心消费者，学生群体。学生群体数量庞大稳定，对消费的带动能力很强。固然男女老少都可以喝核桃乳，但是做营销一定要找到对你的产品利益最敏感的一群人、最有痛点的一群人，这才是最有可能买你产品的一群人，他们是品牌的源点人群、天使人群。

六个核桃所做的一切营销工作，都是围绕着学习场景，来构建自己的品牌系统和营销体系，无论品牌广告、营销活动、代言人都是如此，因而营销变得更加精准、更加聚焦，这才是六个核桃取得成功的关键。

　　比如在电视广告中，六个核桃便充分表现学生们"努力学习、紧张考试"的典型场景。广告镜头扫过学校教室，一名名学生埋头在高高摞起的书堆下。

　　比如在综艺节目的选择上，像江苏卫视的《最强大脑》，六个核桃显然不会错过。2016年初《最强大脑》第三季开播，六个核桃砸出2.5亿元来冠名赞助，并且把当季广告语改成"六个核桃，最强大脑"，让品牌与节目理念形成强关联。

　　还有代言人的选择，六个核桃一开始是梅婷，后来又换成鲁豫。相较而言，选择鲁豫就更加聪明。因为鲁豫主持的节目和她本人，都给人以思想智慧之感，与六个核桃的益智理念相得益彰。再后来，六个核桃又请了当红小生王源来代言。2000年出生的王源还很有学生范，所以在请了王源代言以后，2018年六个核桃就面向全体高三学生展开了"十年狂烧脑，开窍迎高考"的营销活动，并且在9月新生开学时，又举办了"十年狂烧脑，开学更开窍"的营销活动。6月高考、9月开学，成了六个核桃的重要营销节点。

　　学习场景的聚焦，不仅帮助六个核桃找到了自己的核心人群，指引了其营销推广的实施，还定义清楚了六个核桃所处的细分市场。

　　作为河北的一家企业，六个核桃的市场基本盘在北方市场。在北方，尤其是北方三四五线城市，还有农村，有一个很重要的习俗就是逢年过节走亲戚送礼。送礼的选择，主要是以烟酒、饮料、食品这些日常消费品为主。具体送什么礼品，则要看对方家里都有什么人。一般来讲，如果对方家里有老人孩子，那么礼品的选择就会挑选适合他们食用的产品。作为一个从小在北方长大的孩子，这一点我是深有体会的。小时候，最高兴的就是家里来人走亲戚，因为他们总会带一些给我的零食和饮料。

　　毫无疑问，很多人家里都有正在上学的孩子。送给他们什么呢？既然经常用脑，那就送六个核桃吧。于是六个核桃抢占了大量礼品市场。逢年过节送礼成了六个核桃的市场基本盘。

　　这就是场景的妙用，"经常用脑，多喝六个核桃"，比单纯传递产品信息、生硬地宣传产品功能利益更能唤起消费者需求。讲利益不如讲场景。而且，场景帮助企业定义市场和目标人群，企业圈定了场景，其实就是在圈需求、圈用户、圈市场、圈渠道。场景指引企业展开一系列清晰明确、具有针对性的市场营销活动，对企业战略有重要指导意义。

3. 怕上火，喝王老吉

六个核桃之外，饮料行业广告的另一个经典案例就是"怕上火，喝王老吉"。有人认为这是定位，有人说这是产品 USP，而我则认为王老吉的成功是因为场景选择的成功。

"上火"是一个很有中国特色的民间说法，中医认为人体如果阴阳失衡，内火旺盛，身体就会出现某些热性的症状，这就是上火。当消费者出现牙痛、嗓子痛、嘴角起泡、口腔溃疡、眼睛红肿、皮肤爆痘等症状时，他就会认为自己上火了。

一旦上火，人们便会调整行为、调理身体，比如早睡少熬夜，饮食清淡，忌油腻，忌辛辣等，严重一点就要去药店了。比如治疗口腔溃疡的著名品牌三金西瓜霜，它的口号就叫"咽喉防火墙"。而三金药业旗下的另外两款产品，清咽含片的诉求是"清咽要去火"，西瓜霜清焱牙膏的广告语则是"牙痛上火莫熬夜，三金清焱更专业"。三金建立的就是跟"上火"的关联。

上火是个如此深入人心的概念，以至于大家在日常生活中都怕上火。什么情况下最怕呢？就是吃热气辛辣的食物时，如火锅、烧烤，此外还有熬夜。因为多数人都有熬夜、吃热辣食物会上火的认知。

"怕上火，喝王老吉"好就好在一个"怕"字，因为上火和怕上火完全是截然不同的两个场景。上火的场景大约在药店或医院，指向治疗和调理。而怕上火的场景则在火锅店、烧烤大排档等餐饮场合，在熬夜加班的办公桌旁。而且"怕"字道出了消费者的痛点和焦虑，有效激发了消费者吃火锅、吃烧烤时一定要喝王老吉的需求。

如果大家有留意过王老吉的广告，那么你会发现，它的电视广告开篇第一个镜头，永远是一个火锅热辣翻滚的画面，十几年来皆如此，包括后来的加多宝广告也是如此。这是王老吉等厂商在不断给消费者暗示消费场景。

还有海报物料上"熬夜加班，怕上火喝王老吉"和"大啖荔枝，怕上火喝王老吉"的文案，后面一句很有广东特色，因为荔枝在广东人心目中也属于热气食物。熬夜加班、大啖荔枝也是在提示王老吉的消费场景。

而且，王老吉在上市之初，最先铺的渠道就是火锅店和烧烤大排档，等王老吉在这些场合站稳脚跟，它才扩展到全餐饮渠道和商超零售渠道，火锅和烧烤店就是王老吉起家的大本营。场景决定了王老吉的渠道选择，是王老吉品牌源点期最重要的市场战略。

如果王老吉要强调产品 USP，诉求功能利益，那么广告语就应该是"王老吉，防上火"或者"王老吉，一罐降火"之类。但这些口号传递了王老吉的产品利益，却没有告诉消费者应该什么时机、什么场合喝王老吉，因而唤起消费者需求和购买意愿的效果是要打折扣的。

而要说定位，那么王老吉和加多宝分道扬镳之后，二者为了市场相互竞争，一个标榜"传世 185 年，独家秘方，正宗凉茶王老吉"，在消费者心目中占据正宗、经典的品类地位；另一个强调"中国每卖 10 罐凉茶，7 罐加多宝，全国销量遥遥领先"，在消费者心目中占据畅销、领导者的品类地位。这才是标准的定位打法。但不管是正宗，还是销售领先，都是给消费者的购买决策提供背书、增加砝码，让消费者记住品牌，而并不能唤起消费者喝凉茶的需求。

"怕上火"实际是帮助王老吉锁定了火锅、烧烤、熬夜等核心消费场景，当你置身这些场景下，自然对王老吉产生需求。场景圈定需求，圈定目标人群及其痛点，圈定销售渠道，这个场景为王老吉重构了人、货、场。

场景造需，而文本创造场景。"清新口气，你我更亲近""吃完喝完嚼益达""经常用脑，多喝六个核桃""怕上火，喝王老吉"这些文案听起来都非常简单、朴实，都是生活中人们挂在嘴边的大白话，但重要的是它们为品牌赋予了场景。场景之下，消费者被锁定，需求被激活，渠道被打通，市场被发现。需求是营销的前提，而场景就是对需求进行具象化、形象化呈现的一个利器。

第二节 场景定位

1. 开宝马，坐奔驰

在那么多汽车品牌的文案里，我认为最经典的是那一句"开宝马，坐奔驰"。虽然它并不是一句广告语，但一个"开"字、一个"坐"字，就极其传神地展示了宝马和奔驰的区别。

"开"和"坐"代表着两个不同的场景，宝马是驾驶场景，豪华在前排，产品主打驾驶乐趣，品牌诉求指向开车的人；奔驰是乘坐场景，豪华在后排，产品强调尊贵品位，品牌诉求指向坐车的人，买大奔的消费者，都要配一名专职司机。二者同为豪华车代表品牌，却用不同的场景，展示了各自品牌的差异化价值。

2019 年 5 月，为奔驰公司效力长达 43 年的全球总裁迪特·蔡澈（Dieter Zetsche）退休，宝马为此专门拍摄了一段视频，向蔡澈致敬。在视频中，结束了 last day（退休前最后一天）行程的蔡澈，与同事们握手告别、拍照留念，交回工作牌，离开办公室。在众人的掌声和祝福中，他最后一次坐上奔驰专车离开。

从公司回家的路上，蔡澈坐在后排座椅上，望着车窗外公司大楼渐行渐远，楼顶的奔驰 logo 从视线中慢慢消失，他满脸都是感伤和不舍。他到了家中后，专职司机完成自己最后的一次工作，和蔡澈握手道别，就将奔驰车开回公司，留下蔡澈孤独一人在家中。

没想到镜头一转，刚从奔驰退休的蔡澈，转身就从自家车库里开出一辆宝马 i8，飞速冲出门兜风去了。终于自由了，不用因为奔驰总裁的身份无法开宝马了。在这条趣味视频的最后，宝马告诉大家："谢谢你，蔡澈，为这么多年激动人心的竞争。"

这条视频极其幽默，在全球引发了广泛的传播、转发和热议，获得了巨量刷屏。而我从这段视频中看到的，则是宝马与奔驰的不同。奔驰是要配专车司机的，就算再豪华，说到底只是个上下班的代步工具；而宝马则是要自己开的，是用来享受自由和驾驶乐趣的。就算是在一段病毒式视频中，宝马也在不遗余力地展示自家品牌的核心价值。一个开，一个坐，两个截然不同的场景，体现了宝马与奔驰截然不同的定位。

这就是场景的第二大作用——场景定位。

场景决定了品牌在消费者生活中是什么位置，决定了品牌在消费者生活中扮演什么角色。场景帮助企业清晰地定义自家品牌，帮助企业管理层理解品牌所处的市场位置，产品在市场竞争中的状况和态势，企业在营销推广上又该做些什么。场景也帮助消费者认识/认知一个品牌，了解其价值，了解其与竞争对手有何区别。

杰克·特劳特和艾·里斯开创的定位论，在中国可说是相当走红。很多人一谈营销，言必称定位，什么产品定位、人群定位、市场定位、传播定位、情感定位、品牌定位、战略定位……仿佛市场营销的一切皆定位。

按特劳特和里斯的本意，企业必须寻找差异化，从而在消费者心智之中占据一席之地，这就是定位。其手段是与众不同，其目的是在消费者心智之中找到位置。因为在一个产品过度同质化、市场竞争极度激烈的年代，如果企业不能做到与众不同，不能在消费者心智中占据一个位置，那么消费者就无法认识你，无法把你和竞争对手区分开，当然也不会购买你。

理论层面就是这样，但在实操环节，定位的众多代表性案例则往往将定位"矮化"为品类地位，多数聚焦于"××行业领导者"或"销量遥遥领先"来实施定位，并在传播中反复宣传销量、品类地位，试图靠这个让消费者形成认知，在消费者心目中成为一个品类的代表，从而占据一个市场位置。

这实际上是对定位的本质缺乏理解，因为不管是行业领导者还是销量领先，都跟消费者需求确实没有关系，企业身份只是说明了企业怎么样，却没有表明企业能给消费者带来什么。所以消费者对这种千篇一律、自卖自夸、头脑简单的品牌宣传不感兴趣，他们并不关心你在行业中的排名。因此，这些企业只能通过狂砸广告，利用庞大的媒介预算强行对消费者洗脑让消费者记住，强行把品牌楔入消费者心智。

而实际上，要让消费者理解品牌定位，最好是让消费者了解品牌所代表的典型场景。有了场景，消费者也就知道了品牌代表什么，在自己生活中有什么用处，扮演什么角色。场景帮助品牌融入消费者生活，在消费者生活中锁定一个位置，帮助品牌进入消费者心智。这就叫作场景定位。

2. 盖 Kindle，面更香

Kindle 是亚马逊最早于 2007 年 11 月 19 日发布的电子书阅读器。

Kindle 推出时，苹果创始人乔布斯的观点是它根本不会在市场上取得成功。这跟 Kindle 的产品设计无关（虽然乔布斯觉得它的设计很糟糕），主要原因是人们不再读书了——40% 的美国人一年只读一本书，甚至更少。乔布斯说："人们连印刷版图书都不读了，还会对电子书有兴趣吗？"[⊖]消费者生活中根本不存在阅读场景，所以 Kindle 产品开发的出发点都有问题。

这就是为什么乔布斯愿意为听歌开发一款专用设备——iPod，却不愿为阅读开发一款专用阅读器。即使在 Kindle 推出两年以后，乔布斯依然认为虽然单功能设备会一直存在，但多功能设备会最终胜出。所以乔布斯转头就推出了iPad，一款包含了电子书阅读功能的多功能设备。

不过在 2010 年 1 月 27 日苹果推出 iPad 时，业界也是一片质疑之声。谷歌公司时任 CEO 埃里克·施密特（Eric Schmidt）的评价是："你能够告诉我一部大手机和一台平板电脑的区别吗？"全球权威的 IT 研究与顾问咨询公司高德纳公司（Gartner）的分析师肯·杜兰尼（Ken Dulaney）认为："用户要么购买配置显示屏较大的笔记本，要么购买显示屏较小的手机，介于两者之间的产品依然不受青睐。"联想全球高级产品营销经理米卡·马贾普罗（Mika Majapuro）则表示："用户对平板电脑的反馈并不积极，他们需要物理键盘。"

而比尔·盖茨（Bill Gates）对 iPad 的看法则是："我是触控和数字阅读的信徒，但我仍坚信一个包含了语音识别、手写笔和一个物理键盘的产品将会

⊖ 新浪科技.乔布斯与贝索斯对话遭曝光：阅读器 Kindle 很烂 [EB/OL].（2009-02-07）[2020-06-01] http://www.techweb.com.cn/news/2009-02-07/386173.shtml.

是主流。这是一个不错的阅读器，但是在 iPad 身上我没有看到什么会让我说，'噢，我真希望微软也已经这样做了'。"

"我们在努力推出用户在会议室喜欢使用的产品，iPad 显然不是。用户需要输入文字、记笔记、编辑文档。我不会携带 iPad 参加会议。"

显然，盖茨对平板使用场景的认知是办公和会议室。所以微软随后就在 2012 年 6 月 19 日发布了 Surface。Kindle、iPad、Surface 三款产品虽然都算平板，但是产品定位却截然不同，Kindle 面向阅读场景，iPad 面向泛娱乐场景，而 Surface 则面向生产力场景。

场景定位不同，三款设备的产品设计和产品发展规划也截然不同。Kindle 的核心竞争力在于它背后有亚马逊庞大的电子书库支持，而 iPad 则有 App store，它可以提供各种应用和游戏下载，满足消费者看视频、玩游戏、听音乐、追剧、浏览网页、欣赏照片、购物等多种娱乐需求。而 Surface 的产品设计则配有触控笔、可拆卸键盘，有微软强大的 Office 软件支持，是移动办公和会议室使用的利器。

为什么 iPad 在上市之时遭遇了那么多质疑，实际上是因为大家都不知道平板可应用的无法被手机和笔记本电脑替代的典型场景在哪里。初代 iPad 产品发布会上，乔布斯就在幻灯片上放了一台 iPhone 和一台笔记本电脑，然后在中间打了一个问号。

其实熟悉苹果历史的朋友应该知道，早在 1993 年苹果就开发了世界上第一款掌上电脑 Apple Newton，但 Newton 始终找不到自己的消费场景，最终以失败告终，于 1997 年停产。因为大家都搞不清楚 iPad 的消费场景到底在哪里，所以初代 iPad 问世之时苹果还一同发布了一款键盘底座，iPad 插在上面时看上来很像是一台电脑。这说明当时的开发团队还抱着传统电脑的思路去开发 iPad。而在乔布斯看来，如果有个底座可以把 iPad 支起来，把它放在厨房或客厅，那么 iPad 就可以变成一个"数码相框"，在闲置时发挥出更多作用。

但让人意想不到的是，iPad 在正式上市之后，却和消费者家中的沙发、床产生了密切联系，人们喜欢躺在沙发或躺在床上使用 iPad，看视频、追剧、玩游戏，等等。iPad 成了一个更私人化的产品，成了消费者家中的娱乐中枢。这就是 iPad 的消费场景。

2020 年疫情期间，由于人们宅在家中上网课、看视频的需求激增，以及直播卖货的兴起，iPad 一度出现销售猛增、全网卖断货的情形。在疫情最严重的 2 月，天猫上购买 iPad 的中国消费者里有 60% 是教育用户。⊖

而教育场景，也是 iPad 在广告中着力宣传的内容。2011 年 iPad 2 上市，苹果就曾拍了一条《去学习》的广告："你对新奇的想法感到好奇吗？你是否想学习一门新语言，或者是一个生字？也许你想要多了解一些解剖学，或是天文学。你可以精通一些新事物，或者发掘自己的新天分。这是一个再好不过的时机，去学习。"2013 年，苹果 CEO 库克还表示 iPad 已经占据了全球教育业平板电脑市场的 94%。⊜

反观微软 Surface，则从一开始就瞄准了生产力场景，奔着取代 PC 的路线狂奔而去。早在 2011 年盖茨就表示："PC 就是平板电脑。"在 Surface 的广告中，出现的都是办公、开会等场景，而且微软还专门拍摄广告，对比 Surface 和 MacBook Air，强调 Surface 的性能比苹果的笔记本电脑更强大（而不是对比 iPad）。

对此，乔布斯在 2011 年 iPad2 发布会上的回应是："很多人正在涌进平板市场，把平板当作下一个 PC，他们的产品的软件和硬件由不同公司完成，我身体里的每一根骨头都在说这条路是错的。"正由于对平板应用场景的不同，苹果和微软做出了不同的产品开发方向，走向不同的战略路线。

当然随着平板电脑的发展，iPad 也开始主打生产力场景。2020 年 3 月发布的新一代 iPad Pro，广告语就变成了"你的下一台电脑，何必是电脑"，并且和 Surface 一样，iPad Pro 现在也有配套的触控笔和可拆卸的妙控键盘。在

⊖ 李振梁，王毓婵.苹果 iPad Pro 创新虽不惊艳，但疫情带来了教育市场的机会 [EB/OL].（2020-03-19）[2020-06-01]. https://36kr.com/p/1725285105665.

⊜ Minastinis.Tim Cook：iPad 已占据教育领域 94% 的平板市场 [EB/OL].（2013-10-29）[2020-06-01]. https://36kr.com/p/1641795960833.

iPad 如今的产品线中，iPad Pro 主打生产力场景，iPad 系列则聚焦于泛娱乐和学习场景。场景清晰划分了 iPad 的产品线。

至于 Kindle，则从头到尾都在宣传阅读。2014 年 Kindle Voyage 发布时，广告语叫作"悉心打造 挚爱阅读"，广告语也暗示阅读是一场旅行（见图 2-1）；2015 年它的品牌宣传口号是"阅读，就是魅力"，还有"爱上读来读往"。

图 2-1　不是我们在主导旅行，而是旅行在带领我们——Kindle Voyage 广告

资料来源：www.digitaling.com/articles/17087.html；约翰·史坦贝克（John Steinbeck），《史坦贝克携犬横越美国》。

2016 年 Kindle Oasis 发布，品牌传播则分为"轻薄至美，读具一格"和"征服你不只靠外表"两个阶段；2017 年 Kindle 品牌宣传片强调"读不完的热爱"和"你阅读时，就像个孩子"；2018 年世界读书日，Kindle 的传播主题则是"挚爱阅读，向光而行"。

亚马逊创始人杰夫·贝佐斯（Jeff Bezos）说："平板电脑不是一台好的

阅读装置，不是因为它不够好，而是因为它带来太多诱惑。"iPad 虽然也有阅读功能，但它并不能取代 Kindle 的地位。Kindle 聚焦于阅读场景，也取得了成功，而并未像乔布斯所预言那般。但是 Kindle 始终面临一个尴尬，就是很多人冲着读书买了 Kindle，买完却放在家里吃灰，一共也没用它读过几本书。面向阅读场景的 Kindle，在消费者实际生活中变成了"盖面神器"和"催眠神器"。用 Kindle 读书的人毕竟比用 iPad 看视频玩游戏的人少太多了。

所以在 2019 年世界读书日，Kindle 推出官方自嘲广告"盖 Kindle，面更香"，赢得了消费者的会心一笑，让不少人直呼"还是 Kindle 会玩""官方自黑，最为致命"。微博话题 #Kindle 官方盖章泡面盖子 # 的阅读量也冲破 2 亿，话题讨论量高达 3.8 万，并且登上微博热搜榜，不少网友开始在微博上晒自己用 Kindle 盖泡面的照片。而且在淘宝中搜索泡面盖子，搜索结果页面还有"Kindle 当初买来的时候信誓旦旦要好好看书""是时候给 Kindle 充电了"等弹幕[⊖]飘过。

尝到甜头的 Kindle，在 2020 年世界读书日又如法炮制，推出新的事件营销。它推出了床品四件套，宣传"读书的人，有梦可做"，将 Kindle 作为"催眠神器"使用的功能进一步"坐实"。

所以你想象一下，消费者晚上洗漱完毕，躺在 Kindle 四件套上，床品上的图案文字无声无息地提醒者消费者们放下手机拿起 Kindle，不消 3 分钟，他们就进入了甜美的梦乡……这是一幅多么美妙的场景啊！

有消费者笑称，Kindle 终于认清了自己的定位。泡面时盖面、睡前催眠看起来才是 Kindle 的真实消费场景。而这两波品牌战役能够成功刷屏，引发消费者巨大共鸣，正是因为盖面、催眠这些场景在消费者生活中是真实存在的，加上官方自黑的效果，这才成功制造了话题，广受消费者好评。

场景定位了产品。它决定了企业产品创新和用户营销的方向，指引了产品应该如何设计和具备什么样的功能，而且只有找到消费者生活中的真实消费

⊖　弹幕，原指像幕布一样密集的弹雨，后来也用来指大量的评论字幕像弹幕一样飞过视频画面，弹幕也就用来指这样的评论字幕。

场景，产品才能被消费者所接受、所认知、所购买。场景，才是真实有效的产品战略。

3. 我是江小白，生活很简单

场景的选择，决定了产品的功能与角色，也影响着品牌的建设与用户沟通。试以中国白酒业为例来说明，各大白酒品牌是怎么写文案和做营销的。

低档白酒的场景在私密场合，定位于个人饮用，或两三个关系密切、极熟悉的死党和朋友之间饮用。所以低端白酒品牌传播通常诉求情绪，用文案来展现消费者情绪的表达和释放。

比如老村长，其品牌诉求一直是"简单快乐"，将快乐作为品牌核心价值。在推广上则主要围绕各种喜剧类综艺节目进行赞助和投放，比如《欢乐中国人》《欢乐喜剧人》《笑傲江湖》和《笑声传奇》等，让品牌和消费者喝酒时那种快乐的释放关联在一起。

再如江小白，品牌定位于"青春小酒"，诉求"我是江小白，生活很简单"。这就是一种年轻人的情绪和生活态度。江小白创始人陶石泉曾表示，江小白的发展建立在开拓新的消费场景上，小聚、小饮、小时刻、小心情这是江小白的"四小场景"。[○]所以其文案写的就是这些小场景下的少年心事、年轻人的喜怒哀乐、青春里的万般情绪，江小白因而声名鹊起，迅速赢得了年轻人的心。比如——

> 成长就是将哭声调成静音，约酒就是将情绪调成震动。
>
> 肚子胖了，理想却瘦了。
>
> 所谓孤独就是，有的人无话可说，有的话无人可说。
>
> 寂寞是想让人陪，孤独是想有人懂。
>
> 酒后吐出的真言，清醒时已经在心里说过千遍。
>
> 最想说的话在眼睛里，草稿箱里，梦里，和酒里。

○ 李之泽.江小白创始人：2019 年销售收入 30 亿元；关于口感的"批判"要辩证看待 [EB/OL].（2020-03-10）[2020-06-01]. https://www.sohu.com/a/378944270_100001551.

说不出的事叫心事，留不住的人叫故事。

我把所有人都喝趴下，只为和你说句悄悄话。

从前羞于告白，现在害怕告别。

清晨的粥只能填满胃，深夜的酒却能填满心。

小孩子把不开心写在脸上，大人把不开心藏进酒杯。

要是没了这股劲，未来又怎会有奔头。

……

还有红星二锅头，屡屡刷屏的"将所有一言难尽，一饮而尽""没有痛苦，不算痛快""把激情燃烧的岁月灌进喉咙""待在北京的不开心，也许只是一阵子；离开北京的不甘心，却是一辈子""生活有多难，酒就有多呛，不如意事十有八酒"，这些都是情绪。

中档白酒的场景在聚会场合，定位于亲朋聚会、家庭聚会，属于聚饮消费。所以中档白酒品牌通常诉求情感，围绕着亲情、友情来做文章。

主打友情的，比如枝江酒"知心知己枝江酒"、丰谷酒"让友情更有情"、青酒"喝杯青酒，交个朋友"、今世缘"成大事必有缘"（缘分也算是一种友情）。

主打亲情的，比如金六福的福文化，"春节回家金六福"；早年孔府家酒的家文化，"孔府家酒，叫人想家"。

高档白酒的场景在应酬场合，定位于商务宴请、高端社交用酒。所以高端白酒品牌通常诉求情怀，塑造高大上的品牌形象，恭维目标消费者的高雅品位、思想境界和尊崇身份。

比如水井坊代表性的品牌诉求"中国高尚生活元素"；国窖1573重复宣传多年的"你能品味的历史"，以及后来提炼精简后的"中国品味"；舍得酒的"智慧人生，品味舍得"；洋河蓝色经典"男人的情怀"，文案说的是"世界上最宽广的是海，比海更高远的是天空，比天空更博大的是男人的情怀，洋河蓝色经典"，还有洋河后期重点宣传的"中国梦，梦之蓝"。

高尚生活、品味、智慧、情怀、梦……这就是高端白酒的诉求方向，目的是让品牌符合商务宴请场景所需的档次、格调、面子、身份。要么，高端白酒还有一种品牌方向就是诉求历史地位、名酒血统和稀缺性，从而彰显价值、提高档次。比如水井坊最初的口号"中国白酒第一坊"，剑南春的"大唐国酒"和"中国三大名酒"，汾酒的"中国酒魂"，青花郎的"中国两大酱香白酒之一"，五粮液"中国的五粮液，世界的五粮液"，当然还有国酒茅台。

因为消费场景的不同，所以消费者对酒的需求和要求完全不同。故而品牌打造的方式不同，品牌标榜的价值亦不同。

场景定位了品牌，它决定了品牌定位和品牌核心价值主张。我们通过场景来认识一个品牌，一看到场景，便知品牌定义和价值。"我是江小白，生活很简单""简单快乐老村长""知心知己枝江酒""中国高尚生活元素"这些文本一讲出来，你就能知道这个酒是卖给谁的，适合在什么场景饮用，你就能了解到品牌拥有什么价值，联想到品牌的形象与个性如何。

4. 汽车要加油，我要喝红牛

1966 年诞生于泰国的红牛，是一款维生素功能型饮料，有抗疲劳、补充体力、提神醒脑的功效。在泰国最早的消费者，是一群经常需要熬夜加班的倒班工人和卡车司机等蓝领群体。

1995 年 12 月，泰国商人严彬旗下的华彬集团将红牛引入中国，在当年春节联欢晚会上，一条"红牛来到中国"的广告，将红牛拉入国人视野，迅速在中国刮起一股金色旋风。在进入中国这个全新的市场以后，从营销上来讲，红牛要回答的第一个问题依然是：在中国谁是最可能买红牛、对红牛需求最强烈的消费者？

这就是红牛进入中国最早的品牌诉求"汽车要加油，我要喝红牛"。这句话的好处不仅在于它押韵、朗朗上口，将喝红牛和加油做了巧妙的比喻，更重要的是，它为红牛构建了一个重要的消费场景，那就是加油站和公路上。

这个场景确定了红牛的源点人群。因为对红牛需求最强烈的就是长途司机，长途驾驶疲劳犯困对司机来说后果是致命的，司机群体最有痛点。

这个场景还确定了红牛的推广渠道。因为要接触到长途司机这个群体，最好的渠道就是加油站。"汽车要加油，我要喝红牛"时刻提醒着司机们，给车加油时顺便在加油站便利店买两箱红牛放车上，犯困的时候来一罐。

"汽车要加油，我要喝红牛"实际上是通过场景的构建，锁定了目标人群，锁定了需求和痛点，并且为红牛打造了最初的销售渠道。这句文本就是红牛最初的市场定位，它决定了红牛的市场在哪里。

当红牛牢牢抓住汽车司机这一消费群体后，它开始思考如何放大市场，吸引更多消费者。这时候，红牛推出了第二句品牌诉求："渴了喝红牛，困了累了更要喝红牛"，针对口渴犯困、感觉疲劳的场景，如运动场、深夜的办公室，还有棋牌室、麻将桌等。红牛的消费场景放大了，目标人群也放大了。

为了支持"累了困了喝红牛"这个品牌主张，红牛在这一时期的品牌传播中，还强化了产品功能的宣传，比如"提神醒脑、补充体力""随时补充，能量充沛"等文案。加上红牛在此期间大量投放电视黄金时段的广告，对品牌产生强势拉动，红牛迅速成为中国功能饮料的第一品牌，成功占领市场。

到了2003年，由于非典肆虐，人们的健康意识空前高涨，含有维生素、矿物质的食品和保健品销量开始起飞。

当年3月上市的运动饮料脉动恰逢其时，短短几个月内迅速热销全国。脉动的成功，迅速引来各大企业的跟进，日本的宝矿力水特进入中国，农夫山泉推出尖叫，娃哈哈上市激活，汇源跟进他＋她，康师傅和统一也分别推出了劲跑和体能，2005年百事可乐又将北美知名运动饮料品牌佳得乐引入中国。一时之间，运动饮料市场成为一个群雄逐鹿、迅速崛起的市场。

由于这些饮料大多采用500ml的普通饮料包装（红牛的小罐包装更像是保健品），产品风格清新、口感清爽，迅速赢得了年轻人的喜爱。加上运动饮料大多添加维生素，功能上对红牛有一定的替代作用，在消费者心目中又有健康的认知。所以运动饮料市场的崛起，对红牛构成了巨大挑战。

为了抢占运动饮料市场，并争夺年轻学生和白领群体，红牛开始把核心消费场景锁定在运动场，并围绕运动展开了一系列营销。红牛将F1赛事引入中国，还赞助 NBA 中国，同时，红牛还加大平面广告投放，对自身赞助的体育活动进行宣传。平面广告中开始出现 NBA 全明星阵容，电视广告文案也明确提出 "NBA 中国唯一运动 / 能量饮料"。这两项赛事强化了红牛与体育运动的关联，也树立了红牛的国际化形象。

2006 年，借助四年一度的世界杯，红牛又开始切入足球赛事，围绕足球进行品牌宣传，并且为广大球迷搭建了红牛能量 FC 这样一个网络互动社区，加强用户体验。随后，红牛还开始连续 7 年赞助中国国家羽毛球队，签约体坛明星林丹成为品牌代言人，发起 "羽林争霸" 红牛城市羽毛球赛。

除了篮球、足球、羽毛球、F1 赛车这些大型体育赛事外，红牛还在全国积极开展各种运动推广，比如马拉松、越野旅行、街舞大赛，以及单板滑雪、翼装飞行、花式足球、跑酷大赛、漂移大赛等各种极限运动。

为了攻占运动场这一消费场景，并配合体育营销。2004 年，红牛推出新的品牌传播主题 "我的能量，我的梦想"。这一主题在此后的岁月里进行了多次迭代，如 2006 年的 "有能量，无限量"、2012 年的 "有能量，创造新传奇"、2013 年的 "你的能量，超乎你想象"，但核心概念始终围绕着 "能量" 展开。红牛聚焦于 "能量"，一方面是为了树立动感、活力的品牌形象，从而吸引年轻人；另一方面是为了标榜自己能量饮料的品牌认知，与运动饮料形成区隔。

通过围绕 "能量" 这一体育精神的品牌输出，通过体育赛事赞助、运动场所渠道推广，红牛牢牢占住了运动场，捍卫了自己的市场份额，吸引了青少年、学生、年轻白领等运动一族消费者，成功应对了运动饮料的挑战。所以，这一时期红牛的场景定位在运动场，借助 "能量" 激活消费者需求。

在运动场景下，要跟年轻人进行沟通，那么红牛的文案就不再提提神醒脑、困了累了喝红牛、华人配方这些功能层面的利益，而是诉求能量、梦想、无限、传奇……这就是场景带来的品牌变化，运动场景为消费者创造了快乐、自由、活力的品牌体验，帮助红牛树立了激情、动感、国际化的品牌形象。

经过多年品牌打造，红牛已经牢牢占据了能量饮料 / 运动饮料市场的领导地位。这时红牛想突破功能饮料的限制，进一步扩大目标消费者，针对白领与时尚群体展开沟通。于是，红牛的消费场景，又从运动场转向了办公室。

2009 年，红牛开始针对白领发起"红牛时间到"营销活动。办公室白领可以在线申领免费的红牛饮料，由红牛能量小队进行派送。派送活动在全国 14 个城市的 3000 座写字楼展开，活动一做就是 8 年。

到了 2013 年，红牛又提出"红牛时间到，朝焕新能量"的活动口号，改在每天早上进行派送。这个活动我印象非常深刻，因为当时在广州我上班的写字楼，每天早上七八点，大家还带着一脸倦意来到公司楼下时，写字楼大堂就有红牛的小姐姐们给每个人递上一罐红牛。

红牛试图培养起白领人群早晨上班来一罐的消费习惯。早上上班容易犯困，所以很多咖啡品牌抓住这个场景来做文章，红牛也是如此。这个活动主题每年一换，2014 年是"红牛早能量，畅享无限量"，2015 年又回到"红牛时间到，朝焕新能量"，2016 年是"红牛时间到，能量有新朝"，全部聚焦于早晨的办公场景。

2014 年，红牛赠饮活动又从办公室扩大到校园和社区。在校园开启"来罐红牛·交个朋友"的大学新生赠饮活动。红牛选择北、上、广等 8 个城市的知名高校，在教室放置"红牛能量袋"，同学们只要在上课前将手机放入能量袋中，安心上课，就能换取其中的红牛赠饮。

这个针对办公室、教室、社区的赠饮活动，覆盖范围大、持续时间长、辐射受众多，受到了消费者热烈回应，效果超出想象。

此一时期，红牛的电视广告也改在了办公室场景，视频画面表现正在伏案工作的白领萎靡不振、一副生无可恋的表情，突然被一声"是时候红牛了"打断，一罐红牛下去，重新打起精神，开始振作起来工作。

所以，这一时期红牛的场景定位在办公室。既然是办公室，那么只赞助体育赛事和运动员、发起各种赛事推广就显得不合适了。于是，红牛在营销推广上，转而融入更多音乐、娱乐元素，比如"红牛不插电"全国巡回演唱会、红牛新能量音乐计划、赞助热波（成都）音乐节等；以及 2014 年赞助江苏卫视科技真人秀节目《最强大脑》、益智闯关节目《芝麻开门》和《一站到底》、北京卫视歌唱选秀节目《最美和声》、湖南卫视舞台剧节目《星剧社》和综艺节目《青春星期天》，还有东方卫视的喜剧选秀节目《笑傲江湖》和《今晚80后脱口秀》等。

回顾红牛进入中国以来20多年的市场战略演进史，你会发现红牛在品牌营销上的全方位变化，包括诉求的变化、广告的变化、营销活动的变化、媒体选择的变化、渠道的变化，归根结底是因为场景的变化。场景变了，红牛的定位也就变了，目标人群和推广渠道也变了，品牌打造方式和营销方法随之而变。而场景的改变则由品牌核心文本集中体现出来，文本指引红牛的整体市场经营、各项营销推广和广告传播做出改变。

场景定位了战略。从加油站，到运动场，再到办公室，消费场景的变化具体生动地呈现了红牛市场战略的变化。场景告诉企业核心市场在哪、目标人群是谁、品牌诉求讲什么、主推渠道在哪里、营销推广做什么。对红牛的市场操盘而言，场景才是真正的定位。它并不是弄一句"功能饮料领导品牌"或"全球销量遥遥领先"就完成了定位，而且"领导品牌"或"销量领先"也指导不了红牛的整体市场运营。

场景是定位器。场景定位了产品，定位了品牌，定位了战略。它帮助企业追踪品牌在市场上的位置，找到品牌在用户生活中的位置。有了场景的指引，我们才不用担心在复杂的市场行情与多变的消费趋势中迷失方向。找到了品牌的典型消费场景，我们才知道该跟消费者沟通什么，文案应该怎么去写，市场推广和渠道又该做些什么。

第三节　场景体验

1. 看过世界的孩子更强大

2017年5月，Jeep新款自由光推出了一句口号："看过世界的孩子更强大。"

这句话看起来和汽车毫无关系，却成功唤起了消费者们那想买 SUV 的心，并在社交媒体上成功刷屏。这句话的魅力，就在于场景。

一提到 SUV 广告，我们第一反应就是崇山峻岭、戈壁大漠、荒野险滩。SUV 的广告里，全都是这些场景；就连 SUV 的产品文案也多是大有可观、势由心生、纵横天地、驾驭自由、敢为人先、无惧一切、路见不平这些词，感觉"一言不合"就要开车进藏一样。

但事实上，绝大多数人买 SUV 不是用来越野的，而且大多数城市 SUV 也根本不具备越野车的性能，只是徒有一个越野车的壳罢了。对消费者来说，SUV 主要的价值在于底盘高，道路通过性强。在城市里开 SUV 视野好，塞车时不会被前面的车挡住视线；周末出去玩的时候，SUV 能开上路边的台阶、跨过郊外的小水坑、走走乡下的砂石路，后备厢还能塞进自行车、野餐垫，这才是买 SUV 的理由。

也就是说，SUV 的典型应用场景不是戈壁大漠，而是周末带孩子郊游。为什么那么多 SUV 广告消费者看了无感？因为它描述的是虚假场景，离消费者的真实生活太远了。而"看过世界的孩子更强大"能打动人，就在于它是完全真实的消费场景、真实的购车理由。

很多父母想买 SUV，就是想带孩子出去玩，带孩子去看世界。就像上一章中奥妙的案例"脏是好的"一样，从小培养孩子的好奇心，开阔孩子的视野，勇于探索、发现，拥抱大自然，这样成长起来的孩子才更强大，这是全世界父母都深信不疑的教育理念。

所以 Jeep 自由光的文案这样写：

"他不怕黑，是因为你曾在漆黑的夜里，带他看过最亮的星。她更有主见，是因为你带她发现过的世界，比课堂大得多。他比同龄人更爱问为什么，是因为你早就为他，打开了好奇的大门。看过世界的孩子更强大。"

Jeep 自由光通过带孩子去玩这个场景，将产品与作为核心目标客户的新中产人群关联起来，与他们的家庭用车需求、与他们身为父母的梦想与渴望联系在一起。"看过世界的孩子更强大"甚至能让那些没有时间陪孩子玩、没买

SUV 的爸妈，产生一丝焦虑和愧疚感。

这就像多年前，我所在的团队也曾给某个 SUV 新车上市提出过"亲子型 SUV"的产品定位，"亲子亲自然"的诉求主张，文案说的则是"白天的历险记，是晚上最好的故事书"等。亲子这个场景锁定了购车人群，是说服他们买车的强大理由。在广告画面中出现陪孩子在野外放风筝、追蝴蝶、捉迷藏的场景，实际上远比把车放在大漠黄沙、冰天雪地里有说服力得多。

"看过世界的孩子更强大"和"亲子亲自然"能打动人，就在于它们是有洞察的文案。在广告业，"洞察"是一个神奇词汇，很多广告人都喜欢把洞察挂在嘴边：写文案之前先要找洞察；评价一个广告好不好要看它有没有洞察；有洞察的创意才叫大创意……洞察是广告业文案修炼的内功心法。

近几年，广告业常说"月薪三万的文案"，用以评价那些优秀的文案作品和文案创作人。而在我看来，值月薪三万的文案，那就是思考时能找到消费洞察，表达时能提炼创意概念的文案。洞察和概念才是创作的核心，也是一个文案从只负责文字，到负责整体创意与策略的基础。

本书第三章会探讨如何提炼概念，这里先说说洞察。所谓洞察，无非是理解人心，发现消费者需求背后隐藏的消费动机，抓住消费者生活中特别的小心思和行为习惯。广告人要说服消费者掏钱包，得在人心上下功夫。只有读懂人心，你才能说服他们改变观念、做出行动。广告，说到底就是一门洞察人性的学问。

但长期以来，读人心、找洞察实际上是靠猜，靠以己度人，靠换位思考去推测消费者的内心所想，洞察变成一种"只可意会，不可言传"的东西，写文案因而变成一门靠经验、天赋、直觉的手艺活，而非一门有据可依、有法可循的营销技术。

而我认为，高效的洞察方法就是代入场景。针对你要与之对话的那个人，找到在什么场景下最能激发他的需求和痛点，然后将品牌代入其中。场景能够激活用户体验，让消费者沉浸其中。在场景下，消费者的感官、情感、内心需求才活了过来。文案通过场景创造并表达用户体验，从而找到打动消费者的地方。

这就是场景的第三大作用——场景体验。

伟大的战地摄影师罗伯特·卡帕（Robert Capa）说过一句名言："如果你拍得不够好，那是因为你靠得不够近。"写文案同样如此。好文案必须在现场，在真实生活场景中，展示真实的用户体验，从而与消费者建立联结。为什么很多文案不动人，那是因为它们缺乏让人身临其境的现场感，消费者看了之后无动于衷，因而无法击中消费者的真实需求和心理动机。

Jeep自由光的做法，就是找到消费者的真实场景，洞察到他们的深层动机，描述带孩子看世界的真实用车体验，从而打动父母们渴望孩子长大后变得更优秀、更强大的拳拳之心。于是Jeep自由光从同质化的SUV市场脱颖而出，找到了自己的一片天。

品牌只有找到自己的代表场景，才能找到自己的市场机会和沟通机会。如下雨天给消费者推送汽车广告就会特别有效，在这个场景下消费者更能体会到有车的价值。下雨天消费者挤地铁、公交时会刷的手机App，对车企来说就是一个绝佳的媒体选择。

我曾服务过的江淮汽车，2016年在北京推广一款纯电动SUV。产品针对的就是刚需代步人群，不想再每天挤地铁，但又因限购政策摇不到号，于是电动车就成了最佳选择。当时，我们在北京包下一列地铁，专门投放地铁包厢广告，文案是这样写的："摇号还得拼手气，诗和远方在哪里""九点上班六点起，五环斗士伤不起""天天打车真舒服，到了月底等吃土""一不小心坐过站，全勤奖金又泡汤"……

当你挤在地铁里不能动弹，左边一个硕大的肚腩顶着你，右边传来一股韭菜盒子夹杂着香水的味道，置身这样的场景之下，你就会不由自主地想买车了。这就是江淮的洞察。

2014年，三全食品推出高端速冻水饺"三全私厨"。私厨水饺不仅个头更小更精致，而且拥有独创的口味如黑椒牛肉、剁椒鱼头、虾皇饺等，相比于传统的猪肉白菜、猪肉玉米等的千篇一律，三全私厨带给消费者更独特、精致、高端的体验。它用一句口号来概括这种体验："吃点好的，很有必要。"

这句话不只在讲产品好，更重要的是表达了一种生活态度，人要懂得享受生活，用美食取悦、犒赏自己。为了唤起消费者"吃点好的"的消费意愿和心理共鸣，三全私厨在地铁、公交上投放了一组广告，文案是这么写的："无论多挤，身边的也不是美女""单身坐地铁，总见情侣在缠绵""空座总出现在你要下车的时候""一有座就睡过站"……

当你在拥挤的通勤场景下看到这组卖惨文案，就会情不自禁地感叹："人生真是太难了，挤个公交，就用尽了全部的力气……"生活不易，所以吃点好的太有必要啦。于是消费者就可以在下了车的回家路上，顺手买袋私厨水饺了。

好文案写出了现场感，因而让消费者感同身受。在通勤场景下，三全不仅洞察了消费者的心理状态，表达了品牌意图，而且用文案呼应了投放媒体的选择。

一个好的文案人员，一定是一个对生活有深度理解的人。写文案，要到生活里去修炼，从生活中汲取创意的养分。好文案不在脑袋里，而在生活里。只有贴近人的生活状态，才能对诸多消费现象提出独到的见解，写出打动人心的文案。一个生活贫乏的人，洞察根本无从谈起。

而贴近生活的核心则是拥抱场景，因为生活是由一个个场景组成的。面向场景创作文案，在场景下洞察消费者需求与动机，创造独特的品牌体验，才是沟通的关键。文案要写出置身现场的体验感，才能唤起消费者、打动消费者，不能让人置身现场的文案是死的，是没有生命的。

2. 停下来，享受美丽

如果说"需求"是市场营销第一重要的概念，那么"价值"就是第二重要的概念。我们可以把营销理解成一个发现顾客需求、管理顾客需求、满足顾客需求的过程，也可以把营销理解成一个价值探测、价值创造、价值传递和价值交换的过程。

营销是企业向消费者让渡价值，但是产品价值必须转换成为顾客认知价值。就算你产品再好，但如果消费者认为它没有价值，他们也是不会购买的。达成交易的前提就是消费者认为他从产品和服务中获取的价值，高于他所付出的成本。正如彼得·德鲁克（Peter Drucker）所说："对一个企业而言，企业想生产什么并不是最重要的，最重要的是顾客想要什么、需要什么。顾客认知价值决定企业的一切。"

为了向消费者表明产品价值，比起生硬地宣传产品功能、自卖自夸来，不如把产品置于场景之下。因为人类心智的重要特征就是利用具体场景来解读抽象概念，所以在一个具体的场景之下，消费者更能理解品牌的价值。价值通过场景来呈现，只有能被消费者感知并体验的价值才是真正的价值。

2001 年 10 月，革命性的音乐播放器产品 iPod 诞生。它只花了不到 6 年时间，就在全球累计销售过亿台，成为苹果再凌绝顶的关键。而乔布斯亦跟随 iPod 成功，一步步被尊奉为设计之神和消费电子的先知。

iPod 的精妙，在于它苹果美学式的简约设计，在于它 5GB 的硬盘存储量，可以装下 1000 首歌；在于它长达 10 小时的电池续航；在于它独特的滚轮设计，找歌、听歌十分轻松迅捷；在于它配套的 iTunes 软件，可以很方便地将电脑和 CD 中的音乐导入 iPod，并对 iPod 中的音乐进行管理，让其超大歌曲存储量充分发挥用武之地。

跟 iPod 比起来，当时市面上的 MP3 播放器都相当糟糕。要么体积庞大笨拙，要么小而无用，尤其是当歌曲数量一多，查找和管理都很麻烦，另外它们还惊人地耗电，可以说在用户体验上无一例外全军覆没。

为了推广这款革命性的 MP3 播放器，在还没有确定 iPod 这个名字以前，乔布斯就率先定了一句广告语："1000 songs in your pocket."（将一千首歌装进口袋。）

在我看来，"将一千首歌装进口袋"并不是要展示 iPod 的存储量，而是表明 iPod 的简单易用、随时随地、无拘无束。正如乔布斯接受《财富》采访时所说："将它接入。嗯，搞定。"iPod 卖的不是具体的产品功能，而是一种装进口袋、随时享受音乐的场景体验。

　　尤其是在 2003 年 10 月，iPod 经典的剪影广告贴满了全球广告牌。在广告中，只有一个人物剪影、一个 iPod 形状造型、一副耳塞的线条。除此之外没有任何文案，没有任何产品信息，甚至连品牌标志、产品名称都经常不出现，这是全球仅有的无 logo 广告，也只有苹果敢这么玩（见图 2-2 和图 2-3）。

图 2-2　iPod 广告（一）

资料来源：苹果官网。

图 2-3　iPod 广告（二）

资料来源：苹果官网。

虽然什么都没有，但它却清晰展示了 iPod 的使用场景，在街上、在室内、在人群中，随时随地沉浸在自己的音乐世界，简单、自然、没有干扰。基于这一场景体验，iPod 没讲任何产品信息，却让消费者最大化地认知了产品价值。它完全锁定了 iPod 的核心人群——渴望随时享受音乐的年轻时尚族，将他们带入 iPod 的音乐世界。

场景将消费者带入，让 iPod 的产品价值变成可感知的用户体验（见图 2-4）。在场景下，消费者可以充分体验到品牌的价值与魅力，从而产生购买欲望。

图 2-4　iPod 广告（三）

资料来源：苹果官网。

在今天，由于媒体和渠道的不断融合，消费者接收品牌广告和购买动作无缝衔接。当营销行为离消费者现场越来越近，直至同步发生，这就是"直播"。2020 年直播带货大火，很多消费者表示进了直播间就想"买买买"，这正是场景所带来的体验感，让品牌价值充分释放。今后在文案创作时，更要置身于消费者购买产品、使用产品的场景，写出"案发现场"的体验和仪式感。

比如美即面膜那一句"停下来，享受美丽"，它把使用面膜变成了消费者生活中的一种仪式。

2003 年成立的美即面膜，不仅开发了种类繁多的片状面膜产品，而且首创了面膜单片卖的商业模式，它在屈臣氏零售店排满了一面墙进行陈列，销量迅速崛起。2009 年，美即以 15% 的市场占有率成为中国面膜领导品牌，从此霸占这个位置长达 7 年之久。巅峰时期，美即面膜销售额超 10 亿元，市场份额达到 26.4%。2010 年，美即在中国香港上市，不仅成为面膜行业第一家上市公司，而且以超额认购 784 倍成为当年港交所的"股王"。

美即面膜的成功，核心原因有两点：其一是通过营销创新把面膜变成了快速消费品。别的公司一包一包卖，它一片一片卖，不仅给消费者提供了多样化选择，满足了个性化需求，而且降低了用户的尝试成本（早年面膜的价格还是挺贵的）。但是单片销售的模式太容易被模仿，无法成为美即的根本性竞争优势。

美即真正的优势在于品牌打造，这是其二。它的广告语"停下来，享受美丽"曾经传遍大街小巷，"美即时刻"的品牌概念深入人心。从这两句品牌文本上可以看出，美即卖的不是产品功能和利益，而是为女性构建了一个敷面膜的场景，从而贩卖体验。

美即的电视广告文案这样告诉消费者："时间就像一湾流水，不经意的（地）流走，不变的生活，重复的轨迹，一天 24 小时，你有多少时间留给自己？停下来，享受美丽。"

它呼吁中国女性在忙碌、快节奏的都市生活中懂得停下来，每天给自己 15 分钟，感受美丽，享受美即时刻。美即时刻，是女性在繁忙中抽身获得休憩和放松的时刻，是肌肤静享深度滋养、心灵自由呼吸的时刻（见图 2-5）。美即着力塑造了这样一个生活场景，每天留一段时间、一个空间给自己，让自己静静地享受一片面膜、一首曲子、一杯茶，一段放空自己、放松身心的自然时光。

图 2-5 美即面膜广告

资料来源: 搜狗百科网站。

这种场景的塑造是由女性对面膜产品的消费特点决定的。对于面膜产品,她们看重的不是面膜的长期护肤功效,而是敷完面膜后皮肤水润的那种即时满足和呈现效果,还有敷面膜过程中身心的那种放松感与愉悦感。因为片状面膜的使用方法,决定了敷上面膜只能一动不动躺平,这就给了很多女性一个忙中偷闲、偷懒 15 分钟的理由。

美即没有强调产品信息,却凭借对"美即时刻"的描绘,成功激发了用户需求,没有宣扬产品功能却凸显了美即的品牌价值。所以,美即时刻这个场景不是指向脸的,而是指向身心的,它是一种生活方式的表达,是忙碌生活中的一个"Magic Moment"。

美即成功塑造了消费者对敷面膜这个场景的向往,因此变成了用户生活中一件小小的有仪式感的事情。在每天的忙碌里,你不属于自己而是属于别人的,而在敷面膜的这一刻,你才真正做回了自己,重新找到了美丽。这种仪式感,使得敷面膜成了众多消费者生活中一个固定的习惯,一个必备的仪式,因而她们成了美即面膜的忠诚消费者,持续购买。美即也因此大获成功,不仅重新定义了面膜的品类价值,也一度成为面膜的代名词。

这种成功也引来了国际巨头的垂青，2013 年欧莱雅以 65.38 亿港元的高价将美即娶入豪门。然而，随着中国美妆业迎来爆发，众多品牌扎堆进入面膜市场，美即的竞争对手一下子翻了几倍，市场份额逐渐被蚕食。加上消费升级时期的到来，美即也没有跟上趋势，产品逐渐落伍。面对市场的瞬息万变，美即本应快速反应做出改变，但被收购之后企业内部决策的滞后、发展方向的不明确，最终导致了美即的衰落。但美即一直都是中国美妆业的一个传奇。

3.感觉身体被掏空

统一旗下的饮料品牌雅哈咖啡，有两段文案。

其一："赶第一班公车，赶最后一班地铁，赶稿，赶工，赶进度，花一辈子时间，赶时间？雅哈一下，轻松一下。"

其二："存钱，付首付；存钱，还房贷；存钱，把自己关在一个小房子里。不如，花 3 平（方）米的钱，玩遍 960 万平方公里。雅哈一下，轻松一下。"

这两段文案，看一眼你就知道它是写给谁的，因为文案描写了白领们的典型生活场景。如果你是他们中的一员，那么你就更可能对雅哈产生共鸣。

淘品牌"步履不停"，广告语叫作"只要步履不停，我们总会遇见"。它在网上有一段广为流传的文案："你写 PPT 时，阿拉斯加的鳕鱼正跃出水面；你看报表时，白马雪山的金丝猴刚好爬上树尖；你挤进地铁时，西藏的山鹰一直盘旋云端；你在回忆中吵架时，尼泊尔的背包客一起端起酒杯在火堆旁。有一些穿高跟鞋走不到的路，有一些喷着香水闻不到的空气，有一些在写字楼里永远遇不到的人。出去走走才会发现，外面有不一样的世界，不一样的你。"

"步履不停"的文案，一看就是在跟一群细腻敏锐、内心丰富的文艺青年对话。前一种场景，写 PPT、看报表、挤地铁，锁定目标人群的生活状态；后一种场景，阿拉斯加、白马雪山、西藏云端、尼泊尔的篝火，则联结目标人群的心理状态。两种场景放一块儿对比，就写活了文青们的生活世界与精神世界。

2016 年，上海彩虹室内合唱团创作了一支神曲《感觉身体被掏空》。它听来搞笑,却被大家哭着转发,不仅成为年度最佳传播歌曲,还持续刷屏、走红全网。为什么这首歌会这么打动人心?因为其歌词描写了上班族的真实工作场景,唱出了无数"加班狗"的心声。来看歌词:

> "有一个老板叫作大卫 / 下午六点出现眼神恰似黑背 / 手里端着一壶热腾腾的咖啡 / 嘿嘿嘿 / 我们要不要来开个会""十八天没有卸妆 / 月抛带了两年半 / 作息紊乱 / 我却越来越胖""谁需要睡觉 / 多么浪费时间啊 / 谁想要吃饭 /PPT 是维他命 / 怎么样老板 / 这下你满意了吧"……

看起来眼熟吗?这不就是很多白领每天都会遇到的场景吗?正是这些场景的真实描写,生动呈现加班族繁忙疲惫、生无可恋的状态,才深具打动人心的力量。

上述这些文案为什么能走红网络?为什么能打动人心?因为它们全都是用白描的手法,通过寥寥几笔勾勒出真实可触碰的场景,让白领们、文青们、上班族有了身临其境的现场感、代入感。加上重复、对比、夸张等修辞手法的运用,这些文案具备了反复阅读的趣味,这就是走红的原因所在。

场景是一个连接器,它建立品牌和消费者之间的联系,消费者只要想起场景,就能代入产品,就能感受到和体验到品牌价值,进而对品牌产生购买意愿。场景搭建品牌和消费者之间的桥梁,让产品和消费者之间的巨大认知鸿沟不再难以跨越。所以文案不是埋头研究遣词造句,文案其实是对话,是与特定目标对象寻求在某个特定场景下的对话。

我写文案有一个常用的思考公式,叫作 FSCC。写好文案,第一步要弄清晰你的信息源头(From),也就是你希望通过文案展示的产品功能、特征及优势,这是写文案的出发点。但是文案直接写这些,就成了产品说明书,成了"王婆卖瓜自卖自夸",没人会看的。所以文案要做的第二步是场景(Scene)还原,找到消费者使用该产品的具体场景,把产品代入场景。接下来,就是描述消费者在场景下的体验和产品带给消费者的生活改变(Change)。最后,将这种体验和改变用具体的文案内容（Content）表达出来。这就是文案思考的全过程。

地产广告圈著名文案秋爽给"就掌灯项目"写文案，"就掌灯项目"的户型卖点是全明设计，卫生间都开窗。他写的是"日光下泡澡更容易使人入睡，因此导致的呛水可能致命"等。[⊖]这就是将产品卖点代入生活场景，描述了消费者在特定场景下的体验和生活改变，这样的文案就比"在生活的每个角落邂逅阳光"等常规文案更生动，更有趣，更让人切实可感。

李叫兽（李靖）给南孚"糖果装电池"写文案，产品卖点是持久，他写的是"LOL 从菜鸟练到大师，一节南孚的距离""遥控器里的南孚还没换，我却换了 3 个陪我看电视的人""一节南孚，把半个早教班的熊孩子都玩趴下了"等文案。这就是将"持久"代入生活场景，如玩游戏场景、看电视场景、玩玩具场景，具体来呈现产品带给消费者的体验，通过场景展示产品优势。

这一点不光品牌文案如是，新媒体文案同样如此。近年来通过公众号投放大获成功的护肤品牌 HFP，它的产品文案创作可以说是非常具有代表性。在 HFP、完美日记等新兴美妆品牌的带动下，"种草学"[⊜]开始流行。

作为一个成分护肤品牌，HFP 需要教育消费者，让消费者认识成分，对成分产生需求。但是如果 HFP 只会写推文夸自己如何好，那么是不可能成功种草的。

例如，HFP 为推广其寡肽原液产品，曾投放过一篇《一熬夜吃辣就爆痘，半个网红圈都安利的神物，睡醒痘痘就瘪了》的文章，点击量超过 10 万。这篇文章开头是这么写的："现在的年轻人，一有时间就去浪。吃香喝辣，KTV 吃夜宵，直到凌晨两点都再正常不过。可提醒你一句，最近换季，各种辛辣油腻入口，加上再熬个夜，当心下巴、额头狂爆痘啊……"

看到这里，你已经发现了，这是一个具体的微缩版的王老吉式的口号。

⊖ 秋爽 . 写写写、抄抄抄，广告文案你开窍了吗？ [EB/OL].（2015-08-31）[2020-06-01]. https://www.digitaling.com/articles/18240.html.

⊜ 指的是宣传某种商品的优异品质以诱人购买，就像往他人心里种草一样。

HFP 只用了几句话，就点明了产品针对什么人群、他们遇到了什么问题、有什么痛点，场景的铺垫把消费者代入了具体生活问题，让消费者更愿意读下去。

那么接下来就能自然地导入产品，通过对产品的成分说明、竞品对比、用户亲测、实验数据证明、使用方法、使用前后对比说明，让消费者产生购买意愿。

再然后，则是通过品牌故事和销量、名人代言和荣获奖项来对产品进行背书，建立消费者信任，增强购买信心，打消疑虑。最后，再用优惠折扣、限时限量等促销活动来临门一脚，促使消费者马上行动，立即下单。

生活场景—产品论证—品牌背书—行动诱导，这就是新媒体文案的标准结构。

写新媒体文案，首先要写出场景。场景能一下子让消费者联系到自己的生活处境，意识到问题所在。场景触发消费者痛点，场景点燃消费者情绪。基于场景思维创作出的文案更有打动力，更容易走红，更能够带货。

特别是对新媒体文章的开头而言，用场景导入产品是非常重要的技巧。但这并非营销业所独创，事实上那些一流的作家都精于此道。

20 世纪最佳小说家卡夫卡（Franz Kafka），其代表作《变形记》（*The Metamorphosis*）开篇第一句话这样写道："一天早晨，格里高尔·萨姆沙（Gregor Samsa）从不安的睡梦中醒来，发现自己躺在床上变成了一只巨大的甲虫。"随着格里高尔变成甲虫，家人对他从尊敬到冷漠、嫌弃、憎恶的全过程，构成了小说的主线，为全书奠定了基调，格里高尔睡的床、住的房间，则象征着现实社会给人造成的压力和重负，最终导致人的异化。

海明威（Ernest Hemingway）的《老人与海》（*The Old Man and the Sea*），第一句这样写道："他是个独自在湾流中一条小船上钓鱼的老人，至今已去了八十四天，一条鱼也没逮住。"在这个场景中，一个孤独、倔强、和命运抗争的老渔夫形象顿时跃然纸上。

格雷厄姆·格林（Graham Greene）的《布莱顿棒糖》（*Brighton Rock*）开

篇："黑尔（Hale）抵达布莱顿还不到三个小时，就知道他们要谋杀他。"一句话，就渲染出了悬疑和紧张的气氛，吊足了胃口，促使读者赶紧读下去。

还有马尔克斯（García Márquez）的《百年孤独》（*Cien años de soledad*）那个著名的开头："许多年之后，面对行刑队，阿尔卡迪奥·布恩迪亚（Arcadio Buendía）上校将会想起，他父亲带他去见识冰块的那个下午。"通过行刑、看冰块的场景描写，马尔克斯将三种时态压缩在一句话之中，用站在将来看过去的上帝视角，表达了小说的主题：人生宿命般轮回，孤独而又永恒。

金庸的《射雕英雄传》，开篇这样写道："钱塘江浩浩江水，日日夜夜无穷无休地从临安牛家村边绕过，东流入海。"这一句话，给小说增添了厚重的历史感和史诗风格，武侠小说从此不再是一味讲离奇故事的传统"爽文"。《射雕英雄传》因而成为新武侠小说的开端，开拓了武侠小说的格局。

这些伟大的作家通过开篇对场景的描述，让整部小说充满了叙述风格，让读者沉浸在小说创造的世界之中，场景给读者创造了难忘的阅读体验。

第四节　场景触发

提到商业运作，很多营销人喜欢谈论战略、管理、文化这些宏大的概念，却忽视了最根本的命题——改变人们的行为和驱动人们购买才是营销的根本。

在传统年代，为影响消费者做出购买决策，营销关注各种心理变量，如认知、态度、情感、学习、记忆等，通过影响消费心理渗透用户行为。营销行业由此诞生出种种心智理论，如品牌形象、品牌资产、定位等。

而在一个移动互联的时代，由于电商的发达和大数据的赋能，企业能够更直接地探究消费者行为和影响消费者行为，营销转而关注各种行为变量，如触达、活跃、留存、购买、裂变等，并由此衍生出种种行为模型，如增长黑客 AARRR 模型、阿里 AIPL 消费链路模型、字节跳动 O-5A-GROW 营销方法论。传统营销更注重心理学，现代营销更注重行为学，从心理到行为，营销变得更精准、更直接，营销效果更容易进行量化。

但说到底，如何改变人的行为呢？斯坦福大学教授福格（B.J. Fogg），被誉为行为设计学的掌门人，他创建的说服技术研究实验室（Persuasive Technology Lab）即重点研究如何改变人的行为。因为他带的几个行为设计学博士生创业后都成了百万富翁，福格教授又被称为"百万富翁制造者"。这就是行为改变的威力啊。

福格教授最具代表性的理论就是行为设计模型，B=MAT。这个公式的意思是一个行为（Behavior）的发生，涉及三个要素：动机（Motivation）、能力（Ability）、触发（Trigger）。人的行为产生，是内在动机与态度、个人能力与外在环境因素共同影响的结果，三者缺一不可。只有一个人想做某件事，并且有做到的能力，还有外在因素提醒他、推动他去做的时候，他的行为才最有可能发生。[⊖]

长期以来，我们认为要改变一个人的行为，最重要的是改变他的态度。但人类的头脑是顽固的，态度不会轻易改变，我们对试图说服我们改变的信息（比如说广告）总是下意识地抗拒。跟改变态度比起来，改变环境就容易多了。因为我们所处的环境本身就在一直改变，而改变自身适应环境，就是生命诞生以来的本能。

再说了，我们一生中的大多数行为其实并非深思熟虑的结果，而是受到环境的影响和控制。美国心理学家威廉·詹姆斯（William James）早在1899年就说过，我们99%的活动都是纯粹自发式的活动，并不涉及有意识的态度和动机。[⊖]

所以积极营造有利的环境因素，从而触发消费者行动才是关键所在。纽约大学心理学家彼得·戈尔维策（Peter Gollwitzer）把这一点称为"行

⊖ 尼尔·埃亚尔，瑞安·胡佛.上瘾：让用户养成使用习惯的四大产品逻辑 [M].钟莉婷，杨晓红，译.北京：中信出版社，2017.

⊖ 吉姆·柯明斯.蜥蜴脑法则：轻松说服任何人的7个秘诀 [M].刘海静，译.北京：九州出版社，2016.

动的触发扳机"，当人们遇到特定的触发场景时，就扣下了相应的动作扳机。[⊖]我们知道，做营销的终极目标是"击中"消费者，让消费者采取购买行动，而场景就是那个触发行为的"扳机"。对营销来说，品牌是子弹，战略是准星，场景是扳机，营销设计是弹道。场景变了，人的行为就会跟着变。行为变了，也会潜移默化改变人的态度。行为影响态度，大于态度影响行为。

比如我们本章开头提到的口香糖，我们吃口香糖，主要动因并非我们有保护牙齿的强烈健康动机，也不是我们对清新口气有多么深刻的认知，最主要还是受到了环境因素的影响。比如吃完饭顺手就吃两粒口香糖，养成了习惯，变成一种下意识的行为。或者要出门见朋友、恋人，于是就洗个头、化个妆、换身正式衣服，出门时顺手往嘴里塞一条口香糖。所以益达和绿箭两大品牌才着意塑造餐饮场景、社交场景，用环境因素来触发人的行为。场景是有效推动人们采取行动的强大诱因。

而这几年整个口香糖市场销量的下滑，问题的关键并不在于消费者需求变了，对口香糖的态度变了，问题在于环境变了。过去，消费者在超市收银台排队等候买单时，总会顺手往购物车里扔上两盒口香糖。这个行为，就是受到环境影响做出的关联行动，而不是在深思熟虑自己的牙齿健康问题、恋爱约会状态之后做出的理性决策。

但现在，大家排队买单时都捧着手机，随时随地都在玩手机，根本就忘了口香糖这回事。所以打败口香糖的，其实是微信、抖音、王者荣耀等手机应用。超市结账，就像餐饮、社交一样，是影响口香糖销量的关键场景。

不过话说回来，场景在今天也不是什么新概念了，近几年来场景都是互联网热词。但是场景的定义却十分模糊。在我看来，场景的终极要义就是激发需求和触发行为，所以我站在行为设计学的角度来定义场景，场景就是特定目标人群最有可能购买产品、使用产品的典型时机和场合。

场景包含了四个核心变量——时机、场合、动作、频次。这四个变量，

⊖　奇普·希思，丹·希思. 行为设计学：零成本改变 [M]. 姜奕辉，译. 北京：中信出版社，2018.

是引导消费者采取行动的强大触发扳机。

1. 春节回家金六福

触发消费者行为的第一大变量，是**时机**。时机提示我们何时应该做何事和购买什么产品。典型的比如春节，它最能体现中国人合家团圆、幸福美满的情感心理。过年时，全家一起吃顿团圆饭，就是一年里最幸福的时刻。团聚时刻，当然少不了有酒助兴。所以，春节就是白酒消费的最大旺季，白酒品牌最看重的营销时机。

"春节回家，金六福酒"，这句文案就是用春节这个时机来推广产品。春节回家时，给老爸、给其他长辈带上两瓶金六福，全家人举杯欢聚这就叫福。所以金六福标榜福文化，用福的氛围来带动酒的消费。而且"春节回家，金六福酒"的广告，基本上都投放在过年返乡的高速路边、户外候车亭旁、公交车身上，时时刻刻提醒你别忘了春节回家，带上金六福。

另如"今年过节不收礼，收礼还收脑白金"的广告语，它让你一到过节的时候，就想起脑白金。过节送礼，就是脑白金锁定的消费场景。早年，脑白金的广告铺天盖地，媒介费用惊人，脑白金广告因而成了一代人的记忆。如今，脑白金的广告投放基本式微，只专攻中秋、春节这两个时间节点。一到中秋、春节临近时就开始投放广告，这就是在提醒你又到了买脑白金的时机了。

时机变量帮助消费者事先预设消费决定，到了什么时间点，就该做什么事，就该买什么东西，它省去了消费者反复考虑的决策过程，让消费行为的发生变成一种自然而然的习惯。

这种时间节点，不光是一年里的某个季节、节日如此，一天24小时里也是如此。2014年，雀巢咖啡首次在全球推出统一的品牌理念："今天，从雀巢咖啡开始。"它将雀巢和早晨这个时间点联系在一起，向消费者游说用一杯咖啡开启美好的一天。2016年世界咖啡日，雀巢还在全球40多个国家发起了一项名为"早安世界"的环球接力直播活动，各国消费者只需手持雀巢具有代表性的红色咖啡杯，在社交媒体上发布自己传递红杯的视频，就有机会被选中作为自己国家的代表人选参与这场全球狂欢。雀巢希望通过这样一个和世界说早安的活动，来表达咖啡给人们带来充满活力和能量的早晨，帮助人们开启精彩的一天。早晨时候来一杯咖啡，就是雀巢最大的消费场景，也是众多消费者难以戒除的生活习惯。

和咖啡争夺早晨时机的还有果汁，百事公司旗下的果汁品牌纯果乐，它在全球的品牌口号是"Make life awakening"（让生命苏醒）。这句文案就是在为果汁赋予了一个消费时机，将果汁与早晨、早餐联系在一起。

纯果乐曾在加拿大因纽维克小镇做过一次事件营销，这个小镇地处北极圈内，每年有 31 天处于极夜状态，人们要在长达一个月的黑暗中摸索着继续自己的生活。而有一天，在黑暗中他们突然看到半空中升起了一轮明亮温暖的"太阳"。原来，这是纯果乐打造的人工太阳。虽然太阳是假的，但它带给人们的欢畅和喜悦却是真实的。人们从小镇的各个角落聚集在太阳前，分享着纯果乐派发的果汁，感受久违的阳光味道。

纯果乐将这一事件制作成视频，用于品牌的全球营销。它告诉人们："我们给大家带来太阳，因为我们相信，明亮的早晨会带来明亮的一天。"而这就是纯果乐希望建立的消费场景，希望带给消费者的品牌体验。

关于时机，除了早晨，还有晚上。美国的米勒啤酒（Miller），早年因经营不善几近破产。1969 年，它被菲利普莫里斯公司（Philip Morris）收购后，只花了一年时间市场占有率就从原来的第八位跃升至第二位。米勒啤酒如何起死回生呢？答案只有一个：找到消费场景。

在当时，啤酒广告中出现的多是高大上的社交场景，在豪宅泳池边、草坪派对中，来自上流社会的绅士淑女们，优雅地端着酒杯，一边轻声交流，一边小口啜饮。要么，啤酒广告就是在大讲特讲啤酒的卓越工艺和优异品质，诸如发酵工艺、啤酒花和大米的新鲜度、水源的质量，等等。但实际上，这些与消费者的真实饮酒场景相去甚远，消费者也并不关心这些。

菲利普莫里斯公司在买下米勒啤酒之后，没有急着铺开大规模的营销推广，而是先花时间做市场调研，了解消费者。他们发现啤酒最大的消费群，不是成功人士，而是年轻的蓝领工人。而且，这帮人不是在家里喝，也不是在派对上喝，而是在结束一天的劳累后，和同伴们跑到酒吧里痛饮。

基于这个典型消费场景，米勒构建了自己的品牌战略——"米勒时间"，将工人下班后的时间变成米勒时间。

在广告创作上，米勒拍摄赞美工人的电视广告，广告中出现的不再是上流舞会场景，而是石油、铁路、钢铁等行业的工作画面。

在媒体投放上，因为工人喜欢看电视，所以米勒只在电视上放广告，尤其聚焦于晚上的体育节目。

在产品设计上，因为工人并不十分重视味道，他们就喜欢大口喝酒，所以米勒推出口感清爽、适合畅饮的米勒好生活啤酒和米勒淡啤，并大力推广听装，方便工人们在钓鱼、打猎时携带。

在渠道选择上，针对工人下班后饮用的特点，米勒大力向酒吧和超市供货，并且在全国各地的酒店、保龄球场铺货。

综上，"米勒时间"这个消费场景，锁定了啤酒的核心消费群，并且指导了米勒啤酒的广告创作、媒体投放、产品设计、渠道选择，米勒啤酒的整个营销推广都围绕着"米勒时间"展开，"米勒时间"是触发消费者喝啤酒的最佳时机，毫无疑问是米勒啤酒的战略核心。米勒啤酒凭借这个时机的选择，成功挤进蓝领工人的日常生活，这成为营销史上的经典案例。时至今日，新兴精酿啤酒品牌凯旋1664也开始聚焦于下班时光，诉求"下班夜多彩"，这就是啤酒与夜晚场景的绑定。

更细致一点的时机，还有我们在本章一开始提到的"吃完喝完嚼益达"，香飘飘的"下午茶营销"，以及卡士在广告中大力宣传的"喝益生菌酸奶，就在餐后一小时"。卡士甚至直接将"餐后一小时"注册成为产品名称，五个大大的字眼出现在卡士的产品包装上，时刻提醒着消费者这款产品的消费时机。而且，卡士大力宣传"国内首款以最佳饮用时间命名的功能型酸奶"这个营销噱头，强调餐后一小时饮用卡士"餐后一小时"，才能最大限度保证益生菌活着到达肠道。卡士意图通过"餐后一小时"来抢夺消费者的健康需求，抢占一众乳业巨头的市场。这就是"餐后一时间"的意义所在，它不仅直接表明了卡士的消费场景，而且强化了产品功能卖点传播。

不管是金六福、脑白金的节庆时节，还是雀巢咖啡、纯果乐、米勒啤酒的早晚时刻，抑或是益达、卡士的特定时间，时机是触发消费者行为的强大变量。

2. 发动，心动

触发消费者行为的第二大变量，是**场合**。

我们生活在群体的空间环境下，在群体之中，各种公共场合或社交场合对我们的言行举止有着明确的规范。不同场合有着不同的社交礼仪，比如正式和休闲场合对着装的要求各有不同，比如从小我们就被教育，家里来了客人要有礼貌，要打招呼，要喊叔叔阿姨。去别人家做客也被要求，没有经过允许，不要乱拿乱放别人家的东西。场合会影响我们对自己的看法，也会影响我们希望他人如何看待自己。场合能够潜移默化人的思维方式，并能指引甚至直接改变人的行为规范。

长期以来，宝洁公司以其精准的市场细分和产品品牌打造而著称，比如宝洁旗下的洗发水五朵金花：海飞丝、飘柔、潘婷、伊卡璐、沙宣。海飞丝占领着去屑洗发水市场主要地位，飘柔主打柔顺，潘婷诉求护发，伊卡璐聚焦草本和天然香味，沙宣强调美发造型。伊卡璐退出中国市场后，宝洁又将其原本的品牌"Herbal Essences"换了一个名字"植感哲学"，重返中国市场，并引入日本品牌"发之食谱"，继续主打天然洗护市场。

这些品牌虽然同是洗发水，但因为产品卖点和目标人群不同，所以各自聚焦的消费场景也不同，品牌建设和营销推广方式因而也千差万别。

先看一下飘柔。

飘柔的核心价值是柔顺，柔顺在什么场景下最能打动消费者呢？要知道大多数男生心目中的女神都是黑长直[⊖]，一头乌黑顺滑的长发，最能撩拨直男

⊖ 指的是黑发、长发、直发。

的心弦。所以，飘柔的品牌营销一直聚焦于一个场景：爱情。它的身影，出现在邂逅、约会、告白、求婚、结婚等各种与爱相关的场合。

2006年开始，飘柔启用"发动，心动"的品牌诉求，将柔顺发动与爱情心动结合起来，开启了一条持续十多年的爱情营销之路。

特别是2008年，罗志祥和曾恺玹为飘柔拍摄了一系列爱情TVC，大获成功。两人代言的第一段TVC发生在公交车偶遇场合，下车的罗志祥和上车的曾恺玹无意中碰了一下，由于头发太过顺滑，曾恺玹的发卡就掉到了罗志祥手中。于是，罗志祥追着公交车跑了几条街，最后把发卡还给曾恺玹。

这段广告片，不仅完美呈现了飘柔的柔顺效果，而且将之融入美好爱情之中，成功唤起了男男女女对柔顺秀发的共同渴望，因而广受好评。由于广告的大获成功，这次偶遇，也就变成了一段浪漫爱情的开始。飘柔为此一共拍摄了八段TVC，包括了公交车偶遇、咖啡店再遇、火锅店初次心动约会、雪地约会、海边日出约会、餐厅见家长、机场求婚、浪漫婚礼等八个不同场合的爱情故事，从2008年一直拍到2012年。场合的变化，推动了故事的发展和感情的深化，也不断强化了飘柔与爱情、发动与心动的关联。

那时候，罗志祥的公众形象还十分完美，他和曾恺玹代言飘柔多年，被赞为荧幕上的"最佳情侣搭档"。此后，飘柔的品牌代言人都以情侣形象成对出现。比如2009年江语晨和黄晓明、2010年郭碧婷和周渝民、2012年杨幂和泰国小生LEK、2014年佟丽娅和陈思诚、2015年张慧雯和陈伟霆、2016年张雪迎和杨洋。

爱情奠定了飘柔营销的主线。它的广告片在讲爱情故事，代言人都是情侣形象，各种营销推广活动也都围绕爱情展开。

2012年情人节，飘柔做的是"不一样的表白，全城千人为爱祝福"，并且联合相亲综艺《非诚勿扰》启动"非诚勿扰飘柔爱转角"线下门店相亲会活动。

2013年，飘柔做了《中国单身男女调查》，深入了解单身男女生活和心理状态，以引起他们的注意和共鸣，更好地开展品牌营销。

2013年双十一，飘柔又做了一波"勇敢爱"的品牌战役。它投放了《勇敢·爱》微电影，在微博上发起"查看谁与你最有夫妻相"的互动活动，打造"飘柔缘分墙"让消费者进行配对。当时，飘柔的3个代言人杨幂、曾恺玹、吴佩慈同时怀孕，结合这个热点话题，飘柔还做了一次事件营销。

2014年情人节期间，以杨幂公开个人感情为切入点，飘柔开始在广告中鼓励万千中国女性勇敢去爱，宣传"踏出这一步，让爱顺起来"。据飘柔当时的品牌负责人唐亮回忆，这一波热点事件，帮助飘柔获得了7000多万的微博话题量，1.2亿网络互动，成为宝洁史上最大的互联网营销战役，带动了飘柔品牌知名度提升、品牌资产增加、销售及市场份额的显著增长。[⊖]

2014年七夕，飘柔又发起了"顺间心动"的营销战役。消费者只要登录飘柔官方推出的"顺间心动"App，系统便会自动检测他们在微博上曾经发布过的"心动"内容，提醒恋人之间不要忘记曾经发生的点滴。并且飘柔还借助当时的代言人佟丽娅和陈思诚、罗志祥和曾恺玹、杨幂一起来回忆自己的心动"顺"间，为品牌传播造势。

可以看到，飘柔多年来的品牌营销始终聚焦于爱情，将飘柔的"柔顺"与爱情的"心动"连成一体。爱情这个场合，将飘柔的柔顺价值进行了最大化演绎。

而潘婷就不这么干，因为潘婷一直标榜自己是护发专家，它可以修复发质损伤，让头发重现光泽。它致力于和消费者沟通的信息是：头发有光泽，人就有自信，就能自然散发光彩和闪耀。

请看一下，潘婷在中国的一系列品牌文案和广告语——

> 内在强韧，外在柔亮。
> 拥有健康，当然亮泽。
> 如此健康，焕发光彩。
> 每一刻，发放你独特的光彩。

⊖ 唐亮. 植观Tony：我在宝洁经历过的几次广告营销战役 [EB/OL].（2016-01-05）[2020-06-01]. https://mp.weixin.qq.com/s/0qIBmhvnYFZmlsYXsU_B1A.

　　6 周染烫损伤修护，重焕莹亮光彩。

　　闪耀秀发。

　　闪亮新光彩。

　　……

　　潘婷总是在不断重复地讲闪耀、焕发、光彩、亮泽这些意思相近的词，这就是潘婷一以贯之的品牌核心价值。包括潘婷的品牌 VI 和产品包装设计都是围绕着"bling bling"（闪闪）的金色展开，连新推的产品都叫白金双管、钻石双管。闪耀是潘婷的品牌核心。

　　但是闪耀又在什么情形下最能打动消费者呢？要知道关于人的闪耀，主要发生场合就不是爱情了，而是和人的成长与改变有关。消费者拥有自信心态、享受做自己时，就会感受到自己的闪耀。这就是潘婷的主打场景。

　　潘婷在泰国有一则极其感人的经典广告。一位耳聋的小女孩，从小热爱小提琴。她努力练琴，换来的却常常是同学们的嘲笑与刁难。就在她哭着要放弃的时候，一位常在街头卖艺表演小提琴的大叔——小女孩从小就喜欢看这位大叔拉琴——用手语告诉她：音乐是可以看见的东西，闭上眼睛你就能发现它。

　　于是小女孩重新开始全神贯注刻苦练习，无视外界的噪音。终于，在一场古典音乐大赛上，她用一把被摔得支离破碎又粘起来的小提琴，凭借一曲《D 大调卡农》（Canon in D）震惊了全场，也震惊了刁难她的同学。最后，在全场起立的欢呼声中，广告字幕告诉我们：You can shine，你能闪耀。

　　这段广告，讲述的就是一个小女孩成长的故事。正是因为她这种不屈服于命运安排的信念，潘婷"你能闪耀"的品牌理念打动了无数消费者。这就是"你能闪耀"所发生的生活场景。

　　最近两年，潘婷又发起了一波"改头焕面"的品牌战役，通过升学、失恋这些人生中的重大改变时刻来跟消费者沟通。它告诉大一女生，进入大学新的环境可以换个发型，改头"焕"面。它告诉失恋的女生，分手后应该换个发型，改头"焕"面。潘婷为此还打造了一个线下的分手沙龙，聆听女性用户分享自己的情感故事，然后帮助她们改变发型，重新出发。现实生活中，的确有很多女生在失恋后选择剪短发，斩断过去，清除烦恼。在失恋场景下，女生们最能对潘婷的"你能闪耀"产生共鸣。

同为洗发水，同在一家公司旗下，飘柔说恋爱，潘婷讲分手，这不是最生动的营销对比案例吗？

而且潘婷在"改头焕面"的营销战役中还有一句口号，叫作"美让改变发生"。第一章中，我们也讲到关于"改变"的营销案例，为什么潘婷也讲改变？正是因为在女性成长与改变的场景下，她们对潘婷"独立、自信、闪耀"的品牌价值观最容易产生共鸣。

至于海飞丝，则因为它的品牌价值是"去屑"，所以它就像绿箭一样，聚焦在社交场景，尤其是在职场、办公室场合。当你要去面试、要去参加宴会、要去跟客户提案、要去做公开演讲、要去参加一些重要场合、要去见一些重要的人，如果肩膀上全是头皮屑就跟口气不佳一样，是一件非常尴尬和有失身份的事。

因此，海飞丝的品牌塑造，总是围绕着职场、舞台等公开场合展开，强调海飞丝能帮你在公众面前表现出众，在与他人的交往中没有负担。并且，海飞丝还将自己塑造成为实力派的品牌形象。

看一看海飞丝的文案就知道了："去屑实力派，当然海飞丝""无屑头发，更自在的表达""没负担，更'肩'定""由你领头""随时开秀"。就连海飞丝早年请的代言人，也多选择演技实力派、歌坛实力派明星如王菲、梁朝伟、甄子丹、陈慧琳、蔡依林、张艾嘉、舒淇、姚晨、范冰冰、王力宏等，它与飘柔的代言人风格完全不同。这就是海飞丝的场合。

对于品牌营销而言，企业一定要想清楚自己的主打场合在哪里。这里所说的场合，并不完全是使用场合和购买场合，如果说使用场合，那么洗发水都是浴室；如果说购买场合，则不外乎超市或电商。其实最重要的是品牌在消费者生活中发挥作用的那个场合。在这个场合下，消费者最可能对你的品牌价值产生认知，对你的产品产生最强烈的需求。比如爱情之于飘柔、成长之于潘婷、社交之于海飞丝，当你在品牌营销中重点表现这个场合，围绕这个场合进行展开，消费者才最有可能理解你的品牌价值，最有可能被你打动，最有机会买你。

人在不同场合下，会有不同的需求产生，会有不同的心理状态。品牌必须要找到自己产品适用的典型场合在哪里，是正式场合还是休闲场合，是办公场合还是居家场合，是社交场合还是个人场合，是重要场合还是日常场合。当品牌找到了自己的代表场合，那么就要根据场合对营销行为进行相应的调整和匹配。包括品牌文案、广告创意、营销活动、媒体投放、品牌 VI、产品设计、代言人选择，都基于品牌的核心场合展开。

3. 洗手吃饭

触发消费者行为的第三大变量，是**动作**。品牌一定要与消费者生活中的某个习惯性动作绑定起来，这样品牌才能变成消费者的一种生活习惯、生活方式。

经历过 2020 年（新冠肺炎），想必大家都对"洗手"这个词有了更深一层的理解。对舒肤佳来说，一个以"抑菌"为核心价值，以香皂、洗手液、沐浴露为主打产品的品牌，其营销的核心自然是将品牌与"洗手"这个生活中的常见动作绑定。如果消费者每天都会经常洗手，并且洗手时习惯性想起舒肤佳，那么品牌自然大获成功。

早在 2008 年，舒肤佳就作为发起机构之一倡导设立了"全球洗手日"，在每年的 10 月 15 日这一天，开展用香皂洗手的活动，提醒公众，尤其是教导孩子们养成勤洗手的好习惯。连续多年，舒肤佳都围绕"洗手"开展营销活动，向人们宣传正确洗手的健康知识。"洗手"很重要，可以拯救生命，但这个动作也很简单，很常见，以至于很容易被人们忽视，除非有重大公共卫生事件发生。在日常生活中，舒肤佳是如何增强人们的洗手意识，并且在"洗手"过程中，强化舒肤佳的品牌价值的呢？

舒肤佳的做法，是给"洗手"找到一个饱含情感和仪式感的生活场景——

洗手吃饭。在"洗手"这个动作之上又增加了一个"吃饭"的动作。

2015 年春节，《中国新闻周刊》在微博平台发起"春节感动中国的一句话"的投票征集活动。13 000 多名网友的投票中，"洗手吃饭"以 26.3% 的得票率荣登榜首。随后舒肤佳的视频广告《洗手吃饭》就开始在全国各大高铁站进行投放，和千千万万春运旅客一起分享"洗手吃饭"这个家的场景和家的温暖。

饭前要洗手，是大家都熟知的生活常识，它为舒肤佳的产品消费奠定了基础。而且"洗手吃饭"这一句简短朴实的话语、一句妈妈的口头禅，包含了最深切的关怀和情感。它让思乡的游子听到这句话，便知家团圆；让第一次去男朋友家过年的姑娘听到未来婆婆说的这句话，就放下忐忑、融入新家。所谓一家人，就是要在一张桌上吃饭，而舒肤佳扮演着融合家人关系的重要角色，"洗手吃饭"为舒肤佳赋予了充分的感性价值和情感色彩。

舒肤佳最打动我的一段视频，是讲一个父女的故事。外出打工一整年的父亲，过年返乡时一路上火车换摩托，摩托换货车，走过弯弯曲曲的山路，扛着大包小包的行李一路小跑，终于在除夕的夜幕降临时踏进了家门，见到了焦急等待的家人。这时只见小女儿端着一盆热水、胳膊上搭着毛巾从屋里走出来，"爸爸，洗手吃饭"。爸爸的眼眶瞬间就红了。

一句"洗手吃饭"，舒肤佳用了 6 年都没换。从 2015 年开始，始终围绕这个场景展开春节营销。作为品牌的核心文本，"洗手吃饭"不仅提示了舒肤佳的典型使用场景，而且展现了舒肤佳在消费者生活中存在的意义和扮演的角色。"洗手，吃饭"，四个字，两个动作，完美地将舒肤佳的产品价值、品牌理念、节日情感、消费心理结合在了一起。它帮助舒肤佳在消费者在生活中找到了位置。

2013 年夏天，可口可乐在中国推出"昵称瓶"设计，瓶身上印着高富帅、白富美、大咖、小萝莉、邻家女孩、有为青年、文艺青年、纯爷们等各种网络用语，还有这样一句话："分享这瓶可口可乐，与你的_____。"可口可乐在广告中说：和（室友／老兄／神对手）一起分享可口可乐、和（型男／氧气美女）一起分享可口可乐、和（纯爷们 / 才女 / 快乐帝）一起分享可口可乐……它鼓励消费者一起来分享。

一个简单的昵称，创造了一个有趣的社交小场景。它让消费者在一起喝可乐时，增添了一点小趣味、小故事，拉近了人和人之间的关系。比如你给男性好友递上一瓶"神对手""纯爷们"，给女性好友递上一瓶"女神""邻家女孩""闺蜜"，肯定有着特别的意味和欢乐。

昵称瓶之后，可口可乐又相继推出"歌词瓶""台词瓶""城市瓶"，去深化这个社交分享的场景。就像有位女网友在微博上写的："那天在公司里招待合作伙伴，从冰箱里拿一瓶可乐出来，上面写着'咱们结婚吧'，深觉不妥，赶紧换一瓶；再拿过来一瓶一看，上面写着'下辈子还做兄弟'！"

一个简单的昵称、一句歌词、一句台词，却让分享变得更有乐趣、更加动人。在这个社交场景下，可口可乐跟"分享"这个动作牢牢关联在一起，因而撬动了更多消费机会，这才是可口可乐在瓶身文案上大做文章的高明之处。

2009年，可口可乐的春节营销主题就叫作："你想和谁分享，新年的第一瓶可口可乐？"你想和谁分享，这就是可口可乐在营销中一直在问的问题。谁是你的邻家女孩？谁是和你"下辈子还做兄弟"的人？你想和谁分享"我们的可口可乐"、分享"我们的歌"、分享"我们的爱"、分享"我们的快乐"？

无论是1971年的山顶广告，还是可口可乐历年的超级碗广告。比如很有代表性的2011年超级碗广告《边境篇》，讲述了两名在边境线上为各自国家巡逻的士兵，一瓶可口可乐打破了两人之间的剑拔弩张。可口可乐所做的一切，就是为了让"分享"成为自己品牌的主旋律（见图2-6）。通过"分享"把可口可乐变成一个社交工具，变成消费者情感和态度的载体，事实上，可口可乐的全球化战略就寄托在分享快乐的品牌价值观上。

和"洗手吃饭""分享"这些生活动作的关联，帮助舒肤佳和可口可乐找到了消费场景，让品牌与消费者的生活习惯进行强绑定，高效指引了消费者行为。

图 2-6　可口可乐广告

资料来源：花瓣网。

4. 一年逛两次海澜之家

触发消费者行为的第四大变量，是**频次**。

周鸿祎曾说他做产品的六字诀叫作：痛点、刚需、高频。想要打造一款现象级的产品，就需要符合人性最根本的需求，抓住用户痛点，在用户的强需求上全力突破，以及产品要拥有较高频次的使用场景。高频指的就是产品的使用场景一定要在用户的生活中经常出现。[⊖]

如果产品使用频次太低，那么一方面，企业无法从用户那里获得多次购买，得不到足够的生意，因而无法摊平获客成本，另一方面，用户也很难对产品形成深刻印象和认知，极易遗忘。

因此在传播中，品牌就需要通过对消费频次的表达，提醒消费者持续、经常消费产品，比如大宝说"大宝天天见"，许晴在露露杏仁露广告中说"每天要喝露露哦"，益力多每天提醒你"你今日饮佐未啊?（你今天喝了吗?）"。还有很多很多年前一则经典的牙膏广告，它的口号是这样喊的："早一次，晚

⊖　周鸿祎 . 极致产品 [M]. 北京：中信出版社，2018.

一次，外加约会前一次。"（就和前面的绿箭广告一样，在约会场景下，清洁口腔的需求被激活了。）

这些文本都是为了提高消费者的使用频次，通过高频消费凝聚用户、粘住粉丝，使其养成消费习惯。而我们一旦形成了某种消费习惯，那么它就像是我们大脑中的自动巡航系统一样，在下意识中自动指挥我们完成购买，这才是品牌的终极追求。

沃隆最先提出的"每日坚果"，如今扩散到整个行业，每个零食品牌都在做这个品类，除了每日坚果，还有味全推出的每日C果汁、蒙牛的每日鲜语鲜牛奶、将黑巧市场扩容5倍的巧克力品牌每日黑巧。"每日"两个字，通过对消费频次的提示，催生了一个规模百亿的零食市场。

当然，从品牌营销的角度来讲，频次不一定就要高，有时候刻意追求低频次，也能有效触发消费者行为产生。低频能让消费变得更有仪式感，帮助消费者形成固定的购买节奏。比如提到海澜之家，大家都知道它有两句人们耳熟能详的文案文本："海澜之家，男人的衣柜"和"一年逛两次海澜之家"。

在当今服装业，快时尚当道。快时尚品牌的秘诀，就是用多变的风格和更快的产品更新换代，引诱消费者频繁到店消费。传统服装零售商希望你光顾门店的频次大约是一年4次，但是快时尚品牌却希望你一年光顾17次。[⊖]此外，他们还告诉消费者，衣服穿过几次之后就应该丢掉再买新的了，今年的流行款式不适合明年接着穿，以此来促进服装产品销售。

那么海澜之家为什么不说"一年逛四次"，非要一年两次呢？这样销售额不就翻倍了吗？这是因为一年两次更符合男性的消费习惯。多数男性买衣服的消费意识是由季节引发的，而非心情、兴趣爱好、爱美之心。于是，一年两次，就成为男性购买行为产生的强大触发器，它提醒男性消费者在每年春夏、秋冬衣服换季之时，去海澜之家买衣服。并且，一年去两次就够了，足以满足男性的所有服装需求。这样，海澜之家才成了男人的衣柜。

⊖ 露西·希格尔. 为什么你该花更多的钱，买更少的衣服？[M]. 王芷华，李旻萍，译. 北京：生活·读书·新知三联书店，2016.

比一年两次频次更低的，还有一生一次。钻石品牌 DR 钻戒（Darry Ring），诉求"男士一生仅能定制一枚"，该公司的规定是每位男士购买时须提交身份证 ID，与所购钻戒的唯一 DR 编码一一对应，确保一生只能送一人，送出去以后就再没机会送别人了。一生一次这个消费频次，制造了一种仪式感，强化了矢志不渝的爱情承诺，这就是 DR 钻戒的品牌理念。还有玫瑰品牌 ROSEONLY，广告语叫作："一生只爱一人。"该公司的玫瑰只能指定唯一的收礼人，终身不能修改。这就是低频次成就的商业模式。

除了频次以外，能对消费者行为施加影响的还有数量。比如益达在指示消费者"吃完喝完嚼益达"以后，还有一句"餐后嚼两粒"。在益达的各个电视广告中，不同的代言明星不断提醒消费者："我知道，要两粒在一起才最好""我知道，吃完来两粒"。这个数量的提醒，就真的能让销量翻倍了。

时机是一个时间变量，场合是一个空间变量，动作和频次则是行为变量。透过场景的时空观，我们才能更清晰地掌控消费心理、引导消费行为。这就是场景的四大变量。

场景是触发器，是定位器，是连接器。场景创造用户需求，场景定位品牌角色，场景代入品牌体验并洞察市场机会。这就是场景的作用。

对品牌文本的创作而言，则要从时机、场合、动作、频次这四大变量出发，帮助品牌构建场景，通过对场景的描述与展示，传递品牌价值，建立品牌定位，代入品牌体验，触发消费者产生需求和购买行为，最终完成对消费者生活空间的占领。

在物理学界，有一则经典的小幽默："羽毛球为什么会往下掉？""因为有羽毛球场。"这里的场，一语双关，其中一种意思指的就是物理学中的磁场、重力场、引力场。一个羽毛球"场"的存在，对羽毛球形成了强大的吸引力，促使羽毛球落地。

场景之于品牌，就像引力场之于我们所有人、所有物品一样，它是牵引品牌营销方向的一个"场"，它能帮助品牌找到与消费者沟通的方向，帮助品牌落地到消费者生活中去。

第三章　标签

| 本章导读 |

大数据时代的信息分发机制

1992 年美国大选，比尔·克林顿对决乔治·布什。老布什当时刚做了 4 年总统，并在任期内打赢了海湾战争，促使冷战结束、苏联解体，美国成为世界唯一霸主。总之，政绩骄人，风头正劲，几乎所有人都认为老布什铁定连任。反观克林顿，当时只是一个初出茅庐的年轻州长，跟老布什这种做了 8 年副总统、4 年总统的老牌政治家一比，看起来根本就没什么机会，而且克林顿代表的民主党已经 12 年没有问鼎过总统宝座。

但就是这样，克林顿只用一句话就击败了老布什。这句话是："It's the Economy, Stupid！"（笨蛋，问题是经济！）

由于老布什在外交和军事上的强大表现，克林顿的竞选团队将目标转向了国内，以经济作为竞选策略核心。克林顿在竞选中，反复强调要振兴美国，表示自己当选总统后首要任务就是恢复经济增长，向人民提供就业机会。

　　虽然作为一名总统候选人，其政策涉及方方面面，诸如教育、医疗、税收、就业、外交、军事等，即便是振兴经济，也包含了林林总总的举措，如减税、给予企业投资优惠、裁减军费并缩减政府开支等。但站在选民的角度来上，没有多少人有耐心仔细研究各个候选人的竞选政策和施政举措。他们更多是基于大致的印象、好恶，来决定把票投给谁。所以克林顿必须给自己贴上一个清晰的标签，用一两句话解释清楚自己要做什么，以及给美国和选民能带来什么，这样才能被人所熟知，才能取得成功。

　　"笨蛋，问题是经济"这句强有力的文本，给克林顿贴上了经济专家的标签，帮他树立了鲜明统一的品牌形象。它将民众的注意力从国际拉回国内，从军事与外交转向经济与就业，因而成为克林顿胜选的关键。

　　到了2008年大选，最终胜选的奥巴马（Barack Obama）则从头至尾聚焦于"改变"。他的正式竞选口号叫作："Change we can believe in."（我们可以相信的改变。）

　　我印象最深刻的，是当时在网上看奥巴马的新闻图片。不管他在哪里发表演讲，讲台前都贴着一个大大的单词"CHANGE"，下面一行小字"WE CAN BELIEVE IN"。这确保了奥巴马每次出镜、他的每张照片上，他都能和"CHANGE"一起出现，两者牢牢关联在了一起。就连他的妻子米歇尔·奥巴马（Michelle Obama）演讲时，也是如此。

　　而他的党内竞争对手希拉里（Hillary Clinton），讲台上贴的则是自己的名字"HILLARY"，其实并没有多少实质意义。而且希拉里在竞选过程中使用了"我来了，为胜利而来""为改变而工作，为你而工作""改变倒计时""准备改变，准备领导""重申美国人的承诺""美国的对策"等各式各样的口号。她始终没有给自己贴上一个清晰一致的标签，口号变换不定，形象模糊不明，无怪乎最终败下阵来。

　　等到奥巴马战胜希拉里，对决共和党的麦凯恩（John McCain）时，麦凯恩犯了和希拉里一样的错，他的竞选团队频频换人，竞选口号不断更改，例如"我们会赢""美国第一"等。由于当时美国出现金融危机，麦凯恩也开始讲"改变"，标榜自己是真正的变革者，于是奥巴马团队又把竞选口号从"我们可以相信的改变"改成"我们需要的改变"（Change We Need），强调自己才能带给选民真正需求的改变。

奥巴马牢牢给自己贴上"改变"的标签，始终如一，这成为他获胜的关键。就算胜选以后，奥巴马都还不忘将口号改成"谢谢你们，改变会发生"（Thank you，Change Can Happen）。标签才是选战的灵魂，它让民众清晰地了解他们是谁、他们能做到什么、为什么要选他们。对这些深谙如何操控舆情、影响民众的公众人物来说，他们的共同点就是善用简化的力量，在复杂的信息世界中给自己贴上一个简单的标签。标签，让奥巴马与竞争对手有了鲜明区别，让克林顿把劣势转化为优势。

陈奕迅有一首歌，叫作《像一句广告》。我对它的歌词佩服得五体投地，简直一语道破广告业的天机：

> 你必须活得像一句广告／谁会有时间听你唠叨／把你复杂的个性全删掉／每张相片只看到你的微笑／你只能活的像一句广告……才能被人看到／这无关身高／你才变得重要，不变成气泡／像一句口号，简单就明了。

> 你必须活得像一句广告／谁也不能强迫谁思考／把你无趣的一面全删掉／就像把一辈子浓缩成几秒／你只得活得像一句广告……才会被人想到／这无关钞票／你才显得重要，不被蒸发掉／像一句口号，不必用大脑。

我们生活在一个信息大爆炸的年代。面对海量信息，每个人都应接不暇。今天刷屏的热点，明天就无人问津。社交工具越来越多，和他人建立关系反而越来越难。你当然可以而且应该拥有丰富的内心、复杂的个性、百变的风格，但是别人并不关心，毕竟别人连记住你的名字、你的长相、你的职业都很难。如果你不想被人忘诸脑后，便只能活得像一句广告，给公众一个非常单纯和清晰的标签。把复杂留给自己，简单送给别人，这才是这个时代的通行法则。只有这样你才能够被看到，你才能够被记住。

这就像提到马丁·路德·金（Martin Luther King, Jr），你脑海里马上涌现"我有一个梦想"。提到丘吉尔，你会首先想到那个著名的 V 字手势和他在演讲中反复强调的"胜利"这个词。提到乔布斯，每个人都知道他的标准装束：黑色高领衫、李维斯牛仔裤、New Balance 运动鞋。提到扎克伯格，就不得不说他多年如一日身穿灰色 T 恤的公众形象。而提到老佛爷卡尔·拉格斐（Karl Lagerfeld），则让人无法忘记他的黑白造型，永远以纯黑墨镜、深黑西服套装、黑领带、黑手套，搭配白衬衫、白发长辫示人，占据着时尚圈的焦点。

这些公众人物非常懂得给自己贴标签。因为标签就是我们认识这个世界的方式。我们给万事万物都贴上一个简单的标签，然后用这个标签去认识事物、理解事物、记忆事物。

著名剧作家、导演赖声川认为，占据我们内心最大空间的不是信息而是概念，而概念则在我们将事物归类、贴上标签的过程中形成。可以说，在观念中持续贴标签的过程建构了这个世界。我们长期以来，习惯在辨识事物的瞬间给其贴上标签。标签帮助我们整理世界，定位一切，让一切变得熟悉，标签是让世界有秩序的重要工具。⊖

贴标签是人类的本能。如果我们把大脑视作一个大数据处理程序，那么标签就是我们处理数据的算法。大脑通过标签对海量信息进行筛选、分类、存储、调用。

从互联网到移动互联网，我们主要有两种信息分发机制：搜索机制和推荐机制。PC 时代，我们通过搜索来获取自己想要的信息。我们输入关键词，然后系统将包含这些关键词信息的内容和产品推送给我们。为了让搜索更高效，系统就需要给这些内容和产品打上颗粒度尽可能细的描述词，确保它被搜索到，并且系统会建立一套学习机制，根据用户的搜索行为对关键词不断进行优化。关键词就是一种标签。

举个例子，如果我想买一台车，在网上搜索看看都有什么车可供选择。于是我打开搜索引擎输入"汽车"两个大字，这大概是找不到合适的车的。如

⊖　赖声川．赖声川的创意学 [M]．桂林：广西师范大学出版社，2011．

果我输入"轿车",这时候系统就会给我一些产品推荐。输入更细致的关键词如"豪华轿车,30万",搜索结果就会更符合我的需求了。如果我再输入一些购车特征,比如"家用",比如"运动风",又或者"省油、个性、安全、大空间"等,那么我很快就能圈定三四个品牌车型,加入待购清单。接下来我就可以去4S店试驾、询价,在更深入了解对比、询问身边亲友之后,最终决定买哪一辆了。

基于这种搜索机制,企业要做的就是给自家产品贴上更加明确和精细的标签,购买相应的关键词广告位,从而找到自己的目标消费者。

到了移动互联网时代,信息分发出现了一个很大的变化,就是它的逻辑颠倒过来了。过去是"人找物",人主动搜索自己想要的内容和产品;现在则是"物找人",系统自动把内容和产品推送给合适的人。这时候,就不仅需要给"物"打标签,也要给"人"打标签。对企业来说,当一个人站在你面前时,你并不知道这个人是不是你的消费者。只有看到这个人身上贴的标签,你才知道他会不会买你的产品,是否有必要给他推送广告。

假如一个消费者被打上"95后"潮人的标签,在他身上有着精致、品位、个性、酷、反叛、设计感等标签的存在,那么系统就应该把具有类似标签的潮流品牌如AJ、戴森以及潮牌资讯推送给他。

今日头条、抖音这样的内容平台,也通过用户的浏览行为和人口统计要素,来给每个用户贴标签,从而挖掘不同用户的信息内容偏好,为其推荐更精准的新闻和短视频内容。从搜索机制到推荐机制,两种信息分发方式其实都非常依赖于标签系统的建立。有了标签,才能实现物与人、信息与人的精准匹配。

大数据对于今天营销的重要性毋庸置疑。消费者的一切行为如内容消费、商品购买、货款支付都被量化、数据化了,所以企业必须实施数字化战略,改造企业的品牌打造、传播推广、渠道分发、产品设计与定价、客户关系管理等一切环节。但面对庞大的消费者数据企业到底应该如何做?这就需要一套标签系统,通过标签我们才能精准识别消费者,通过标签我们才能精确定义品牌。营销数字化的关键在于标签化。大数据的底层逻辑是标签,标签是大数据时代的基建。

营销这件事，说到底就是帮助对的产品找到对的人，实现商品和消费者之间的精准匹配。如何让对的产品找到对的人呢？这就需要给每一件产品、每一个品牌贴标签，然后与消费者身上的标签相匹配。

所谓物以类聚、人以群分，物聚、人分的标准都是标签。有了清晰的标签，我们才可以将各种物类与细分人群进行精准匹配。故此，消费者标签化之后，应进行相应的品牌标签化，从而以共同的标签系统为基础，达成精准营销。

今天做品牌建设，不能靠拍脑袋去决定品牌的价值体系、核心诉求、使命愿景、传播内容，而是要通过大数据对目标消费者进行画像，从中提取一套用户标签，并由此构建品牌的标签系统。

在品牌构建的过程中，标签居于最中心的位置。品牌应基于标签衍生品牌文本和传播内容，统领并指引营销推广。标签是品牌得以操控人心的算法。一个品牌应该给自己贴上什么样的标签，则要看我们如何理解标签的法则，以及如何构建品牌的标签模型。

第一节 算法

在本书开篇我曾说过，品牌是一个在消费者心底渐次深化的过程。品牌如人，我们再回顾一下与人交往的过程，你会发现这就是一个贴标签的过程。

刚认识一个人，为了记住这个人的长相，以及个人基本信息如职业、收入、家庭状况等，我们会给这个人贴上身份标签。如我们称呼一个人为红鼻子、白胡子爷爷、长腿叔叔、马尾辫小姐姐、大高个等，这就是一个人的相貌特征，方便我们下次和他见面时迅速认出人来。

再如我给你介绍两位朋友时说，这是一位"学霸"，这是一位"白富美"。

仅需两个简单的标签，你就能瞬间把握到这两位大概是什么样的人。还比如广告人、创业者、篮球迷、高富帅、钻石王老五、超级奶爸、钢铁直男、霸道总裁、玛丽苏、渣男渣女……身份标签，是对一个人身份属性、相貌特征的超级浓缩。

等到你和这个人交往更多更深，了解这个人的能力、品质、性格、修养，你还会给他贴上价值和个性标签，比如诚实、幽默、能干、浪漫、有品位，或者装模作样、矫情、虚伪、无能……价值和个性标签，代表着对一个人的认知。

当你对这个人的外在、内在有所认知，你就会对他做出评价，并表现出一定的行为倾向，以表明你对这个人的态度和好恶，是否认同他的行事作风。比如喜欢、热爱、可信赖、可亲近，又或者厌恶、保持距离，这些关系和行为标签，决定了你要与这个人建立何种联系，做出何种行为倾向，是进一步加深感情做好朋友，还是离他远一点儿。

品牌亦如是，我们认识一个品牌，首先会基于这个品牌的名称、logo、VI、产品设计和包装这些外在元素，以及产品的品类、价格等基本属性形成一个大致的印象，赋予其身份和角色，比如大众品或高端货，未来高科技或传统老字号，个性潮牌或经典国货，等等。

接下来，我们开始认知这个品牌的产品功能与知觉质量，包括技术先进性、耐用性、方便性、社会流行性，并理解品牌的核心价值和诉求主张。比如，说到豪华汽车品牌，除了宝马的驾驶乐趣外，奔驰意味着"尊贵"，奥迪强调"科技"，沃尔沃代表"安全"，凯迪拉克聚焦"新美式"，雷克萨斯传达"匠心、执念"，英菲尼迪则主张"感性"。每个品牌都用最简单的标签把自己的品牌价值和产品卖点表达了出来，给自己贴上了鲜明的价值标签。

当然，消费者眼中的这些品牌价值会不可避免地带着消费者的主观色彩，品牌会被拟人化，被赋予情感、态度、个性等人格化特质，如温暖、年轻、激情、浪漫、张扬、酷炫等感性价值。其实所有的品牌价值都是顾客认知价值。

最后，消费者会对品牌与自身的关系进行界定，比如消费者会认为这个品牌是懂我的、认同我的、保护我的、关心我的、激励我的，还是安慰我的。不同的品牌－消费者关系会指引消费者做出不同的行动。当你给一个品牌贴上这些关系和行为标签，就意味着你喜欢这个品牌，认同这个品牌。

什么是品牌？其实就是一个持续在消费者内心贴标签的过程。只有为一个品牌贴上标签，消费者才能把它跟其他品牌区别开来，才能判断自己到底想不想买它、喜不喜欢它。品牌，就是一套标签系统。

对一个品牌来说，标签具有三大作用：表明品牌身份、传递品牌价值、感召用户行动。

首先，标签能够赋予品牌辨识度，给品牌一个更易于理解、更易于记忆的身份，让消费者清晰地知道品牌是谁，同时也能增强品牌的亲和力，让品牌与消费者之间建立更强的联结。

其次，标签是对品牌价值信息的最极致化浓缩，它提取产品的本质特征，并通过简单的信息组合让消费者理解品牌和认知价值，并据此形成印象，形成心理烙印。

最后，标签能对消费者内心施加影响，建立品牌与消费者之间的关系，引导消费者的购买决策和消费行为发生。

这就是一个品牌的身份标签、价值标签、关系和行为标签。

1. 陆上公务舱

2000 年，通用别克在国内推出第一款 MPV 产品别克 GL8，填补了中国 MPV 市场的空白。彼时，很多人尚不知道 MPV 是何物（我想就算在今天，依然有很多人并不清楚 MPV 是什么）。这就是别克 GL8 在刚刚引进中国时面临的窘境，别克 GL8 需要向消费者解释 MPV 是什么，它能为消费者带来什么。

MPV 是 Multi-Purpose Vehicles 的首字母缩写，意即多用途汽车。它的特点就是乘坐空间大，载人数量多，一般是 7～9 座。再就是具备一定厢式货车功能，既能拉人也能拉货。因此 MPV 主要用于公商务市场，俗称商务车。当然作为一款高端商务车，别克 GL8 一般不是用来载货的，它主要满足的是一些大企业的商务接待需求。用它接送客户，不仅宽敞舒适，而且倍有面子，还能体现企业实力和形象。

为了推广 MPV，别克 GL8 却并没有在广告中解释何为 MPV，也没有声称自己是 MPV 市场的开创者以强化品牌地位，甚至没有通过大篇幅产品文案说明别克 GL8 到底有什么功能和卖点。它只是给自己贴了一个标签——"陆上公务舱"，将别克 GL8 形容为，和飞机上的公务舱一样拥有宽大的座椅和商旅享受。

这句话很快就变得深入人心，因为它用最通俗易懂的方式解释了 MPV，形象又具体，一下子就让人明白别克 GL8 是做什么的。而且它瞄准目标受众非常精准，因为别克 GL8 的核心人群就是那群经常在天上飞来飞去的商务精英。

一句"陆上公务舱"，让别克 GL8 成了商务接待的首选，成了 MPV 市场的标杆品牌，一直到现在。珠玉在前，以致后来所有 MPV 品牌的文案都跟着叫 XX 舱，诸如商务舱、头等舱、太空舱之类，比如东风风行 CM7 的"首席公务舱"。而多年以后，克莱斯勒的新款大捷龙在国内上市的时候，还专门写了一句文案：只有陆上公务舱的时代，就此成为历史。

一句文案能引来整个行业的模仿和使用，足以说明这句文案多么有力量和这个标签贴得多么精准。当然，这也是我觉得汽车广告史上最经典的文案之一。

我们再把目光转到美妆业。"内容种草"是近年来的新兴名词，特别是众多美妆品牌通过内容创作、KOL（关键意见领袖）合作取得巨大成功之后，种草学成为一门显学。而种草的基础，首先就是赋予产品一个拥有辨识度和亲和力的身份标签。

我带大家去逛一下 SK-II 的天猫官方旗舰店，在 SK-II 店铺首页的底部，写着这样一行小字："神仙水、大红瓶、大眼眼霜、小灯泡、小银瓶、小布丁、前男友面膜、小红瓶，均为消费者给 SK-II 产品起的昵称或俗名，并非产品正式注册 / 备案名称……"

提到 SK-II 护肤精华露也许你不能马上反应过来是哪款产品，但是"神仙水"你一定不陌生。提到 SK-II 肌因光蕴环采钻白精华露你大概不知道是啥，但是"小灯泡"你可能很熟悉。提到 SK-II 护肤面膜……这么平淡的名字怎么记得住，但是"前男友面膜"呢？

"神仙水"就是一个非常特别的身份，这三个字让你联想到产品的神奇功效。SK-II 护肤精华露正因为"神仙水"这个好名字，产品越传越广，口碑越来越好，品牌越销越响，到最后"神仙水"完全变成了美妆业一个传奇的存在，人们反而忘记了它本来的产品名称叫什么。

又如"前男友面膜"，它的意思指的是这款面膜能帮助你的皮肤在 15 分钟内焕然一新，让你拥有吹弹可破的肌肤、白里透红的娇容，用完面膜后皮肤好到可以气死前男友，让他知道"老娘没你过得更好"。所以"前男友面膜"这个标签，不仅生动地描述了产品功能，还跟女生们建立起了一种情感联结。这种"蛊惑人心"的手段，岂是一个普普通通的"SK-II 护肤面膜"可比的？

还有 SK-II 肌源赋活修护精华霜、肌因光蕴环采钻白精华露，这种产品名字完全是反人类设计，几乎不可能有人记得住。但是"大红瓶""小灯泡"不仅让你记住产品名称，还能记住它的造型特征，方便你从店铺或货架上一眼认出它长什么样子。

标签给产品创造了一个全新身份，更加方便与消费者建立沟通，更能为消费者所熟知，并抓住他们的心。身份标签可以通过三种方式影响消费者认知。

第一，身份标签提取了产品的典型特征，给了产品一个极具辨识度的记忆符号，让产品变得更容易被消费者辨认，更容易被消费者记住。比如前面提到的大红瓶、小灯泡，欧莱雅的红帽子、小钢笔、小金管，资生堂的红腰子精华，还有在时装业大家常说的芬迪法棍包、龙骧饺子包、劳力士绿水鬼等。

第二，身份标签形象地描绘了产品功能，让消费者一听就知道产品是干什么的，有什么用处和好处，比如 SK-II 的神仙水、菲洛嘉的十全大补面膜。丸美的小弹簧眼霜，这个名字生动地告诉你这款产品可以恢复眼部皮肤弹性和紧致，帮你"弹"走鱼尾纹。欧莱雅的紫熨斗眼霜，这个名字就更厉害了，它的意思是能像熨斗一样熨平你眼周的皱纹，你说形不形象、生不生动？

第三，身份标签相当于给产品重新创造了一个新名称，它不仅让原本冗长难记、充斥着专业术语及专有名词的产品名称变得通俗易懂、好读好记好传播，更让产品变成了消费者口中一个昵称或爱称，让产品变成了消费者的心头好，这样更加容易建立情感联结。

比如雅诗兰黛的油皮亲妈粉底液，听听这标签，"亲妈"得对油皮女生多么友好啊。还有 YSL 口红的斩男色，这个名字不仅让人联想到产品效果，还能让人知道这个色号应在什么场景下使用。包括别克 GL8 也是如此，在"陆上公务舱"认知加深以后，它还专门推了一款产品，名字就叫别克陆上公务舱。

再强调一次，我们认识这个世界的方式就是打标签。打标签是我们根深蒂固的一种认知习惯，它并非由今天的营销业、美妆业发明，而是自古以来就如此。《三国演义》中，我们之所以记得住那么多你方唱罢我登场的英雄人物，就是因为他们每个人都有着鲜明的身份标签。标签越鲜明突出，人物就越生动和越能被世人传颂。

比如提到关羽，大家心目中自然浮现出一位红脸长髯、身着绿袍、腿跨赤兔，手提一柄青龙偃月刀的武圣人形象。红绿配、长胡须这就是关羽的标签。和关羽并称的张飞，他的角色形象则在《三国演义》中被加工得截然不同。张飞是黑脸黑袍，一圈大胡子刚劲有力，根根直竖，手提一根黝黑的丈八蛇矛。张飞以黑为主色，一看就是性格刚烈、脾气火爆的主。

关张以外，赵云和马超则被刻画成白面小生，披白袍、穿银铠、骑白马、提银枪。黄忠则突出白发皓首，成为"老当益壮"的代名词。蜀汉五虎上将，各自的"品牌 VI"都不相同，因而也就成了三国最让人印象深刻的将领。这些武将以外，曹操狡诈、刘备善哭、诸葛多智而近妖，个个都有标签，这虽与真实历史有所出入，但胜在人物鲜明、个性突出，读者一眼可识。因此《三国演义》的知名度和流传度远远胜过《三国志》，很多人对三国那段历史的认知都来自《三国演义》。

这一点到了京剧之中，标签更是被视觉化，于是便有了脸谱。红脸的关公、白脸的曹操、黑脸的张飞，人物一登场观众便知是好是坏。正因为关公深得人心，所以千载以来被奉为武圣人、武财神，兄弟结义、做生意都要拜关公。在广告业，拜关公则当然是有比稿必胜、逢标必中的意思。我的办公桌上，就有一个关公的绢人娃娃。

在四大名著另一部，《水浒传》之中，施耐庵和罗贯中通过给好汉们取绰号的方式来贴标签，将其身材相貌、性格特征、武艺本领一一摹画，如豹子头林冲、花和尚鲁智深、行者武松、黑旋风李逵、及时雨宋江……一个个好汉跃然纸上，栩栩如生。108 位梁山好汉，108 个身份标签，我们从中也可一窥创造身份标签的方法。

有借代法，用人物或事物具有代表性的部分来代整体。如青面兽杨志、赤发鬼刘唐、美髯公朱仝是用相貌特征来代表本体；再如大刀关胜、双鞭呼延灼、金枪手徐宁则是用其所使兵器工具来代表人物，这就是借代法的特征代本体、形象代本体、工具代本体、具体代抽象。用到营销之中，大红瓶、小灯泡、小银瓶、红腰子皆属此类。

有比喻法，用跟甲事物有相似点的乙事物来描写或说明甲事物。水浒中为突出好汉武力与威猛，多用猛兽、鬼怪或神奇自然现象为喻体来比喻好汉本体。猛兽如混江龙、九纹龙、矮脚虎、锦毛虎、母大虫、豹子头、玉麒麟、两头蛇、双尾蝎、出洞蛟、翻江蜃、通臂猿、扑天雕、旱地忽律、火眼狻猊等；鬼怪如活阎罗、丧门神、操刀鬼、母夜叉、催命判官、托塔天王、混世魔王等；自然现象如霹雳火、黑旋风、及时雨、轰天雷等。用到营销之中，则有"陆上公务舱"用飞机座舱比喻商务车座舱，有"大自然的搬运工"来比喻农夫山泉（因二者都有只负责搬运而不添加其他这些相似之处），再如 SK-II 神仙水、欧莱雅紫熨斗、丸美小弹簧等，都是比喻法。

有类比法，将梁山好汉与历史上的英雄人物相比较、相关联。如小李广花荣、病关索杨雄、病尉迟孙立、小温侯吕方、赛仁贵郭盛。用到营销之中，如 SK-II 小灯泡因其美白效果显著，被很多消费者种草，但是产品价格昂贵，劝退了很多消费者。于是 OLAY 的光感小白瓶和 ProX 淡斑小白瓶便给自己贴上"平价小灯泡"的标签，并在各款种草文案中表示，OLAY 与 SK-II 同属一家集团，技术共享，还有相同的美白成分，平价又好用。

有提炼法，提取人物的典型性格特点作为标签。如急先锋索超强调性急，拼命三郎石秀突出拼命，智多星吴用聚焦一个智字。用到营销之中，如小米活塞耳机，自我标榜为"99 元听歌神器"。耳机产品一般在宣传时则更喜欢强调"听音乐"如何，高音、中音、低音各自表现怎样，但实际上，像小米活塞耳机这种价格在百元左右的产品，其面向的目标消费群并非音乐发烧友，不会拿它来听古典乐，不关心听钢琴曲、小提琴、吉他这些乐器时耳机表现如何，他们的需求就是听歌，他们需要的就是一款方便、舒适、音质还行的产品。所以小米"听歌神器"的标签更加精准和聚焦。

标签提炼产品典型特征和形象描绘产品功能，并且联结用户情感，它给产品创造了一个能更加方便与消费者进行沟通的身份。

2. 生命本身就是一场旅行

所谓打造品牌，其实就是将繁复庞杂的产品信息进行浓缩，把它简化成一个标签向消费者进行传递。标签最重要的功能，是它代表着一种能让消费者认知的品牌价值，这就是价值标签。

价值标签表明了品牌的功能利益和价值体系，在人们心目中代表着什么；它决定着品牌传播应该说什么、不应该说什么，品牌文本应该如何创作；它意味着企业希望人们如何谈论自家的品牌。标签代表品牌核心价值，代表品牌诉求方向，代表广告的创意概念，并兼具符号化的功能，赋予品牌差异化，以便于被消费者所识别、认知、记忆。

此外，标签还表明了风格，象征着一个品牌的基调和风貌，影响着和消费者进行沟通的调性和语气。一句话，标签精准定义了品牌。

诞生于 1854 年的路易威登，从最初法国皇室御用行李箱开始发家，如今已成为一个庞大的奢侈品帝国，产品从旅行箱、手袋、皮具到珠宝、腕表、香水、高级成衣、时尚配饰、鞋履，一应俱全。作为全世界最知名的奢侈品牌之一，尽管其涉及领域如此之广，产品线如此之多，但路易威登的品牌建设却只强调了一个词——旅行。

2007年，路易威登在全球开启以"Core Value"（核心价值）为主题的品牌战役，并且此后每年都邀请不同的大牌明星、文化名人出镜代言，分享他们关于旅行的理解与信念，从而多维度地诠释和传承路易威登"旅行"的品牌核心价值。在"旅行"这一概念指引下，路易威登创作了一系列优秀的广告文案。

- 在一幅平面广告中，苏联总书记戈尔巴乔夫坐在车内，凝视车窗外的柏林墙，广告文案告诉我们："旅行让我们直面自己。"
- 滚石乐队吉他手兼创作人基思·理查兹（Keith Richards）抱着吉他坐在一间酒店客房的床上，广告文案："有些旅行无法言传。纽约。下午3点。C调布鲁斯。"
- 网坛名将安德烈·阿加西（Andre Agassi）和爱妻施特菲·格拉芙（Stefanie Graf）一抵达酒店，才放下行李便相拥在一起，文案说："爱是最美的旅行。"
- 在一个旧火车站，传奇影星凯瑟琳·德纳芙（Catherine Deneuve）静静坐在她的路易威登旅行箱上，文案说："有时候，家只是一种感觉。"
- 007系列电影扮演者肖恩·康纳利（Sean Connery）悠闲地半坐在巴哈马群岛的沙滩边，文案是："有些旅行本身就是一个传奇"，而他腕上的手表指针刚好在10:07。
- 著名导演弗朗西斯·科波拉（Francis Coppola）在新片拍摄现场，手执剧本与躺在草地上的女儿——同样身为名导的索菲亚·科波拉（Sofia Coppola）恳切交谈，文案中写道："在每个故事中，都有一段美好的旅程。"（见图3-1）

图 3-1　在每个故事中，都有一段美好的旅程

资料来源：FOTOMEN 网站。

　　这一系列文案都结合了这些代言人的个人故事和传奇经历，诠释了他们关于旅行的理解，强化了路易威登的品牌核心价值。

　　2009 年，正值人类登月 40 周年，路易威登还特意邀请了三名宇航员出演他们的核心价值广告大片，包括第二个踩上月球的男人巴兹·奥尔德林（Buzz Aldrin）、阿波罗 13 号的指挥官吉姆·拉弗尔（Jim Lovell）、美国第一位女性航天员萨莉·赖德（Sally Ride），三人坐在一辆旧卡车上，静静地仰望星空，文案告诉我们："有些旅程永远改变了人类。"

　　2010 年，U2 乐队传奇主唱保罗·大卫·休森（Bono）携妻子阿丽·休森（Ali Hewson）一起演绎路易威登。休森夫妇致力于非洲慈善，呼吁人们关注并解决非洲大陆的饥荒和贫困问题。在广告中，他们从停留在南非的一架小飞机上下来，广告文案上写着："每趟旅程都从非洲开始。"

　　2011 年，路易威登又邀请了著名影星安吉丽娜·朱莉（Angelina Jolie）代言 "核心价值" 推广，朱莉在拍摄电影《古墓丽影》时的一次柬埔寨之旅，改变了她的一生。所以在广告中，朱莉赤足坐在柬埔寨一个野外沼泽中的木船上，目光看向远方，文案说："一段旅行或许就是一生的转折点。"（见图 3-2）

图 3-2　一段旅行或许就是一生的转折点

资料来源：www.pic.haibao.com。

2012 年代言路易威登核心价值广告的则是拳王阿里和飞鱼菲尔普斯。阿里和他的小孙子一起出镜，年仅三岁的小阿里双腿分开站立，戴着拳击手套站在祖父身旁。文案说："一些明星引导着前方的路，穆罕默德·阿里（Muhammad Ali）和一颗冉冉升起的新星。"

菲尔普斯（Michael Phelps）则和俄罗斯体操选手拉瑞萨·拉提尼娜（Larissa Latynina）坐在沙发上谈笑风生，拉提尼娜曾是奥运会历史上得奖最多的运动员，直到菲尔普斯打破她的纪录，文案告诉我们："两条非凡的人生路，相同的人生归宿。"

这一系列明星名人加持的路易威登品牌广告，从 2007 年开始，持续投放了很多年，每年使用不同的代言人来演绎。除了这一系列品牌核心价值广告，路易威登每一季产品的发布和推广，也都是以"旅行的真谛"为主题。为什么路易威登如今的产品已不限于旅行箱，却仍然要以"旅行"为题宣传品牌呢？

一方面，路易威登虽然产品线丰富，但要说一款能够代表品牌的产品，那还得说旅行箱——1835年，路易威登创始人、14岁的路易·威登（Louis Vuitton）离开瑞士，徒步250公里远赴巴黎闯天下，从行李箱学徒一步步成为欧仁妮皇后的御用行李捆扎和皮革师，他发明的旅行硬箱，成为皇室成员和名流士绅的旅行必备，传遍上流社会。特别是泰坦尼克号的传奇故事更是令路易威登名声大噪——据说沉船上的物品从海底被打捞上岸，唯有路易威登旅行箱滴水未进，其内物品完好无损。旅行，代表着路易威登的品牌故事和产品代表品质，承载着路易威登的高贵血统和悠久历史。

正如LVMH集团的大公子安托万·阿尔诺（Antoine Arnault）所说："其实这一系列广告对于亚洲市场尤为重要。因为在欧洲国家，不少家庭都有一两只我们的旅行箱，但我们进入亚洲才20多年，年轻人都把我们当作时装品牌，却不了解我们的历史。"⊖

另一方面，真正成就一个奢侈品牌的，并非令人咂舌的价格、卓越不凡的品质与工艺，而是品牌带给消费者的独一无二的审美体验和象征价值。

如果大家有留意身边的奢侈品广告应该会发现，多数奢侈品牌的广告模式都是明星名模为画面中心，加上一个品牌logo完事，很少有什么品牌主张和产品文案。虽然所有的奢侈品牌都强调昂贵、稀有、上层名流，都希望把自己打造成为财富与地位的象征，但在品牌价值层面，不同奢侈品牌之间的差异化是完全不足的。特别是当路易威登被视为"炫富"，真货假货一起烂大街时，它必须证明自己与众不同的品牌价值。

所以从2007年起，路易威登才开始在原本单纯的产品广告基础上，增加"旅行"的核心价值系列广告，围绕"旅行"输出品牌形象和理念。路易威登

⊖ 外滩画报. 和Louis Vuitton一起探寻旅行的意义 [EB/OL].（2008-03-27）[2020-06-01]. http://style.sina.com.cn/fashion/costume/2008-03-27/07369833.shtml.

提醒我们，旅行文化才是它的核心价值。

为了诠释旅行，除上述平面广告外，路易威登还罕见地投放了一支电视广告。对旅行精神的诠释可以从如下这段电视广告文案中一览无余："何为旅行？旅行不是一次出行，也不只是一个假期。旅行是一个过程、一次发现，是一个自我发现的过程。真正的旅行让我们直面自我。旅行不仅让我们看到世界，更让我们看到自己在其中的位置。究竟，是我们创造了旅行？还是旅行造就了我们？生命本身就是一场旅行。生命将引领你去往何方？"

可以看出，路易威登对于旅行的理解，主要指的是人生经历和体验的过程，我们通过旅行发现自我，实现人生价值。旅行，造就了我们每一个人，而路易威登则陪伴并见证我们的生命之旅。

"旅行"让人们重新认识了路易威登，旅行与人生体验的关联，建立了品牌和消费者之间的关系，路易威登不只是代表着高价，不再是烂大街的ICON，而是关注人生、思考生命的人文美学。这就是路易威登给自己贴上的价值标签。

一般来讲，品牌核心价值包含了三个层面，功能价值、情感价值和象征价值。一个强大的品牌不仅要在功能品质层面表现出色，将产品功能利益传递给消费者，同时，它还要与消费者的情感需求、生活方式关联在一起，给消费者创造美好的消费体验，这样才能赢得消费者的喜好与信赖。而如果，品牌还能成为消费者公认的某种文化观念、人生态度的象征，那么品牌才能长盛不衰，永葆生命力。

故对于文案来讲，最核心的工作就是帮助品牌提炼出价值标签，并将其牢牢植入消费者内心。而后，再以标签为中心，统领起品牌的整个传播过程，用具体的创意内容和广告文案去打动消费者，这就是文案创作的核心工作。

另一个著名奢侈品牌百达翡丽，有一句非常出名的文案："You never actually own a Patek Philippe. You merely look after it for the next generation." 这句话在中国进行传播的正式翻译是："不但长伴身边，还是传家风范。"直译的话，意思是："没有人能真正拥有百达翡丽，你只不过是为下一代保管而已。"

百达翡丽的品牌传播和其他钟表品牌不同，它在广告中展现的不是奢华和名流，而是亲子共聚的生活场景（见图3-3和图3-4）。陪孩子写作业、跳芭蕾、戏水、吹泡泡、玩游戏这些生活细节，不仅在一众奢侈品广告的金碧辉煌中呈现了令人耳目一新的清新画风，而且和消费者建立了情感联系。尤其是，它强调百达翡丽代表的不是一时流行的奢侈风尚，而是能够传家的恒久价值。正如百达翡丽官方所号召的"Begin your own tradition"（开启你的传家风范），"传家"向消费者传递了清晰一致的品牌信息，赋予了百达翡丽不同别家的象征意义和难以企及的品牌地位。这就是百达翡丽给自己贴的价值标签。

图 3-3 百达翡丽广告（一）

资料来源：《名表世界》（europa star）网站。

当品牌有了明确的价值标签，才更易在消费者心目中形成清晰的品牌认知和鲜明的品牌形象。标签作为核心概念，统领起整个品牌的传播和内容输出，否则品牌写再多的文案也只是像没头苍蝇一样到处乱撞，找不到沟通的出口。标签的价值不只是一个词、一句文案，而是一个品牌的信仰，是与消费者进行沟通的文化母题。一名好的文案一定要擅用标签这一战略武器，帮助品牌提炼强有力的价值标签，基于一个标签，实现多维内容输出，立体化打动消费者。

图 3-4　百达翡丽广告（二）

资料来源：腕表之家网站。

3. 带上 VISA，付诸行动

营销最重要的使命，不只是告诉消费者品牌是谁，告知消费者品牌价值，更是唤起消费者的购买意愿，触发消费者行为。对于消费行为的指引，品牌既可以依赖外在因素场景的触发，也可以基于内在因素为品牌贴上行为标签，将品牌与消费者行为密切关联。

来看一下维萨（VISA）的案例。维萨是世界上最大的国际信用卡组织，是一个全球支付和金融服务网络。它由世界各地的银行等金融机构共同组成，在全球 200 多个国家和地区开展业务。如果你携带有维萨标记的信用卡，就可以在全球绝大多数国家使用，无论该卡由哪国银行发行。用维萨卡在不同国家消费支付非常便捷，它有着无可比拟的全球通行优势，而且免去了旅行时携带大量现金、兑换外币的麻烦与风险。一句话来讲，维萨的卖点就是安全性、自主性和便利性。

2008 年维萨上市，成为美国历史上最大规模的 IPO。随后，维萨决定启动其首个全球品牌传播战役，向全球消费者宣传维萨品牌，展示这一绝佳的支付方式。这种级别和体量的比稿，毫无疑问会成为广告业各大顶尖公司竞相角逐的目标，尤其是 BBDO 公司和 TBWA 公司。

BBDO 是维萨一直以来的品牌代理商，双方合作了长达 20 年，直到 2006 年才被 TBWA 抢走维萨的代理业务。在 2009 年这一轮新的比稿中，BBDO 虎视眈眈，渴望重新夺回维萨，而 TBWA 自然志在必得，希望巩固与维萨的合作关系。

但是，摆在维萨和各家广告公司面前的是一个大难题，那就是 2008 年底的全球金融危机。危机时期，人们担心失业，对未来缺乏信心，自然不会像过去那样大手大脚花钱，更别说出国旅游和消费了。没有旅游和消费，自然也就不需要维萨。因此面对金融危机，维萨首当其冲，面临巨大压力和挑战。

在金融危机的大背景下，维萨如何鼓励人们消费？如何体现维萨相比于现金和支票的支付优势？当人们不愿意花钱时又如何拓展全球市场呢？根本的解决之道是鼓励人们行动起来，重新开始旅行，重新开始消费，重新开始使用维萨。维萨希望告诉人们，就算经济环境充满挑战，我们还是要心怀梦想，充满乐观；即使日子再难，我们还是应该充分享受每一天。

维萨用了一个单词来表达这种态度和决心——go（走）。2009 年 3 月，维萨启动了自上市以来的首个全球品牌战役" More People Go with Visa"（国内译作：带上 VISA，付诸行动）。

"go"仅由"g"和"o"两个字母组成，却成为维萨最有力的行为标签。它不仅生动传达了维萨安全便捷的品牌价值，而且它代表了一种生活态度和价值观，有梦想就要付诸实施，带上维萨卡说走就走，走遍世界都不怕。维萨就是你追梦路上最好的同行伙伴。

　　在维萨投放的一系列品牌广告中，它用无数种世界各地的美食、运动项目、各地风景和风土人情，组成一个大大的 go 形，以此号召人们去行动（见图 3-5 和图 3-6）。"go"也成了代表维萨的一个全球性品牌符号。

图 3-5　维萨广告（一）

资料来源：www.woshipm.com 网站。

图 3-6　维萨广告（二）

资料来源：www.woshipm.com 网站。

此外，"go"也呼应了维萨沿用多年的经典品牌口号"It's Everywhere You Want to Be"。但"Everywhere"更多是强调维萨的产品优势，网点众多无处不在，你在哪里都能刷维萨。而"go"则是更简洁有力地号召消费者行动起来，赶紧动身吧。

当然，"go"也帮助 TBWA 如愿以偿赢得了比稿，继续与维萨的合作。想想看吧，只用了一个单词，TBWA 就赢得如此重量级的业务。

为了鼓励消费者 go 起来，维萨还决定找到那些心怀梦想、勇于行动的人。用榜样的力量带动普通消费者一起行动。

在 2008 年，YouTube 上有一个火爆全球的视频《跳舞·2008》，它是当之无愧的年度最佳视频。视频的主人公是一名普通美国男子马特·哈丁（Matt Harding），马特曾是一名游戏软件设计师，但他并不喜欢朝九晚五的生活，他热爱旅游，然而他并没有什么钱，他甚至连大学都没有读过。不过在 2003 年，马特还是毅然辞去了工作，决心用自己积攒下来的钱环游世界，直到钱全部用完为止。

为了让亲朋好友知道自己的行踪，马特在朋友的建议下，开始在世界各地的地标建筑前录制自己跳舞的视频，然后上传到自己的网站上，供亲友观看。马特并没有什么舞蹈天赋，他的舞步毫无优美可言，反而看起来十分滑稽。用马特自己的话说，他的舞姿看起来就像是"神经性抽搐"，每个看过他视频的人都会忍俊不禁。

2003—2008 年，马特一共积攒下 69 段视频，这是他在全球 69 个不同地点打卡的结果，从法国埃菲尔铁塔到荷兰郁金香园，从非洲乞力马扎罗之巅到中国慕田峪长城，从复活节群岛到印度孟买街头，从朝韩边境到新几内亚岛……都留下了马特的舞步，这些跳舞视频结集之后，上传到视频网站，马特随即红遍全球。

维萨在 2009 年找到马特，将他的跳舞视频作为自己的首支全球广告。在这条《Matt 舞蹈篇》电视广告中，伴随马特在各个景点开始跳舞，维萨告诉大家："到新加坡，不用新币；到日本，不用日元；到美国，不用美金；到越南，不用越南盾；到巴厘岛，不用卢比；到澳大利亚，不用澳币；快乐旅行，不为换钱烦恼。带上 VISA，付诸行动。"

在画面上，开始是马特一个人跳，到后来越来越多人受到感染加入跳舞的队伍。最后镜头拉开，人群组成了一个大大的 "go" 字。马特的真实故事，无疑是对 "go" 的最佳注脚，成为维萨的最佳代言。不少网友看完广告并了解这段故事之后，极受感染，热泪盈眶。

"go" 是如此简洁，却又如此清晰地传递了维萨的品牌价值。更重要的是，它的落脚点并没停留在功能利益上，而是强调维萨对消费者的意义是什么，给消费者生活带来什么。心怀梦想，付诸行动，无惧挑战，说走就走，击中了人类的共通心理和普遍人性，感召了全世界无数消费者，维萨因而在全球大获成功。

对消费者来说，行为标签代表着要求，象征着命令，充满了力量感和号召力。行为标签改变消费者态度，激发消费者行动。

和 "go" 一样的还有 "do"。耐克从 1988 年开始使用的经典广告语 "Just do it"，鼓励消费者想做就做，别犹豫，别想那么多。这句话就代表着一种强大的运动精神和行为激励，它曾被《广告时代》评为 20 世纪最好的 5 句广告语之一。然而，在使用了十年以后，耐克感到腻了，审美疲劳了。1998 年，耐克推出了一句新的口号，"I can"。

按照耐克的逻辑，"Just do it" 因为被其他品牌大肆模仿，已变成一种普遍风潮，失去了耐克的独特性，而且它还带着某种玩世不恭的戏谑。而 "I can" 则更加正面，更能体现积极进取的体育精神。

但是 "I can" 问世之后却引发了众怒，遭到众人一致反对。消费者对 "I can" 的态度是："OK, you can！Will you shut up about it and just do it？"（好的，你能，那么现在你可以闭嘴，并且去做了吗？）

很显然，"I can" 代表着态度，而 "Just do it" 意味着行动。这就是 "I can" 这一口号在使用了仅仅一年多便被匆匆放弃的原因。耐克重启 "Just do it" 并沿用至今，彻底放弃了改头换面的念头（见图 3-7）。

图 3-7　耐克广告

资料来源：好奇心日报网站。

"Just do it"三个单词，"it"语焉不详、所指不明，"Just"作为副词起到修饰和强化语气作用，整句话的重心全在一个"do"上面。"do"就是耐克号召消费者的行为标签，回顾耐克最近 30 年品牌营销史，你会发现耐克的文案都是围绕着"do"展开，耐克文案最主要的创作秘诀就两条：动词主导、惯用祈使句。

其一，耐克的文案包含大量的动词。动词让文案充满力量，充满生机，生动传神。动词感召消费者行动起来。

2006 年 1 月 22 日，科比在比赛中砍下 81 分，震惊了全世界球迷。耐克在随后"81 精神"的品牌推广中，口号叫作"要有长进，就得天天练"，2006 年世界杯，耐克宣扬"美丽足球"（Joga Bonito）的足球理念，口号叫作"踢就要踢得漂亮"。还有 2010 年世界杯耐克的营销主题"踢出传奇"，2014 年世界杯营销主题"搏上一切"，2018 年世界杯营销主题"全凭我敢"。

做、练、踢、搏、敢……这是耐克喜欢的词，它还喜欢"出字辈"动词如踢出、打出、活出，比如 2007 年耐高篮球联赛口号"打出荣耀"，2015 年全国性用户活动"打出名堂"，还有 2012 年耐克奥运会品牌战役"活出你的伟大"。

耐克甚至喜欢用动词一个字做文案，2008 年初，耐克推出了一部纪录片《冲》，它以中国前跳高世界纪录保持者朱建华在 1984 年洛杉矶奥运会的真实经历为故事主线，展示中国运动员的拼搏精神，献礼北京奥运。

2010 年，耐克又推出了一字文案"炼"，围绕这一个字发起品牌战役。耐克对"炼"的诠释是："炼无关胜负，炼是重复又重复的奋斗；炼不是球星头上的光环，是看不见的热诚和汗水；炼不是高不可攀的传奇，是每个篮球员的真实故事。炼是追求的过程，是必修的课程。要变强，就要脚踏实地去投、去跌、去开始自己的炼"。"冲"和"炼"字，极为传神地道出运动员的精神风貌和心理状态，耐克的文案是以动词为主角的。

其二，耐克的文案很少使用陈述句，大多是祈使句。祈使句最常用于表达命令，以及请求、劝告、警告、禁止等。祈使句多由动宾短语构成，它极具行动号召力，目标性更强，充分体现了语言的质感、力度。

"Just do it"还有它的官方中译"放胆做"就是一个祈使句，还有类似的"放肆跑""战起来""练到赢""赛真格的"等文案亦是如此。

2013 年，耐克文案的经典之作"把球给我"，这是很多人在篮球场上经常说的一句话，它体现了一名篮球手的实力、自信和霸气。耐克还为"把球给我"设计了一个 ICON——一个双手接球的准备动作，动感十足。

2014 年，耐克有一句"出来出来"。这句话针对大学生群体，号召他们出来运动，不要宅在宿舍。2016 年，耐克推出"跑了就懂"，强调跑步的乐趣只有跑了的人才懂。

祈使句赋予句子口语化特征，不仅通俗易懂，而且这些口语中都包含了行动指令，号召消费者做出相应的行动。这就像提到李佳琦，你马上就会想到他的口头禅"买它!",这就是他的行为标签,一句"买它!"就给万千女性消费者下达了购买指令。

第二节　法则

传统广告业建立在信息匮乏的基础上。当时大众媒体不发达,消费者缺乏产品知识,甚至不知道市面上有什么产品存在。因为信息不对称,所以商品交易无法达成。那么商家要做的就是广而告之,大声告诉消费者"我在这",宣传产品并传递功能利益和销售主张即能实现销售。这就是信息对称说的市场营销理论。

而现代广告业则建立在信息超载的基础上。我们每天早上一睁开眼,就受到各种信息轰炸,广告无处不在。统计表明,我们一天接触的广告量在5000条左右,只不过超过99%的广告我们根本没有注意到。再加上产品信息大爆炸,不管你想买什么,都有一大堆品牌供你挑选,一大堆型号和规格供你比对,直到你眼花缭乱、不知所措,患上选择困难症。

太多信息,太多选择,我们处于严重的认知过载状态。不管你的营销广告说什么,都会被瞬间淹没在信息的洪流里。

用尽量少的信息去表达足量的含义,成为这个时代的传播刚需。不管你是什么品牌都必须用最简洁的方式跟消费者讲清楚你是谁、你能做什么、为什么买你。不要试图给消费者灌输信息,也不要长篇大论地教育消费者,谁关心呢?反而应像一句广告,简单又明了。

标签的价值就在于它用最低的信息成本来进行消费者沟通,让消费者获得对品牌最大化的认知。只有简化和聚焦才能形成认知爆破,集中在某个点上形成强大穿透力。另外,标签用最小的信息量来进行消费者沟通,因而可以最大限度地避免信息传递过程中的失真,减少竞品和无关信息对品牌传播的干扰,让消费者更容易接收并理解品牌信息。

可以说，标签是品牌传播的最小信息单元，是品牌在信息大爆炸年代的通行证。标签便于记忆，标签便于搜索，标签便于精准发掘目标消费者，标签便于浓缩价值和概括风格，标签便于品牌占据人心并占领公共信息空间。

对文案创作而言，首要工作就是将品牌标签化。然后围绕品牌标签，来创作具体文案，发展广告创意，衍生出各种品牌内容。像宝马的"悦"、路易威登的"旅行"、维萨的"go"、耐克的"do"，虽然都只是极简单的一个词，却指导了品牌营销各项工作的展开，对整个品牌战略意义重大。

品牌要想准确找到属于自己的标签，其法则有四：简化、具象化、差异化、风格化。

标签首先必须简化，简化，再简化。标签越简洁就越有力量，越能脱颖而出。当然信息简化到本质，考量的就是词汇的选择，品牌必须用一个词、一句话来清晰定义自己。词汇就是品牌最生动的标签。

标签必须具象化。少用抽象、模糊、宏大的词。标签必须具体而微，这样消费者才会有感。标签必须以终为始，从产品带给消费者的结果出发，逆向探索，追求结果导向。

标签必须差异化。差异化基于竞争导向，反映品牌的独特价值，帮助品牌区隔于竞争对手，并让该品牌成为消费者心目中独一无二的存在。

标签必须风格化。品牌应当选择一组拥有强烈风格、强烈语气和强烈感情色彩的词作为自己的文本词典，从而形成鲜明的品牌个性与品牌形象，赋予品牌以显著的辨识度。风格化其实是对差异化的延续，它能便于消费者辨认，让人一眼认出品牌。

1. 有问题，百度一下

日本著名视频网站 niconico 创始人、弹幕发明者川上量生，一直对动画大师宫崎骏创办的吉卜力工作室充满好奇。于是他亲自进入吉卜力实习、观察并请教，最后写成一本书《龙猫的肚子为什么软绵绵：吉卜力感动世界的秘密》，分享吉卜力制作动画并感动世界的秘密。

在书中，川上量生这样说："我们常问什么才是事物的本质，而将事物符号化，用简化的数据来体现后，出现的正是事物的本质。为什么我们想要知晓本质呢？因为人脑只能理解简单的信息。这不就是本质的'本质'吗？人脑将体现本质的简单信息组合成印象，并用以理解世界。"[⊖]

这是动画制作的秘密，也是大脑运作的秘密。我们对外在世界的认知，从来不是像摄像头一样照搬原样，而是对事物进行分解、抽象，从中简化出事物的关键特征。我们通过这些关键特征来认识、理解世界万物。

就好似近年大红大紫的《小猪佩奇》，动画片中佩奇的造型与真实的猪相去甚远，但你还是能一眼就认出佩奇是一只小猪，因为佩奇的造型提炼出了猪的关键特征。再如毕加索画牛，没有色块，没有皮毛，只有简单的几条线：一条半圆形弧线代表两只角，一条弧线代表尾巴，四条线代表四条腿。即便如此抽象，你还是会认定那是一头牛，因为它用线条简化出了牛的造型特征。

其实自然界中并不存在线条，所谓线条只是不同色调的相交之处。线条是人类大脑的发明，是我们观察、简化、抽象、提炼的结果。我们选择用简单的信息去记忆这个复杂的世界，这就是我们在几百万年间进化出来的生存之道。如果不懂得简化，那么人类早就被复杂的环境、海量的信息给"灭绝"了。

在广告公司，我们说得最多的一句话大概就是"简化，简化，再简化"。一个广告只能向消费者传递一个信息，最好用一句话向消费者解释清楚他们为什么要买你的产品。我们使用的创意简报上，在最核心位置清清楚楚地写着：单一诉求。

我们总是不厌其烦地跟客户重复这个词，一遍又一遍。"我知道您的产品很好，技术很先进，品质很扎实，用料很天然，性能很强大，性价比很高，各方面都很完美。但是消费者没有兴趣知道，他们没有时间和耐心听你啰啰唆唆讲完这一大堆。消费者并不关心，你讲得越多，他们越没有兴趣听。再说广

⊖ 川上量生.龙猫的肚子为什么软绵绵：吉卜力感动世界的秘密 [M].王鹤，译.杭州：浙江大学出版社，2018.

告里也放不下那么多字，一条 15 秒广告最多只能讲 60 个字，一幅大户外（广告）最好只有一句标题。"

90% 以上的广告之所以失败、无人理睬，就是因为那些企业客户总试图在广告里塞入太多信息。他们恨不得电视广告的每个镜头都是产品特写，恨不得海报文案里有 5 大点 16 小点都在描述产品功能，恨不得户外广告上的 logo 再更大一点。结果，消费者连看都不愿意看一眼。

消费者心智有限，传播载体有限，如果你想被注意和被感兴趣，那么首先要做减法。精心设计品牌价值链，浓缩成一个核心标签向消费者传递，最好用一个词就能概括清楚你，让人一眼就记住你，通过一句话就了解你。

毕竟大家都忙，注意力集中的时间越来越短。2015 年，微软公司开展了一项注意力研究，他们测试了 200 多名志愿者，并对其中 112 人进行了脑电图扫描，最后得出结论：现代数字设备导致人类注意力分散，手机革命以来，我们的平均注意力时间已从 2000 年的 12 秒下降至如今的 8 秒，这甚至比普通金鱼还要短 1 秒。⊖

当吸引并抓住一个人的注意力越来越难，你觉得你能跟一个消费者说多少信息他才有兴趣听？他又能理解多少、记住多少？标签让问题得以简化，帮助消费者最快速理解品牌是什么和最清晰认知品牌能做什么。标签就是复杂世界里的解决之道。

这就是标签的第一法则：**简化**。

作为中国最具代表性的搜索引擎，百度如今完全可以说是搜索的代名词，当我们要去查找资料的时候，我们不说"搜索一下"，而是说"百度一下"，这就是百度的强大之处。

"百度等同于搜索"这个强大的品牌认知，来自百度 2005 年初的品牌推广——"有问题，百度一下"。据说这句话由百度前副总裁梁冬提出，他认为"百度一下"代表着一种新时代中国人的生活方式和态度。

⊖ 新浪科技. 现代数字设备致人类注意力分散：比金鱼还差 [EB/OL].（2015-05-19）[2020-06-01]. https://tech.sina.com.cn/d/v/2015-05-19/doc-icczmvup1941821.shtml.

　　当然我对这个解释不能完全认同，"百度一下"并不是什么生活态度，而是一种行为习惯。当我们要去查找资料时，第一反应就是去"百度一下"。它变成了亿万网民下意识的行为选择，成了人们挂在嘴边的一句流行语，而且它明确指向了百度的应用场景，"有问题"时要百度一下，百度品牌因而大获成功。

　　这句口号在使用两年后，百度在 2007 年又将其优化为"百度一下，你就知道"。在这里，"百度"作为一个专有名词，被当成了动词使用。它从一个品牌名称变成了一种用户行为意识。这是一种极其高明的营销手法。

　　类似的还有运动饮料品牌脉动提出的"随时脉动回来"、微信的"我微信你"、Skype 的"Let's skype"。还有老牌复印机品牌施乐（Xerox），在美国当人们要复印资料时，都是说"施乐一下"（Xerox it），就算使用的复印机是惠普或者佳能，但复印资料时还是会说施乐一下。这些都是品牌动词化的典范。

　　除了"百度一下"这句天才般的话，帮助百度奠定搜索标准和成为全球最大中文搜索引擎的，还有另外一句品牌文本。

　　那是在 2005 年 8 月，百度即将在纳斯达克上市，面对资本的期望和竞争的压力，百度必须更进一步提升品牌优势。当时，市面上出现了众多的中文搜索引擎，它们都以百度为标靶，百度作为"中文第一搜索引擎"的品牌认知受到严重削弱。而更为严重的是，Google 当日尚在，百度与 Google 不管是在名气上还是权威性上都有着明显的差距。在网民心目中，Google 是一个搜索领导品牌，而百度不过是一个好用的搜索工具。

　　在这样的背景下，百度发起了一场声势浩大的品牌战役——"百度，更懂中文"。

　　为了展现"更懂中文"的说服力，百度拍了一条视频广告《唐伯虎篇》。这条视频设置了风流才子唐伯虎和不懂中文的洋老外两个角色，两个人围绕着"我知道你不知道我知道你不知道我知道你不知道"这段话，玩了一场文字游戏。唐伯虎通过不同的断句方式，给句子加上不同的标点，让整个句子呈现出来的意思千变万化，甚至截然相反。这像绕口令一样的句子把老外绕得一头雾水，处处吃瘪。

整条视频的创意非常单纯，就是围绕着"更懂中文"这一理念展开。通过唐伯虎这个角色，百度成功地将品牌主张与民族情怀关联在一起。在唐伯虎与老外的对决之中，让观众不自觉地站队支持唐伯虎，为中文的博大精深感到骄傲。百度撩拨了大众心声，因而成功赢得消费者的认同。

在表现形式上，视频则刻意致敬了周星驰。不仅采用电影《唐伯虎点秋香》中周星驰的经典造型，而且使用了如花、吐血、周式大笑等周星驰电影中的经典桥段，为视频增加了更多的娱乐元素。这使得视频大受欢迎，到2005年底不到半年时间内，就收获了2000万人次的播放量。要知道那还是一个没有微博微信，土豆网才刚刚出现，优酷要到一年之后才创立的年代。人们在博客、BBS中观看这条视频，并通过邮件、QQ、MSN把它分享出去。

看到这条视频时，我还在大学广告系读书。它让我模模糊糊地意识到：广告或许最重要的不是传播真相，而是点燃情绪。而消费者想看的也不是广告，而是提供资讯和娱乐的内容。在我看来，《唐伯虎篇》就是内容营销的先声，是广告微电影和病毒营销的先驱，这条广告深深地影响了我的广告生涯和创作理念。

得益于"百度更懂中文"的强大说服力和百度《唐伯虎篇》的强大感染力，在实施"更懂中文"这一品牌运动后，百度市场占有率一路上扬。2006年初市场份额突破50%，占领了中国搜索市场的半壁江山，超过五成的消费者认同百度更懂中文。即便不谈技术，从情感上讲一家中国企业讲自己比老外更懂中文，自然令人信服（这也是国产奶粉诉求"更适合中国宝宝体质"的逻辑所在）。中文，成为百度压倒Google的关键性优势所在，百度从此彻底坐稳中国第一搜索引擎的市场宝座。

通过"百度一下"和"百度更懂中文"两句文本，百度给自己贴上了两个标签，"百度＝搜索""百度＝中文"。一个动词、一个名词，奠定了百度在互联网时代的战略选择。

2.27 层净化

当品牌信息被简化到本质时，我们要考量的就是词汇的选择。哪一个词最能描述你的品牌？如果只用一个词代表你的品牌，你会选择哪个词？词汇是标签最主要的呈现方式，是最简单也最核心的标签。对建设一个品牌而言，词汇的选择关乎品牌策略与核心诉求方向；对创作一则文案而言，词汇运用的好坏则是决定文案是否有力和是否独特的基础。

第一章提到宝马的核心价值标签，从英文上来讲，从过去的"Pleasure"到现在的"Joy"，8个字母变成3个字母；从中文上来讲，从过去的"驾驶乐趣"到现在的"悦"，4个汉字变成1个汉字。品牌越做越大，标签越贴越简单。作为一个年营销费用高达700亿元的品牌，在近半个世纪以来，宝马只给自己贴上了一个标签，只向消费者传递了一个词。那么，你的品牌又准备让消费者记住几个词呢？

从汉语的词性上来讲，汉语分为实词和虚词两大词类。实词含有实质意义，包括名词、动词、形容词、数词、量词和代词。虚词则没有实质意义只有语法意义，包括副词、介词、连词、助词、叹词和拟声词。

对品牌而言，标签要描绘品牌的身份和价值，要引导消费者的购买行为，自然是以实词为主体，以名词和动词为主导。

名词具体呈现价值，它可以表明品牌身份，强化品牌理念，传递品牌价值和价值观，塑造消费者认知。动词则告诉消费者应该做什么，它指引消费者的决策和购买行动，塑造用户态度，将品牌与消费者行为习惯紧紧捆绑在一起。

在剩下的词类中，数量词在第二章讲场景时已有提及，代词则在第四章我们再详细分析，形容词及虚词则在本章稍后部分提及。我们接下来以饮用包装水行业为例，来对如何选择词汇进行详细说明。

国内较知名的水品牌有怡宝、农夫山泉、百岁山、昆仑山、恒大冰泉、可口可乐旗下的冰露、百事旗下的纯水乐、康师傅旗下的优悦、统一旗下的爱夸、屈臣氏蒸馏水、今麦郎凉白开，还有早年的娃哈哈和乐百氏。

最初的饮用包装水市场，主要是纯净水的天下。纯净水是以饮用自来水为原水，经多道工序处理、净化而成。由于生产成本低，纯净水的主流单瓶价格集中在 1 元，产品卖点当然也就是主打"纯净"。比如怡宝常用广告语"点滴纯净，滋润我心""心纯净，行至美"；康师傅优悦诉求"我的纯净之选"；百事纯水乐诉求"乐自纯净"，产品卖点上强调"八道净化工序，每日超百项品质检控，品质纯净，安全健康"；可口可乐冰露则诉求"补水追求高品质"，冰露的升级版冰露纯悦主张"滴滴纯悦，满满信任"。

包装水也许是同质化最严重的行业，尤其是纯净水，大家的产品几乎都是一模一样，消费者也不可能喝出来区别，在品牌诉求上也是同质化严重，所有品牌都一窝蜂地讲纯净。讲纯净的巅峰之作，无疑是 1997 年乐百氏提出的那句"27 层净化"。而"净化"之所以比"纯净"好，就在于"净化"是一个动词，而"纯净"是一个形容词。"净化"诉求更有力，更能体现产品的利益承诺，尤其是加上"27 层"这样一个很具象、很生动的数量词之后。

还记得乐百氏的电视广告，是一滴透明的水珠，在宁静深蓝的背景中，穿过层层过滤，最后滴落成为一瓶乐百氏。一句强有力的销售主张随之出现："乐百氏纯净水，27 层净化"。这是一个非常经典的广告创意，堪称理性诉求的典范和产品卖点式销售主张型文案的杰作。"27 层净化"给消费者留下了深刻印象，赢得了人们的信赖，因此乐百氏名声大噪，大幅提升了品牌形象。

当时和乐百氏进行纯净水大战的娃哈哈，产品上没得讲了，只好另辟蹊径，转而走明星路线，做感性诉求广告。它先后请景岗山、毛宁、王力宏代言，广告语先用"我的眼里只有你"，再用王力宏的歌名"爱的就是你""爱你就等于爱自己"，并且使用其歌曲片段做电视广告。加上王力宏代言娃哈哈 20 年，堪称劳模。这些给消费者留下了深刻印象。

后来，乐百氏也模仿娃哈哈请明星代言，广告诉求改成"纯净你我"。跟"27 层净化"比起来，"纯净你我"就显得力度不够，利益承诺含糊，乐百氏慢慢也走上了衰落之路。

纯净水之后发展起来的，是天然矿泉水。矿泉水选用无污染的天然水体为原水，既去除了水中杂质和有害物质，又保存了原水中对人体有益的矿物质和微量元素，因而受到消费者欢迎。不过矿泉水对水源地和生产标准要求很高，资质审批和检测异常严格，导致生产成本偏高，矿泉水的主流单瓶价格在 2 ~ 3 元，并向 4 元迈进。

1996 年，农夫山泉推出"天然水"概念，从此将"天然"作为自己品牌的核心价值标签，最具代表性的口号比如"我们不生产水，我们只是大自然的搬运工"，可以说是家喻户晓。

不过天然水与天然矿泉水还有区别：一是水源地，矿泉水来自天然地下矿泉，天然水则主要取自地表水，如农夫山泉主要水源地千岛湖、万绿湖和丹江口水库。二是矿泉水比天然水有更严格的矿物元素指标，包括锂、锶、锌、硒、偏硅酸等。正因为农夫山泉的主打产品是天然水，所以在 2013 年恒大冰泉上市时，才遭到对方的攻击——"我们搬运的不是地表水"。

再看其他矿泉水品牌，百岁山标榜"水中贵族"；昆仑山强调"中国高端矿泉水"；统一爱夸，则以简约包装和多彩设计为特色，聚焦年轻群体进行沟通，它给自己贴的标签叫"出色"，广告文案"一瓶出色的天然矿泉水""天生出色"，用"出色"的个性化沟通与消费者建立共鸣。

最有代表性的是爱夸拍的一段讲述不同代际差异的广告。在广告中，"70后"夸"80后"有野心，"80后"夸"90后"有态度，"90后"夸"70后"不张扬，爱夸以此传递"用夸赞看待每一代，每一代当然更出色，出色时代，值得爱夸"的品牌理念。它不仅打破了不同代际的互不认同、"一代不如一代"的偏见，而且广告把"爱夸"两个字变成了一种动作，变成了一种消费行为，和人发生了关联，因而建立了消费者对爱夸矿泉水的态度。

在纯净水、矿泉水两大饮用包装水品类以外，还有康师傅推出的矿物质水。矿物质水是在纯净水里人工添加氯化钾和硫酸镁，以此与纯净水产生品类上的区别，这也是一种营销概念。因为在水中添加了矿物质，所以康师傅矿物质水的广告语叫作"多一点，生活更健康"。

另外还有屈臣氏蒸馏水，其实蒸馏水也是纯净水，只不过净化工艺采用高温蒸馏。屈臣氏最初围绕爱情做感性沟通——"爱，至清至纯"，如今则基于 105℃ 高温蒸馏这一卖点，诉求"105℃ 超越热爱"，并在文案中告诉消费者

"沸点是100℃，我的热爱，比沸点更多5℃"，屈臣氏将"热爱"作为品牌标签，号召大家一起来做热爱的代言人。

而今麦郎凉白开饮用水，同样是先净化再进行高温杀菌处理，则给自己包装了一个"熟水"概念，迎合国人喜欢喝热水的生活习惯，诉求"不喝生水喝熟水""喝熟水，对身体好""熟水凉白开，你我身边的健康水"等文本。

在这么多水品牌之中，核心标签都是以名词和动词为主。"净化"这个动词展示了产品工艺和品牌承诺，而"爱""热爱""爱夸"这些动词则与消费者的情感和生活方式密切相关，潜移默化改变消费者态度，影响消费者行为。

"大自然的搬运工""贵族""高端""熟水"这些名词则表明了品牌身份，提高了品牌识别，更容易被消费者所记忆。至于"健康""天然""品质""信任"这些名词，则可说是所有行业做营销时都喜欢讲的概念，但它们太过常见，太过笼统，不易被消费者感知，难以给人留下深刻印象。这正是下一节要讲的主题。

讲完这么多水品牌之后，最后说一下集众家之大成的恒大冰泉。前面已经提到，2013年11月恒大冰泉一上市，首先是针对农夫山泉打响进攻战，诉求"不是所有大自然的水都是好水，我们搬运的不是地表水！是3000万年长白山的原始森林深层火山矿泉。"随后，恒大冰泉开始标榜自己的水源地，诉求"长白山天然矿泉水""一处水源供全球""中国真矿泉"。

接下来，里皮代言时恒大冰泉诉求"天天饮用，自然健康"，成龙代言时诉求"天天饮用，健康长寿""喝茶醇甘，做饭更香"，范冰冰代言时诉求"喝恒大冰泉，美丽其实很简单"。这是在谈产品功能。在韩剧《来自星星的你》爆火之际，恒大冰泉又请剧中男女主角金秀贤、全智贤代言，广告语是"我只爱你，恒大冰泉"，这是又变成了情感诉求。再后来，恒大冰泉又开始诉求个性，广告语换成"敢追梦，活出众""活出众，世界在我手中"。

一个品牌，几乎把各种品牌诉求方式、价值导向都试了一个遍，几乎把整个水行业的品牌概念都用了一个遍。但是，广告语两三个月一换，从未形成清晰一致的品牌标签，消费者因而无法对恒大冰泉留下深刻印象。即使投入再多金钱打造，请再多代言人，它还是难以取得成功。

从传播学和用户认知的角度来说，品牌标签的提炼并非多多益善，而是要"简化，简化，再简化"，聚焦于一个极单纯、极有力的标签，将所有传播资源加诸其上，围绕它进行充分内容演绎和营销展开，品牌才能取得最大的效果，才能真正深入人心。

3. 上天猫，就购了

在我的广告生涯中，我服务过很多行业的客户，包括汽车、快消、银行、地产、服装、运动品牌等，所以平时也养成了收集、研究各行业广告的习惯。要说一个我最不欣赏的行业，那无疑是旅游业。

比如，日本观光厅的宣传口号叫作"精彩无限"（Japan. Endless Discovery.），它还有一套平面文案叫作日本吃不尽、日本看不尽、日本玩不尽、日本买不尽。口号中，既是无限，又是不尽，但你看了半天广告，也还是不知道日本到底精彩在哪里，到底有什么好吃的、好看的、好玩的、好买的。

韩国旅游局的宣传口号叫作"韩国，炫动之旅"（Korea Sparkling），但是韩国到底炫在哪里呢？不知道。

印度尼西亚旅游部在中国推出的广告诉求叫作"奇妙的印度尼西亚"（Wonderful Indonesia），具体文案包括"发现缤纷多彩的惊喜，不需旅游签证""时刻拥抱大自然，不需旅游签证"……除了不需旅游签证是非常具体的信息，其他都很抽象，印尼奇妙在哪呢？不知道。

新西兰的宣传口号叫作"100% 纯净新西兰"，它能让你"邂逅百分百精彩"和"感受百分百美丽"，但你看完这些文案还是一头雾水，什么是纯净？新西兰百分百精彩在哪里？不知道。

新西兰的邻居澳大利亚的旅游口号叫作"澳大利亚，尽是不同"（There's nothing like Australia），它有一系列平面稿："学习浪尖旅行，体验与众不同""入座大自然影院，体验与众不同"……但是在澳洲冲浪、潜水、观光到底与众不同在哪呢？不知道。

旅游广告可以说集中了各种空洞与抽象，读完上述国家的旅游文案，你会有一种接收到很多信息却又一无所获的感觉。为什么会如此呢？原因只有一条——用多了形容词。无限的日本、炫动的韩国、奇妙的印度尼西亚、纯净的新西兰、与众不同的澳大利亚……全部都在形容这些旅游目的地如何好。但是，去这些目的地我能看到什么（名词）？不知道。去了我能收获什么（动词）？也不知道。

所以这么多旅游广告加起来，我觉得都不如一句"好客山东"和"老家河南"来得实在。好客，动词，体现山东人的性格特质，以及你在山东旅行能够收获的热情体验。老家，名词，体现河南的核心价值，历史悠久文化源长，并且"老家"能够触发中国人文化寻根的集体情感。

好的文案一定是具象的，这样消费者看了才会有感，他才能够记住，他才愿意下单。为了让品牌便于消费者理解、记忆，贴的标签一定要具体而微，生动而形象。如果标签过于抽象和模糊，那么标签也就没有存在的价值了。

这就是标签的第二法则：**具象化**。

标签要做到具象化，首先要记住一条：少用形容词。以我14年广告从业经验来看，大多数文案之所以差和大多数广告之所以烂，核心原因就是用多了形容词。形容词一多，消费者就会无感。

形容词是文案的第一天敌，好文案一定要对一切抽象宏大的概念心怀警惕。与其在楼盘文案中写尊崇、非凡、豪华、奢享，不如写"给你一个五星级的家"；与其写绿色、天然、健康，不如写"不伤手的立白"；与其写极速、畅快、迅捷，不如写"充电5分钟，通话2小时"；与其写低碳、环保、节能，不如写"一晚1度电"。

文案大师克劳德·霍普金斯（Claude C. Hopkins）在其《科学的广告》（*Scientific Advertising*）一书中举过类似的例子。他说剃须产品长期以来都是千篇一律的口号："丰富的泡沫""保持面部湿润""快速省时""畅快体验"。但以下这些文案"我们的泡沫是原有的250倍""一分钟即可柔顺胡须""丰富的乳脂在面部可以维持10分钟""剃须只需78秒"却能帮助品牌在激烈竞争中迅速打开局面，让产品销售立竿见影。

精确的数据，不仅带给消费者具体承诺，而且表明产品经过实际检测，容易让人产生信任。另外，文案呈现方式也更加引人注目，更能让消费者记住并打动他们。霍普金斯说："详细描述的宣传效果是空洞口号的好几倍，它们带来的收益也相差甚远。"[⊖]

然而，为什么我们身边的形容词广告特别多呢？这是因为文案在创作时的立场总是企业导向，而非用户导向。它们要么文案直接套用策略，把企业愿景、使命、战略目标这些空泛的口号当成沟通话语，在文案中大喊品质、品位、天然、健康、科技、创新、服务、豪华、梦想、幸福、美好生活等宏大抽象的概念；要么，文案拼命用华丽的辞藻去形容产品的好，用连篇累牍的形容词去描述品牌。

而实际上，普通消费者想看的是那些真实可感、具体而微、有血有肉、离他们生活很近的文字。文案不是哲学课，不需要那么多抽象概念和大道理。文案也不是文学课，不需要华丽的辞藻、考究的句式。好文案一定要力求简白、平实、直接，不要讲大话、空话、套话。笼统空泛的用语没有价值。

我给大家举一个例子。我在广告公司因为平时出差很多，所以习惯了每到一个城市，就把沿路看到的广告拍下来存档研究，不管是好的烂的，不管是机场内的、高铁站中的、候车亭旁的、写字楼电梯里的，这样你不仅能收获大量鲜活的广告案例，甚至还能感受到一个城市的消费特点和生活方式。

我曾在合肥南站拍过一个空调广告，品牌名我就简称它 KK 吧。这个品牌的广告语叫作"出众表现，智美 KK"，广告标题叫作"灵动美学旗舰，智享快速冷暖；高效变频，智选 KK"。广告内文则有两段话："年度旗舰，匠心不凡——艺术的情怀与科技的魅力，皆源自 KK 专注之匠心"和"快意享受，迅敏反应——1 分钟凉爽，3 分钟暖房。搭配 360 度全角度送风技术，出众表现，当然智美 KK"。

为什么我觉得这个广告平庸呢？关键就在于滥用形容词，堆砌辞藻，华

⊖　克劳德·霍普金斯. 科学的广告＋我的广告生涯 [M]. 邱凯生，译. 长春：北方妇女儿童出版社，2016.

而不实。我们来数一数这一页广告上出现了多少个形容词吧：出众、灵动、快速、高效、不凡、快意、迅敏，以及艺术的情怀、科技的魅力、专注之匠心这种高大上的短语，还有智美、智享、智选这种华丽的词语，这也就难怪这一页广告无法打动消费者了。

我尤其想吐槽的是，不知道创作这幅广告的文案何以如此偏爱"4对4"句式？"出众表现，智美KK""高效变频，智选KK""年度旗舰，匠心不凡""快意享受，迅敏反应"——一页平面广告上竟然使用了4组。要知道，4字对4字的标题格式在广告业完全可以说是烂大街的八股文。这种句式，我想大家平时在各种企业画册、海报广告、企业会议上都没少看。

看完这幅广告，你也就能明白为什么美的的"一晚1度电"和格力的"好空调，格力造"以及"掌握核心科技"让人印象深刻了。从"好空调，格力造"到"让世界爱上中国造"，格力至少始终围绕着"造"来给自己贴标签，因而成为消费者心中中国制造业的典范。

话说回来，在上面这个空调广告的内文里有一行小字"1分钟凉爽，3分钟暖房"，我认为这才是真正有效而又具体实在的沟通信息，用"1分钟凉爽，3分钟暖房"来做标题，我想广告效果会立马改观，甩开快速、高效、快意、迅敏、灵动这些形容词一条街。

如果不用形容词，那么如何表明产品好的程度呢？答案是多用副词。从文案创作的角度来说，动词好过名词，副词好过形容词。

比如天猫的品牌文本"上天猫，就购了"。这个"就"字，一方面表明天猫商品的丰富性，天猫网站上应有尽有，消费者只用上天猫一个网站就够了，不需要再上其他电商平台。另一方面，它表明天猫购物的便捷性，一上天猫就马上能下单购买，迅速送货，省时省力。一个"就"字，就把天猫的品牌特性讲得一清二楚，并且表明了天猫在电商业的领导地位。它比丰富、快速、便捷这些形容词都强。

"就"字在汉语中主要充当表示程度、范围、语气、时间的副词使用，就像我们前面提到的"百度一下，你就知道"。曾有人开玩笑说，为什么是百度一下不是百度两下？这是因为只要你用百度，一下就知道了，根本不需要两下。"就"字突出了百度的搜索速度和强大功能，它可以更好地描述百度的特性。

"就"字可以对品牌起到突出、强化的作用，不仅可以突出品牌价值，还可以强化品牌态度表达。比如麦当劳的核心文本"我就喜欢"，这句话一共就三个词：第一人称代词"我"、语气副词"就"、动词"喜欢"，每一个词都强烈表达了年轻人的主观情感和个性态度。负责创作这句广告语的团队李奥贝纳的创意总监江永耀曾分享创作心得。他说在广告语中加了一个"就"字，是经过深思熟虑和反复掂量的。"就"字尝试从消费者的角度说话，表达了消费者的所思所想，诉说了他们不一样的个性，这句口号因而成为年轻人的口头禅。[一]

"就"字完全可说是广告文案中，出现频率最高的虚词。比如——

CCTV-2：就在你身边。

百事可乐：渴望就现在。

本田雅阁：起步，就与世界同步。

王老吉：怕上火，就喝王老吉。

康师傅：就是这个味。

小米：小米手机就是快。

匹克运动鞋：TP9 就是速度。

全家便利店：全家就是你家。

"就"和"就是"用来修饰动名词，可以让整句文案变得充满生气和活力，让品牌变得更富个性，拥有鲜明的风格。除了"就"字以外，另一个文案中常用的副词，就是表示否定、禁止之意的"不"字。比如宾利说"永不言最"，一个"永不"你大约就能感受到宾利那种追求极致的信念与决心，这比用完美、极致、匠心这些词去形容品牌理念更充分。

"不"字还有一个常用句式，"不是所有吉普都叫 Jeep""不是所有牛奶

㊀ 王卓．李奥贝纳团队"我就喜欢"让麦当劳年轻 [J]．成功营销，2004(02):93．

都叫特仑苏"，这样的句子更能突出品牌地位。美特斯邦威那句使用多年的口号"不走寻常路"，用否定的语气传达年轻人的个性，成为时代经典。奥迪A6L"最好的答案，不在熟悉的路上"，则发人深思。

耐克的文案很喜欢用"不"，比如2016年里约奥运会营销主题"不信极限"；2011年NBA因为劳资谈判破裂造成赛季停摆，耐克推出文案"篮球永不熄"；比如耐克为广州恒大队推出口号"广州未赢够"，为上海还推出过一句近似的"上海没个够""上海拦不住"，表达了强烈的态度。我因为公司在广州，每次出去比稿见客户，我的笔记本桌面壁纸，都用这一句"广州未赢够"，就是这个态度和气势。

不、永不、没、未，这些表达否定之意的词汇，为耐克的文案增添了个性与风格。否定语气的运用，可以强化品牌文本的语气和感染力。如果再强化一点，那就是双重否定。比如冰纯嘉士伯"不准不开心"，阿迪达斯经典文案"没有不可能"以及"无兄弟，不篮球"，Jeep品牌"没有故事，不成人生"，以及Jeep牧马人"非我不型"。

平克在《语言本能》一书中说过："功能词决定了一门语言的语法外观与风格。"人类所有的语言都拥有功能词，功能词是组装句子的重要构件。在汉语词类中，功能词主要指的是虚词，虚词虽然没有实质意义，但它们却能为句子增加风格，赋予感情色彩。能够在文案中用好虚词，为文本增添魅力，为品牌赋予风格就成了一项了不起的技能。

除了常用的"就"字和"不"字，我们再来看看其他虚词——

联邦快递：使命必达。

仲景宛西制药：药材好，药才好。

李宁：一切皆有可能。

海飞丝：去屑当然海飞丝。

小米：永远相信美好的事情即将发生。

华夏干红：美好发现，从来不晚。

耐克：只要心够决。

MINI Cooper：别说你爬过的山，只有早高峰。

就、不、别、必、才、一切、当然、永远、从来这些副词，还有只要、只有这些连词为文本创造了风格，强化了品牌诉求。耐克给"do it"加上一个副词"just"，就增加了"do"的分量。好的虚词能为文本起到画龙点睛的作用，让品牌价值更突出，形象个性更鲜明，以达到品牌在消费者心目中的差异化。所以对文案而言，善用虚词是一门必修课。

不过，滥用虚词也会导致文案弊病丛生，标题党之所以让人厌恶，一大原因就是滥用虚词。很多自媒体作者都精擅此道，利用虚词批量制造十万加推文标题，吸引读者点击，在网络上泛滥成灾。

其中一大类是使用竟然、居然、原来、没想到这些副词，它们营造悬疑、加强悬念，勾起用户的好奇心和窥视欲。比如《万万没想到，乘风破浪的姐姐最先出圈的竟然是她！》，是不是让人很有点开的欲望？

还有一大类则喜欢用千万、万万、必须、必然、必看、一定等表示必要类的语气副词，比如《千万别看乘风破浪的姐姐！》和《一定要看乘风破浪的姐姐！》就突出了语气和态度。还有马上、立刻、终于等时间副词，比如《乘用破浪的姐姐为什么这样火？终于真相了……》。如果这些副词再配合上"天呐""震惊""可怕""啊啊啊啊啊"等表达情绪的语气词，"最××"系列的最高级形容词，顺便再结合问号、省略号、感叹号等标点符号一起使用，这就是互联网运营喜闻乐见的"震惊体"写作了。比如我再给各位写一条——《天呐！终于有人总结出了史上最全的标题党套路，一定要看！马上！》，这种写法简直就是集众家之所长的标题党套路。

4. 有问题，上知乎

对于具象化的追求，就是站在用户导向，文案不是形容产品如何好，而是向消费者展示品牌为其带来什么结果。标签不在于品牌本身，而在于消费者想从品牌中得到什么和能从品牌中得到什么。要站在消费者的视角来提炼品牌标签，以终为始，从带给消费者的结果来回溯品牌价值，从结果出发来设计品牌标签。标签不描绘结果，不提供承诺，就无法激励目标人群行动起来。所以说，用户导向就是结果导向。这是标签做到具象化的另一个要求。

我们来看看小红书、抖音、知乎、豆瓣这一系列内容平台，是怎么给自己贴标签的。

小红书在刚刚上线之时，广告语叫作"找到国外的好东西"。到了2015年，小红书开始壮大，于是请胡歌代言拍广告，广告语换成了"找到全世界的好东西"，这就是小红书最初给自己贴的标签，它帮你"找东西"。这两句话明明白白告诉了消费者上小红书干什么，使用小红书可以获得什么。它定义了小红书作为一个种草、导购社区的品牌价值。

到了2018年，小红书的用户数突破1.5亿，而且有大量的年轻用户。1亿多年轻人在这里不光分享自己买了什么，分享所购产品的使用体验和评价，也在这里分享自己的生活，工作学习、兴趣爱好、日常的吃喝玩乐、生活中的喜怒哀乐。对他们来说，小红书不只是一个产品种草平台，也是一个生活方式平台；不只是一个消费决策入口，也是年轻人的UGC（用户原创内容）社区。于是，小红书把品牌口号改成"标记我的生活"。从"找东西"到"标记生活"，反映的正是小红书整个平台的发展变化。

再如抖音，2016年创立初期的口号是"让崇拜从这里开始"，这句话对用户来说就是一个极强的内容创作与分享动机。在抖音分享优质短视频，你就可以收获他人的赞赏和崇拜，收获追随自己的一大帮粉丝，体验当网红、当明星的感觉。而当抖音发展成为国民应用之后，2018年3月品牌口号就改成了"记录美好生活"。从"崇拜"到"记录美好生活"，表明了抖音的发展史。

从小红书和抖音的文本变化可以看出，一个新产品刚刚推出时，一开始最好给自己贴上具象化的标签，展示产品带给消费者的结果与承诺。等到品牌壮大以后，消费者知道你是谁了，标签才会变得更具包容性，从而适应更广泛的用户群体。

和小红书、抖音相比，知乎的品牌标签化过程却截然相反。

在 2012 年成立之初，知乎提出的口号叫作"发现更大的世界"。这句口号在使用一年之后，由于知乎取消邀请制，向公众开放注册，开始鼓励用户在知乎上创造更多内容，于是广告语跟着更换为"与世界分享你的知识、经验和见解"。在当时拍摄的一条品牌宣传片中，知乎说："认真收获认同，专业赢得掌声。这便是知乎。""在知乎，总有一个领域，你比别人专业。分享知识、经验和见解，让好奇不再孤单，知乎，认真，你就赢了。"

2015 年 6 月，知乎在北京上海投放了一波地铁广告，开始尝试商业推广，广告主题叫作"知乎，认真的问答社区"。这一系列广告拍得极其文艺范，知乎选择了奥黛丽·赫本、海明威、毕加索、薛定谔等名人来为自己"代言"，文案分别如下：

> 毕加索，67 岁，预备游泳中。距离回答"中老年男性如何拥有八块腹肌？"，还差 365 次蝶泳。
>
> 海明威，34 岁，打破自己的钓鱼纪录。距离为"你最神奇的经历是什么？"写下高票回答《老人与海》，还需 36 个简洁有力的开头。
>
> 奥黛丽·赫本，20 岁，跑龙套中。距离回答"获得最佳女主角是一种怎样的体验？"还有 5 年。
>
> 薛定谔，46 岁，诺贝尔奖获得者合影中。距离回答"如何通俗地说明哥本哈根诠释存在哪些问题？"还要再养两年的猫。

2016 年春节，知乎又在院线投放了一段金星主演的广告片，依然以"知乎，认真的问答社区"为主题。在电视文案中，知乎问了四个宏大的人生哲学问题："为什么努力？为什么爱？我是谁？世界在哪？"它然后告诉大家："没有答案，一切依然存在。存在，因答案而不同。"

这两波广告一投，消费者就凌乱了，大家纷纷表示看不懂。特别是在春节贺岁档，全家老小喜气洋洋进影院看《美人鱼》和《功夫熊猫 3》时，突然看到这么一条充满哲学气质（气息）的广告。

从以上文案可以看出，知乎最开始作为一个文艺范、精英范的问答社区，面向用户是小众细分群体。因而，知乎给自己贴的是感性标签，它关乎用户的"发现"和"好奇心"，以"认真"作为核心价值标签。这是知乎给自己的定义。而小众精英化的品牌形象和大众市场之间存在的认知鸿沟，就是知乎前两波推广消费者看不懂的原因所在。要想进入大众市场，知乎必须改变自己的品牌战略，跨越鸿沟去贴合大众认知。

2017年1月，知乎完成D轮1亿美元融资，此时的知乎已拥有6500万注册用户，日活用户达到1850万。随着用户规模的扩大和商业化的压力，知乎的广告终于开始变得接地气。3月，知乎又开启了一波新的品牌推广，这次的主题叫作"每天知道多一点"。它在广告中还原了普通人的生活场景和他们经常遇到的问题，然后告诉消费者上知乎找答案。比如——

> 又吵架了，因为把她拍丑了。
> 下次出去玩先看知乎——怎么拍出能让她满意的照片？
>
> 对不起老板，我不想上班。
> 你老板立马给你买了一场知乎live——如何解决职场倦怠症？
>
> 你的房子是租的，但生活不是。
> 大家的生活都不易——怎样花更少的钱提升出租屋的格调？
>
> 猜猜看，等电梯的都是干嘛（干什么）的？
> 猜不到上知乎——如何通过衣着、发型，快速判断一个人的职业？
>
> 现在的男生，为什么不追女生了？
> 追着呢，还被晒出来了——被不会追女生的人追求是什么样的
> 体验？
>
> 哥们儿，还站着呢？
> 坐着的都在知乎看过啦——公交地铁中如何判断谁要下车？

算了，不买了。

这话你可别信，来知乎看——女人有哪些心口不一的话？

今天不想跑，所以才去跑。

你行的，不行上知乎——坚持跑步到底有什么改变？

这组文案取自生活中的常见问题，有着一目了然的场景对话和平易近人的沟通方式。核心聚焦于"知道"，这就是知乎带给消费者的实际价值，知乎让你每天知道多一点。

2018年，知乎又完成新一轮3亿美元融资。此时知乎的用户结构发生大幅变化，大量二三线用户和年轻人涌入知乎，知乎注册用户数达到1.6亿。知乎的战略重心也开始发生变化，它试图进入下沉市场，发展"知识普惠"，为更多三四线用户提供生活中所需的知识。知乎不再是过去那个小众精英社区，它变得越来越平民化，知乎的价值也不再是满足小众群体的好奇心，而是解决大众群体的日常问题。

这个时候，再给自己贴上"发现""认真""好奇"的标签已经不太适合，文艺范、精英范的品牌形象也不再适用于知乎，所以知乎选择给自己贴上一个新的工具标签——"问题"。2018年6月的世界杯上，知乎请了代言人刘昊然，并开始大规模投放电视广告，新的广告语叫作"有问题，上知乎"。

但这条洗脑式的广告在电视广告中反复念叨："你知道吗？你真的知道吗？你确定你知道吗？有问题，上知乎。"它和知乎以往的品牌形象相比太跳跃，步子迈得太大，也遭到了大量知乎老用户的疯狂吐槽和强烈批评。于是知乎不得不修正调性，2019年4月又发布了新的品牌宣传片"我们都是有问题的人"。它在电视文案中强调没有谁的一天会过的毫无问题。因为有问题，我们才开始思考，我们才开始成长，我们才开始认识自己和世界。当你有问题的时候，要记得"有问题，上知乎"。"问题青年"的目标用户定义，既表达了知乎帮用户解决问题的功能价值，又兼顾了过去文艺范精英化的品牌形象，可以说是一个完美答案。

从"发现更大的世界""认真的问答社区"到"每天知道多一点""有问题，上知乎"，可以看出知乎全面模仿了百度，用知道、问题来阐明品牌价值。知乎品牌文本的变化，清楚反映了知乎市场战略的变化。随着知乎从小众走向大众，品牌标签也从感性标签变成了工具标签，具象化的标签，有助于让更多人认识品牌、理解品牌，帮助品牌快速成长。

和知乎类似的豆瓣，使用多年的口号叫作"汇集一亿人的生活趣味"，2016 年初豆瓣发起的品牌战役，主题叫作"我们的精神角落"。前后两句话，都很抽象模糊，以致不少消费者在网上问："为什么豆瓣和知乎的广告都让人看不懂？"

"精神角落"这个标签，或许能维系老用户，增强他们对豆瓣的认同感，但抽象标签难以帮助品牌破圈，它不足以吸纳新用户，无法拓展大众群体，因为没有解答"上豆瓣做什么"这个关键问题。故此豆瓣一直都是一个文艺青年的小众社区。当然，这也挺好，保持初心，不过分商业化。不过，品牌如果想要开拓大众市场、吸引更多新消费群体，还是应该给自己贴上具象化的标签。

5. 叫你亲不如质量精

标签的提炼既要从用户导向出发，考虑消费者能获得什么结果和价值承诺，也要从竞争导向出发，考虑品牌如何与竞争对手形成差异化。在市场上，一共有三个主体存在：企业、消费者、竞争对手。企业要想取得好业绩，一方面要满足消费者需求，另一方面还要创造竞争优势。

提出 USP（独特的销售主张）理论的罗瑟·瑞夫斯（Rosser Reeves），强调每个广告都要给予消费者一个明确的主张。这个"销售主张"瑞夫斯给它加上了两个前提条件：一是主张要有独特性，是竞争对手做不到或者没有提出过的；二是主张要有销售力，对消费者有强大的说服力和打动力，要足以招徕大量消费者。这两个前提其实就是竞争导向和用户导向，这是我们从事品牌营销的两个基本点。

尤其是在产品同质化的今天，如何通过营销建立品牌差异化，就变得至关重要。而一个独特鲜明的标签就是创造品牌差异化的关键。标签不只作用于人心，它也能够帮助品牌区分并隔开竞争对手。

这就是标签的第三法则：**差异化**。

当天猫淘宝牢牢占据着电商的生态圈主导位，成为消费者心目中电商的代名词；当每年天猫"双十一"成为全民狂欢，成为全体国人的盛大节日；当淘宝成为"万能的淘宝"和天猫喊出"上天猫，就购了"，俨然淘宝在手，天下我有，天猫选够，别无他求。那么，京东该怎么办呢？

2013年"双十一"，京东给出了自己的答案："不光低价，快才痛快。"

为了抢夺"双十一"这个大市场，京东发起了一波品牌战役，系列广告一共拍了三段。第一段《迟到的剃须刀》，讲述的故事是胡子刮到一半的男士，发现剃须刀突然坏了，于是立刻上网下单买了一个，但是等收到快递时，他已经毛发旺盛得像个野人，他愤怒地质问快递员：您还能更慢点吗？

第二段《迟到的防晒霜》则是一位泳装女士的故事，她准备去海边度假，却发现防晒霜用完了，于是立刻上网买了一个，等收到快递，她已经晒得全身黝黑，只有脸上两个大大的太阳镜造型的位置是白的。她愤怒地质问快递员：您还能更慢点吗？

第三段《迟到的指甲刀》中，一位等网购的指甲剪到货的女士，等收到快递，指甲已经长到让她化身"梅超风"和"剪刀手爱德华"了。

三个故事讲完，京东告诉广大消费者："双十一，怎能用慢递？上京东，不光低价，快才痛快。""快"这个标签，不仅突显了京东的自建物流优势，而且旗帜鲜明地攻击了采用零散物流的其他平台，树立了自身差异化，而且"快"也吻合了京东2013年的品牌主题"多、快、好、省"。

到了2014年"双十一"，京东又给自己贴了一个新的标签："真"。这一轮品牌战役京东的口号叫作："同是低价，买一真的。京东双十一，真·正·低。"继去年的"快"之后，京东这次用真货、正品来攻击其他平台，并在广告中力劝消费者"别瞎淘"。

2015年"双十一"，京东则将"快"和"真"组合在一起进行传播，诉求：

"同是低价，买一快的。同是低价，买一真的。同是低价，买一好的。同是低价，买一赞的。"

其实早在2012年春节，京东还叫京东商城的时候，孙红雷代言的电视广告就已经在针对其他无法保证的电商平台，开始树立差异化了。文案是这么说的：

> 还挑真假呢？别把网购当智力游戏。从赝品里挑正品，不如在真货里选好货。叫你亲，不如质量精。京东，4300多个正品品牌，想怎么挑就怎么挑。
>
> 网购买的是希望，别等到绝望。早上订货，晚上PARTY到货。夜里下单伤不起，货到了，你还没起。京东，自有物流，自己办事不误事。

在与淘宝、天猫的对决中，京东不遗余力地打造自身的差异化，一方面强调自己作为B2C平台相较于C2C平台的品质优势，树立正品承诺；另一方面强调自建物流的快递优势，树立快速承诺。"快"和"真"成为京东自我标榜的品牌标签。

再往后，京东又将真货、正品升级成为"好物"。2016年"双十一"，京东主打口号"好物低价，上京东"；2017年"双十一"，京东更是推出了自己的"全球好物节"，并在2018年、2019年连续沿用。京东力图把天猫的"双十一购物节"，变成自己的"全球好物节"，给自己贴上"好物"的标签，把自己与"好物"画等号，让消费者养成"挑好物，上京东"的消费习惯。这就是京东的差异化战略，它通过标签的提炼找到自己的独特性，打造了品牌的与众不同。

在前面提到的豪华车市场中，每个豪华品牌都有自己的差异化标签，凯迪拉克给自己贴的标签叫作"新美式豪华"。"美式"帮助凯迪拉克区别于德式与日式，包括宝马、奔驰、奥迪、雷克萨斯等品牌，它们是凯迪拉克的主要竞争对手。"新"则与同属美国品牌的福特、林肯区别开来，强调凯迪拉克是新的美国豪华车代表。

2015年4月，凯迪拉克在全球发布最高端车型CT6，即冠以"新美式旗舰"的称号。当年 11 月又发布 XT5,产品定义为"新美式都会 SUV"。从那时开始,凯迪拉克就在不遗余力地标榜"新美式"。在目前凯迪拉克的产品线中,CT4 叫作"新美式风尚后驱轿车",CT5 是"新美式格调轿车",XT4 是"新美式运动 SUV",2019 年上市的全新一代 XT5 则号称"新美式格调 SUV"。从整个产品系列来看,凯迪拉克誓要将新美式豪华进行到底。

为了进一步解读啥叫新美式豪华,凯迪拉克又提炼了一个新的标签——"后驱",它给豪华车设定了一个标准——"没有后驱,不算豪华"。

2019 年 10 月,凯迪拉克投放了一段魔性广告。在广告中,凯迪拉克重复使用"没有_____,不算_____"这个句式十几遍,评论生活中的常见现象,诸如"没有丝巾,不算阿姨""没有套路,不算老板""没有自拍,不算健身""没有缩写,不算 00 后""没有谐音,不算文案""没有洗脑,不算广告""没有放大,不算甲方"等文案,并反复告诉消费者"没有后驱,不算豪华"。

这个广告一经发布,就引发人们热议和大量争论。因为凯迪拉克在广告中,设置了一个议题:豪华和后驱到底有什么关系?"豪华车一定得是后驱?""有后驱就算豪华?那五菱宏光还是后驱呢?""很多汽车都是后驱啊,不明白这个广告为什么要强调一个大家都有的卖点?"……消费者纷纷加入讨论。这个议题设置帮助凯迪拉克制造了话题,进而让人们牢牢记住了"凯迪拉克=后驱"。

而关于后驱的争议,凯迪拉克为什么要给自己设定一个行业通用的卖点?其实这已经不只是在谈文案创作,而是关乎凯迪拉克的竞争战略。

根据 2019 年豪华品牌在华销量,中国豪华车市场可以分成三个梯队,第一梯队包括宝马(年销量 72.4 万辆)、奔驰(70.2 万辆)、奥迪(68.9 万辆),第二梯队包括凯迪拉克(21.3 万辆)、雷克萨斯(20.1 万辆)、沃尔沃(16.1 万辆),第三梯队包括红旗(10.0 万辆)、林肯(4.7 万辆)、英菲尼迪(3.5 万辆)、讴歌(1.5 万辆)。[⊖]

在这十大品牌之中,凯迪拉克占据着第二梯队领头羊的位置。而这十大

⊖ 赵宗烨.《年终盘点系列》2019豪华品牌销量解读 [EB/OL].(2020-01-22)[2020-06-01].
  http://info.xcar.com.cn/202001/news_2045617_1.html.

品牌的产品中，宝马和奔驰都是后驱。奥迪轿车系列基本都是前驱，尤其主打产品奥迪 A6L、A4L 都是前驱。雷克萨斯三大轿车产品中，IS 和 LS 是后驱，但销量最大的 ES 却是前驱。ES 贡献了雷克萨斯 20 万销量中一半的成绩，现在凯迪拉克说"没有后驱，不算豪华"，可见对雷克萨斯的杀伤力。另外，沃尔沃两大轿车产品 S60、S90 都是前驱，美国豪华品牌林肯旗下的林肯 MKZ、林肯大陆都是前驱。

所以凯迪拉克讲后驱，代表的是其上攻奥迪、下压雷克萨斯、沃尔沃、林肯的市场竞争策略。故此凯迪拉克将旗下轿车产品 CT4、CT5、CT6 标榜为"凯迪拉克豪华后驱轿车家族"，CT4 又特意强调自己是"新美式风尚后驱轿车"。至于五菱宏光是不是后驱车，根本无关紧要，五菱又不是凯迪拉克的竞争对手。凯迪拉克给自己贴上"新美式""后驱"的标签，就是基于竞争导向，针对竞争对手找到自己的差异化优势。

另外，我们也基于消费需求来说一说前驱与后驱的区别。前驱是目前大部分轿车采用的配置。前驱节省传动轴等原材料，整车造价更低；而且能降低底盘，增加车内空间；最后就是前轮带动后轮，提高舒适性。

而后驱的优点，一是操控性更好，因为部分零部件移到后部，使汽车前后配重更均衡，大大改善汽车的操控稳定性和行驶平顺性，所以多数跑车采用后驱。二是汽车启动、加速或爬坡时动力更足，牵引性能更优越。三是结构简化，便于维修。至于后驱的缺点则恰恰与前驱相反，造价高、损失车内空间、影响乘坐舒适性。基于前后驱各自的特点，大部分载货卡车、客车、赛车、跑车、高档轿车多采用后驱，所以凯迪拉克说后驱是豪华标配，其实也有一定道理。

本书第一章已经分析，随着国内豪华车市场的年轻化趋势，年轻消费者更容易被操控好、动力强所打动。凯迪拉克强调"后驱"，就是为了吸引年轻人，这也是为什么主打"驾驶乐趣"的宝马能够一跃成为国内豪华车市场王者的原因所在。

尝到"后驱"甜头的凯迪拉克，2020 年 6 月又推出了第二波洗脑魔性广告《二次箴言》——"第二次买车就知道：后驱才是该有的标配。"

创意手法如出一辙，先是罗列各种第二次，如"第二次减肥就知道，一个西瓜 =8 碗米饭""第二次买房就知道，要早上看一次，晚上看一次，下雨天再看一次""第二次怀孕就知道，老公再好不如一个侧卧枕头""第二次投资就知道，抄底抄底，深不见底"……最后，当然是告诉消费者"第二次买车就知道，后驱才是该有的标配！没有后驱，不算豪华"。

得益于"新美式""后驱"对品牌的提升，凯迪拉克在中国市场的成绩也是越来越好，2018 年凯迪拉克在华销量突破 20 万大关，坐稳了中国豪华车市场第四把交椅。而在提出"后驱"之后，凯迪拉克显然有着更高的目标。

京东的案例、凯迪拉克的故事告诉我们，找到自身的差异化优势，是一个企业在激烈市场竞争生存下来的前提。企业不仅要打造差异化的产品与服务，同时还要将这种差异化传递给消费者，将品牌的独特性牢牢植到消费者心里，而一个独具特色的品牌标签就是创造差异化优势的中心所在。

6. 不同凡想

差异化标签的建立，不仅要考虑到如何与竞争对手形成区隔，同时还要根据竞争态势和自身在市场中的位置来决定。

如果你是一个行业的领导者，那么你要做的就是始终捍卫领导者的形象和地位，处处表现得像个领导者。比如海飞丝洗水发给自己贴的标签"去屑实力派"，还有它那句迎战清扬的品牌文本"去屑当然海飞丝"。

如果你不是领导者，那么你的战略选择有两种：要么做一个挑战者，处处强调和领导者的不同，与它争夺市场份额；要么，就做一个市场细分者，找到自己的细分市场和特定人群，聚焦于自己的一亩三分地，在自己的地盘上建立护城河。但是，不管你做何选择，最重要的都是给自己贴上差异化标签，让消费者形成差异化认知。差异化越显著，你的市场才越稳固。

苹果曾是个人电脑市场的开创者和领导者，1977 年推出的 Apple II 可说是世界上第一台真正的个人电脑（PC）。但自从 1981 年 IBM 推出 IBM PC，苹果很快就失去了领导者风采。IBM PC 上市仅一个月就收获 24 万台订单，抢走了苹果 3/4 的市场份额。更致命的是，IBM 开放了产品的软硬件技术，这使得一大批后起之秀都可以模仿 IBM 推出个人电脑。IBM PC 确立了个人电脑市场的工业标准，PC 成为整个行业的代名词。而一心走封闭路线的苹果，则陷入了一段长达 15 年的低潮期，市场份额越来越小，公司甚至差点破产贱卖。

苹果走投无路，差点被卖给 IBM，交易未能达成只是因为 IBM 没有看上苹果。1997 年乔布斯重返苹果时，IBM 兼容机已经占领了 90% 以上的市场份额。回归之后，乔布斯发起的第一项行动是名为"Think different"（不同凡想）的品牌战役，重塑苹果的品牌形象。

为什么叫"Think different"呢？这是因为 IBM 长期以来的品牌口号叫作"Think"，而且 IBM 旗下还有"ThinkPad"这个笔记本电脑品牌。虽然此时IBM 的 PC 销量已被康柏超越只位居行业第二，但它在 PC 业依然有着举足轻重的影响力。尤其是 1997 年 5 月，IBM 研制的超级电脑深蓝击败世界棋王卡斯帕罗夫，震惊了整个世界。所以苹果还是挑中了 IBM 这个对手。

在"不同凡想"的品牌战役中，苹果打造了一段经典的电视广告文案——

> 向那些疯狂的家伙们致敬，
> 他们特立独行，他们桀骜不驯，他们惹是生非，他们格格不入，
> 他们用与众不同的眼光看待事物，
> 他们不喜欢墨守成规，他们也不愿安于现状。
> 你可以赞美他们，引用他们，反对他们，质疑他们，颂扬或是诋毁他们，
> 但唯独不能漠视他们。
> 因为他们改变了事物。
> 他们发明，他们想象，他们治愈，他们探索，他们创造，他们启迪，他们推动人类向前发展。
> 也许，他们必须要疯狂，
> 要不然你怎么能盯着空白的画布，却看到一幅画作？

或者静静坐着，却听到未谱写过的歌曲？

或者凝视着一颗红色行星，却看到运转中的实验室？

我们为这样的人制作工具。

或许他们是别人眼里的疯子，但他们却是我们眼中的天才。

因为只有那些疯狂到以为自己能够改变世界的人，

才能真正改变世界。

同时，苹果在广告中罗列了一系列标志性面孔：爱因斯坦、爱迪生、圣雄甘地、拳王阿里（见图 3-8）、毕加索、卓别林、鲍勃·迪伦、希区柯克、伯恩巴克……大量来自科学领域和艺术领域的知名人物，包括动物学家、宇航员、飞行员、画家、导演、演员、摄影师、平面设计师、歌手、吉他手、舞蹈家等。这正是为了吸引苹果电脑的主力受众：专业人士、艺术工作者和一些时髦的学生。

图 3-8　苹果广告"不同凡想"

资料来源：理想生活实验室网站。

广告之后，苹果就迅速推出了拥有半透明彩色塑胶外壳的台式电脑 iMac G3，极富艺术气息的台灯造型电脑 iMac G4，以及同样是彩壳和半透明设计的笔记本电脑 iBook，主打年轻人及大学生。在产品上，苹果也正式和业界通行的黑色硬塑料外壳电脑分道扬镳。

此时的苹果市场占有率越来越小，价格却越来越贵，只能占据一个狭小的细分市场。于是，乔布斯干脆把苹果往高端、个性化方向发展，强调性能、时尚和艺术品位。"我们必须证明苹果仍然生机勃勃，"乔布斯说，"而且它仍然代表着与众不同。"⊖

通过这一波战役，苹果重新定义了品牌，给自己贴上"酷""时尚""与众不同"的标签，并将消费者形象塑造成一群特立独行、改变世界的人。"不同凡想"的苹果，在全世界培养出了一批苹果"忠实粉丝"，无论 PC 市场如何变迁，牢牢守住了自己的细分市场。

此时的 PC 市场，自从 1994 年康柏超越 IBM 成为世界上最大的个人电脑供应商后，就进入了"战国年代"，你方唱罢我登场，各领风骚三五年。康柏没领先几年，就因经营不善在 2001 年被惠普吞并，惠普在 2000、2001 两年间短暂坐上王座。随后在 2002—2006 年间被戴尔接棒全球第一，但戴尔又再被惠普、宏碁、联想先后超越。2007—2012 年间惠普重回第一。2012 年之后则是联想称霸全球，尽管它在 2017 年曾被惠普短暂超越，但联想随即反超，直到今天稳居第一。

IBM 的第二代领导人小沃森有一句名言："电脑业历来是一场跳背游戏，今天你跳过我，明天我跳过你。"所以 IBM 在 2005 年将 PC 业务打包卖给联想，挥一挥衣袖飘然而去。早在 2002 年，IBM 的 PC 业务就已式微，仅剩下 4.4% 的市场份额，开始放弃 PC 向 IT 服务转型。于是苹果正式停用"Think different"这一口号，转而便将火力瞄准了微软。

这时的 PC 行业，虽然电脑销量排名变来变去，但真正的王者是微软和英

⊖ 沃尔特·艾萨克森. 史蒂夫·乔布斯传 [M]. 管延圻，等译. 北京：中信出版社，2011.

特尔，二者各自垄断了操作系统和微处理器，攫取了超额利润，它们将一众PC厂商变成了一个个配件组装厂。微软取代了IBM，成为PC业真正的领导者。微软也接棒IBM成为苹果在广告中大肆挞伐的对象。

2002年6月苹果就发起品牌战役，打造了一套真实消费者出演的用户证言广告，用户在广告中讲述了自己放弃Windows系统改用Mac的原因，Windows存在哪些问题。这一系列广告叫作*Switch Ads*，即转换之意。但这套广告并不成功，消费者认为苹果表现了一群失败者，他们处理不了自己面临的问题，因而选择逃避，这与苹果已经树立起的成功者形象不符。所以*Switch Ads*在2003年逐步中止。

2006年苹果重整旗鼓，再次发起针对Windows的"Mac攻势"。这一次苹果旗帜鲜明地提出了Mac和PC，通过Mac与PC的对比给自己贴上差异化标签，塑造独特品牌形象。在广告中，Mac和PC两种系统的电脑被模拟为两个角色，分别由两名演员扮演。其中，贾斯廷·朗（Justin Long）一身牛仔休闲装，扮演酷劲十足的Mac电脑，而约翰·霍奇曼（John Hodgeman）则一身商务套装，他微胖、呆板、憨态可掬，扮演经常出错的PC电脑（见图3-9）。

图3-9　约翰·霍奇曼和贾斯廷·朗

资料来源：www.computerworld.com 网站。

每一集 *Get a Mac* 广告开头，先由两个主角打招呼，代表"Mac"的朗会先说："Hello，I'm a Mac."代表"PC"的霍奇曼则会接着说："And I'm a PC."之后，两人会开始一段约 30 秒的短剧，话题围绕着两种电脑之间的优劣比较。在片中，"PC"总是出故障、出糗，洋相百出，充满笑点。"Mac"抓住"PC"的弱点，淋漓尽致地进行揶揄和嘲讽，从而表现 Mac 的游刃有余、轻松应对、信心十足。在广告片的结尾，则每次会出现一款苹果最新主打的 Mac 产品。

这个 *Get a Mac* 系列，每一集广告都遵循这一模式，它自 2006 年推出，一共持续 4 年之久，拍摄了 90 多条广告。针对特定市场，苹果还制作了专门版本，比如英国版和日本版。由于广告轻松幽默，又直击对手，因而受到了广大消费者的喜爱。2007 年，*Get a Mac* 系列广告获得了倡导实效广告的艾菲大奖。2009 年，又获评《广告周刊》21 世纪初十年最佳广告活动奖。

Get a Mac 系列广告的成功之道，在于苹果给自己和竞争对手贴上了鲜明的标签。苹果不挑选任何一个电脑品牌作为对手，而是用了一个打包的概念——PC，一举攻击了从操作系统到电脑硬件的全部竞争者。不管你是惠普还是戴尔，只要使用微软系统，统统都是 PC。而 PC，就代表着平庸、呆板、循规蹈矩、缺乏个性，苹果则骄傲地宣称：I'm a Mac。

Mac 和 PC 的对比，不只是为了展示苹果的优越性能，更是对消费者形象和生活方式进行了定义。选择 Mac 不只意味着选择了一款电脑，还意味着选择了一种个性和生活方式：酷、时尚、与众不同、拥有创造力。这一竞争性广告突显了苹果的桀骜不驯、特立独行，强化了果粉们对苹果的认同，这就是苹果给自己贴的鲜明标签。

这种贴标签的方式让微软忍无可忍。2008 年微软发起一场名为 *I'm a PC* 的广告运动进行反击。在广告中，微软宣称：我是 PC，因为我很挑剔；我是 PC，因为我比你便宜；而且 PC 用户广泛，老少咸宜。但这套广告的反响并不好，因为它毫无疑问强化了苹果给 PC 贴的标签。甚至，微软还爆出"广告片其实是用 Mac 电脑制作"的尴尬新闻，毕竟广告公司和制作公司基本上清一色用的是苹果电脑。

从 *Switch Ads* 到 *Get a Mac* 的成败可以看出，如果只是单纯的比拼 Mac 和 PC 的优缺点，未必能打动消费者，反而会强化消费者的固有认知，愈发固守其习惯性选择。更好的方式则是贴标签，彰显差异化，用标签调动目标人群的内心认同和情感参与。

回顾整个 PC 市场，虽然品牌众多，销量排名轮番变化，但不同品牌之间，除了品牌名不一样外，究竟有什么本质区别恐怕没人说得清。正因为品牌缺乏真正的差异化，所以也没有哪个品牌能稳守领导地位，领先不过三五年便将优势拱手让人。回顾 PC 业 40 多年风雨历程，IBM 退出了，康柏消失了，惠普下滑了，戴尔退市了又上市，一个个品牌"其兴也勃也，其亡也忽焉"，只在苹果在近 20 年来稳住了自己的市场份额，并创造了鲜明的品牌认知和忠诚的粉丝群体。这一方面固是由于苹果电脑独特的软硬件设计，另一方面也得益于其差异化的标签打造。

从强调与 IBM 不同的"Think different"，巩固自己的细分市场，到针对微软发起的"Mac 和 PC"广告，抢夺整个 PC 市场，苹果的标签越贴越鲜明，越贴越直接。差异化标签塑造了苹果的品牌价值与形象，强化了消费者对苹果的认知与认同。

7. 再一次，改变一切

自从有了大数据，人们便在数据面前失去了秘密。有网友曾使用文本挖掘技术，统计了汪峰发行的 9 张专辑 117 首歌曲的歌词，从中得到一份汪峰歌曲的高频词汇表（见表 3-1）。我把这张表的前 30 个高频实词列在这里，这些词就代表着汪峰的风格与特色。

假如我随意选取一些词汇，比如"青春、迷惘、飞、生命、石头、桥"，然后造句，就像"我把青春埋在荒谬的桥下 / 带着迷惘飞向天空 / 生命是一块坚强的石头……"，一首汪峰的新歌就诞生了。

表 3-1 汪峰歌曲高频词

序号	词汇（出现次数）	序号	词汇（出现次数）	序号	词汇（出现次数）
1	爱（54）	11	孩子（23）	21	鸟（9）
2	生命（50）	12	雨（21）	22	瞬间（8）
3	路（37）	13	自由（17）	23	绝望（8）
4	碎（37）	14	迷惘（16）	24	青春（7）
5	哭（35）	15	梦想（14）	25	迷茫（6）
6	孤独（34）	16	坚强（13）	26	光明（6）
7	夜（29）	17	祈祷（10）	27	理想（6）
8	死（27）	18	离去（10）	28	埋（6）
9	飞（26）	19	再见（9）	29	荒谬（5）
10	天空（24）	20	石头（9）	30	桥（5）

资料来源：华商报.网友总结汪峰歌曲高频词汇，旋律也遭解密[EB/OL].（2013-11-20）
[2020-06-01]. http://ent.sina.com.cn/y/2013-11-20/10484046078.shtml。

再比如林夕的歌词。公众号"大数据文摘"曾分析林夕的 37 万字歌词文本，发现林夕最喜欢使用的名词是"世界、爱情、眼泪、情人、感情、时间、感觉、伴侣"，最喜欢使用的动词是"没有、得到、知道、不会、需要、恋爱、拥抱"，最喜欢使用的形容词是"快乐、寂寞、幸福、愉快、浪漫、孤独、温柔、甜蜜、遗憾"。[⊖]

看到这些词汇，你便会明白林夕更关注都市人的情感状态、爱恨纠葛，这与汪峰有着鲜明区别。这些词汇不仅让我们发现林夕与汪峰的巨大差异，也能让我们理解什么样的人会喜欢听汪峰，什么人又喜欢听林夕。

也有人分析民谣。公众号"超级王登科"曾分析了 42 万字的民谣歌词，发现最高频的词是"再见、姑娘、夜空、孤独、快乐"。[⊜]对此，QQ 音乐还通过大数据专门补充说，民谣歌手赵雷的高频词是"青春、孤独"，宋冬野是"南方、野马"，马頔是"梦、离开、孤岛"，好妹妹乐队是"少年、往事"。[⊜]

⊖ 斑斑斑比.文本挖掘林夕、黄伟文的 43 万字歌词，他们到底在唱些什么？[EB/OL].（2017-03-29）[2020-06-01]. https://mp.weixin.qq.com/s/auh0jI_H3UloQ5s1DOqwXw.

⊜ 王登科.我分析了 42 万字的歌词，为了搞清楚民谣歌手们在唱些什么[EB/OL].（2017-02-07）[2020-06-01]. https://mp.weixin.qq.com/s/mphFyL56vOyZZ8SJsp404A.

⊜ 乐谈 Vol166.民谣里的高频词有哪些？[EB/OL].（2017-02-16）[2020-06-01]. https://y.qq.com/msa/204/1_2316.html?pgv_ref.

按照王登科的描述，如果把民谣拟人化，那就是一个喜欢南方的北京小伙儿，觉得世界很扯，但骂归骂，到底还是对生活充满希望，憧憬着明天；他在春天感到快乐，在冬天感到孤独；他没有女朋友，但有几个纠缠不清的前女友，经常和她们见面……

不同的歌手和作词人，为了表达自己的情感和所思所想，选择了不同的词汇。而词汇的选择，又让不同的歌手形成了各自的风格。即使不听音乐，只是通过这些词，我们也可粗略理解摇滚、民谣、流行乐各自有什么不同。

同样的现象不止出现在歌词里，也出现在诗词之中。一位学习统计学的研究生，网名叫作"yixuan"，曾经用文本挖掘技术分析了《全宋词》，最后统计出了宋词中最高频出现的 99 个词（见表 3-2）。

表 3-2　99 个宋词高频词

序号	词汇（出现次数）	序号	词汇（出现次数）	序号	词汇（出现次数）	序号	词汇（出现次数）	序号	词汇（出现次数）
1	东风（1382）	21	黄昏（550）	41	时节（403）	61	桃李（333）	81	时候（304）
2	何处（1230）	22	当年（542）	42	平生（398）	62	人生（332）	82	肠断（303）
3	人间（1202）	23	天涯（537）	43	凄凉（398）	63	十分（331）	83	富贵（303）
4	风流（857）	24	相逢（528）	44	春色（394）	64	心事（329）	84	蓬莱（303）
5	归去（812）	25	芳草（527）	45	匆匆（383）	65	黄花（328）	85	昨夜（303）
6	春风（802）	26	尊前（516）	46	功名（383）	66	一声（325）	86	行人（302）
7	西风（779）	27	一枝（512）	47	一点（378）	67	佳人（324）	87	今夜（301）
8	归来（771）	28	风雨（505）	48	无限（377）	68	长安（321）	88	谁知（300）
9	江南（765）	29	流水（472）	49	今日（369）	69	东君（319）	89	不似（299）
10	相思（753）	30	依旧（472）	50	天上（368）	70	断肠（316）	90	江上（298）
11	梅花（732）	31	风吹（471）	51	杨柳（362）	71	而今（315）	91	悠悠（296）
12	千里（676）	32	风月（461）	52	西湖（356）	72	鸳鸯（314）	92	几度（295）
13	回首（656）	33	多情（457）	53	桃花（354）	73	为谁（313）	93	青山（295）
14	明月（651）	34	故人（451）	54	扁舟（353）	74	十年（310）	94	何时（294）
15	多少（648）	35	当时（450）	55	消息（351）	75	去年（309）	95	天气（293）
16	如今（642）	36	无人（445）	56	憔悴（344）	76	少年（308）	96	唯有（293）
17	阑干（630）	37	斜阳（438）	57	何事（339）	77	海棠（307）	97	一曲（291）
18	年年（613）	38	不知（430）	58	芙蓉（338）	78	寂寞（306）	98	月明（291）
19	万里（590）	39	不见（429）	59	神仙（334）	79	无情（306）	99	往事（290）
20	一笑（582）	40	深处（422）	60	一片（334）	80	不是（305）		

资料来源：研究生统计出 99 个宋词高频词汇，可按编码作词 [EB/OL].（2012-11-29）[2020-06-01].https://edu.qq.com/a/20121129/000163.htm。

这个统计结果一发表到网上，立刻引来众多网友"创作"宋词，他们使用圆周率、根号二等形形色色的数字组合，按词汇序号编码来"填词"，这份宋词高频词汇表很快变成了一个"自动填词机"。虽然这只是一个文字游戏，但不得不说，写出来的句子真的很像宋词，因为这些词里有着大宋的风格和气息。比如"万里归来风流，何处西风"，你以为这是一句宋词？不，这是我的出生日期。

不同的词具有不同的风格，当一位歌手、词人总是使用某些词，他也就有了自己鲜明的特色。一个品牌也应该找到自己的代表词，并用这些词形成自己的独特风格与说话方式，从而让消费者看到这些词，就知道是谁家的广告或推文。所谓做品牌，就是要找到自己的独家用语，建立独到的文本体系，拥有自己独特的沟通方式，从而让人从茫茫信息洪流中，一眼认出你来。

这就是标签的第四法则：**风格化**。

品牌在贴标签的过程中，对于不同词的选择，可以建立品牌风格，赋予品牌以辨识度。一个品牌必须找到能够代表自己的一组词，并形成自己的品牌词典。这些词就像一个品牌的口头禅，一张口消费者就知道是谁在说话。

心理学中有一个莱斯托夫效应，它由苏联心理学家冯·莱斯托夫（Von Restorff）提出，意思是特殊事物才易被人牢记。不管是单词、面孔、物体、事件，不同凡俗之物才更易引起人们注意，并形成长期记忆。这讲的正是流行易逝，而风格永存。

正如一个人的思想、观念、格调会从他表达的语意中体现出来，就算单看他使用的词本身，我们也可以发现，这些词会透露他的内心世界。同样说一首歌好听，一个人说"这首歌太燃了，一开口就爆炸"，另一个人说"一首歌就是一份礼物，温暖治愈了我的灵魂"，即便表达的意思相同，所用词汇不同，还是能看出两人的巨大差异。词汇本身的选择已经足以说明很多问题。

很多词自带一套认知体系，词背后藏着自己的观点与导向。不同的词代表不同的意象，因而能给人留下不一样的心理印象。当你选择了一个词，就意味着你融入了这个词的语境，注入了这个词的风格，代入了这个词的立场，进入了这个词的逻辑。所以对一个品牌来讲，最重要的不是堆砌辞藻，而是选择词汇。品牌必须找到那些立场鲜明、意义明确、逻辑强大、情感强烈的词，用这些词来代表自家品牌，来做消费者沟通。

上一节内容回顾了苹果电脑的玩法，接下来再说说苹果手机的打法。2007年初，苹果推出 iPhone，引领了智能手机革命。第一代 iPhone 的口号叫作"苹果重新定义了手机，而这仅仅是个开始"，第二代 iPhone 3G 的广告语则是"能够击败初代 iPhone 的第一款手机，这就是你一直等待的 iPhone"，第三代 iPhone 3GS 的则是"迄今为止最快、最强的 iPhone"。

到了 iPhone 4 产品大幅革新，诉求因此叫作"再一次，改变一切"，iPhone 4s 则是"出色的 iPhone，如今更出色"，iPhone 5 诉求"有史以来改变最大的 iPhone"，iPhone 5s 则是"超前、空前"，iPhone 6"岂止于大"，iPhone 6s"唯一的不同，是处处不同"（英文则是 The only thing that is changed is everything），iPhone SE"一小部的一大步"，iPhone 7"7，在此"，iPhone8"新一代 iPhone"，iPhone X"Hello，未来"。

iPhone 的产品文案喜欢使用的字眼是改变、未来、超前、定义等，而且每一代 iPhone 在宣传文案中，都会强调比上一代产品更强，做出了大幅革新。这些词的使用，奠定了苹果作为智能手机引领者的品牌认知，也让苹果在消费者心目中拥有了不断创新、不断领先的品牌形象。所以，在每一代 iPhone 发布很早以前，媒体和公众就开始预测、热议苹果又有哪些创新和改变，如果新产品没有让人眼前一亮的变化，很多消费者就会表示失望，哀叹苹果已经不是从前那个苹果，感叹乔布斯的离去。

这就是 iPhone 的品牌词典，可以说这些词已经被苹果化了，它们一出现，你就知道新 iPhone 来了，品牌与词之间建立了强关联。还有前面提到的耐克，做、练、踢、搏、敢、炼、冲这些词就是耐克的品牌词典，这些词定义了耐克，强化了耐克的品牌精神与风格，而且一看到这些词你就知道，耐克在跟一群大汗淋漓、停不下来、体内有充沛荷尔蒙的青少年对话。

长期以来，我们提炼一个品牌的核心价值、诉求与广告语，主要依赖于文案创作人的主观判断与思考。但在今天，更精确的做法是基于大数据和文本挖掘技术，去分析一个品牌在网络上的全部文本，消费者在网上如何谈论和评价该品牌，他们提到该品牌时会使用哪些词，以及涉及该品牌的媒体文章和宣传内容，从中分析高频词汇。当我们找到这些词，再从中提炼出一个小的专属的品牌词典，形成独具风格的品牌标签，并用之指导品牌的内容输出和营销推广。这就叫标签品牌。

我们再来讲一个音乐的故事加以说明。Spotify 是全球最大的流媒体音乐服务平台，2019 年第一季度末，其产品订阅用户突破 1 亿人，全球月活用户达到 2.17 亿人。面对如此多的用户，而 Spotify 的品牌口号叫作" Music for everyone"，它的野心是帮助每个人找到他喜欢的音乐。那么，Spotify 如何精确了解每个人的音乐口味，给每个人精准推荐音乐呢？这就要靠大数据和推荐算法。

Spotify 的推荐算法主要有三种：⊖

第一种叫协同过滤，用以寻找不同用户之间的相似性。比如系统发现你和张三共同喜欢某些歌曲，那么系统就会判定你俩拥有相似的音乐品位。于是，系统就会把张三喜欢而你没有听过的歌推荐给你，把你喜欢而张三没有听过的歌推荐给张三，这就是协同过滤。

第二种叫原始音频模型，用以寻找不同歌曲之间的相似性。其核心是通过神经网络技术抓取音乐的原始音轨进行分析，挖掘歌曲的关键特征如调式、节奏、响度等，从而找到同类型的歌曲。当你听了其中一首，系统就把类似的歌曲推荐给你。

第三种叫自然语言处理，用以分析人们对音乐的评价。它在网上抓取人们对于音乐的评价，如"这首歌很伤感""这首歌很浪漫"或者"这首歌很适合跳舞"。那么"伤感""浪漫""适合跳舞"这些词就会变成一首歌、一位歌手的标签，进入 Spotify 的数据库。Spotify 把这些标签称为"文化向量"

⊖ BitTiger. 深度技术揭秘：Spotify 的推荐系统怎么可以这么准！ [EB/OL].（2018-07-19）[2020-06-01]. https://mp.weixin.qq.com/s/2WQxtNFESlon84gedRgwFQ.

（cultural vector）或"顶级描述词"（top term），在 Spotify 中，每位歌手和歌曲可能有数千个这样的标签。

这些标签不仅概括了一首歌的风格属性，而且反映了听众在收听这首歌时的心情，抓住了这首歌的社交属性和文化属性，它们让每一首歌都拥有了自己独一无二的身份 ID。有了这套标签库，Spotify 就能够把对的音乐推荐给对的听众，帮助发掘每一首歌的目标消费者。

对营销而言，我们也应该把一个品牌放置在社会大众的语境中，去听取、去分析人们如何谈论这个品牌，从而找到这个品牌的"顶级描述词"和"文化向量"，为品牌贴上精准的标签，形成自己的品牌词典。而后，品牌就可以根据这个词典去提炼品牌价值、输出品牌内容，实施营销推广，精确影响目标消费者。

第三节　模型

一个品牌要基于核心标签，来衍生品牌文本，再通过文本输出信息，从而占领消费者心智。由于品牌建设是一个动态演进的过程，而市场又处于不断的变化之中，所以品牌标签与文本也需要根据品牌自身的发展阶段，根据市场状况和目标人群的变化，不断进行调整和优化。在这种动态演进之中，品牌应选取哪些标签？标签与文本的关系如何处理？不同文本之间如何进行组合？这就需要一个模式方便依循。总体来讲，品牌可以分为四种标签－文本表达模型（见图 3-10），企业可根据这四种模型来整合营销传播。

第一种，线性模型。品牌基于一个核心标签，文本沿用多年不变，二者作为营销传播的中心，保持一定的稳定性和延续性。

第二种，双螺旋模型。顾名思义，它基于两个核心标签，围绕两种诉求方向衍生品牌文本，比如感性诉求与理性诉求、物理层面与心理层面，交错使用，交替主导。每年或每几年进行轮换，两方面下手去影响消费者认知。

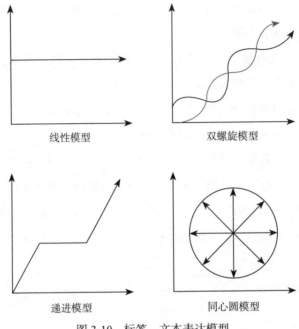

线性模型　　　　　　　双螺旋模型

递进模型　　　　　　　同心圆模型

图 3-10　标签 – 文本表达模型

　　第三种，递进模型。一般来说，随着企业规模越做越大，品牌标签和文本的内涵和外延都会不断放大，呈递进式演进。而典型的递进模式则是品牌从早期的产品功利性表达，逐渐扩大至用户价值表达、生活方式和价值观表达。

　　第四种，同心圆模型。品牌基于一个核心标签，对其进行多维度、全方位的文本呈现。虽然品牌文本可能逐年改变，但是万变不离其宗，品牌始终围绕一个中心标签展开，通俗来讲就是"形变神不变"。这一模型便于对消费者认知进行全面包围，从而让品牌形象更饱满，内涵更丰富。

　　接下来我们结合具体的案例，一一进行说明。

1. 照亮你的美

　　对任何一个品牌而言，品牌辨识度都是个基础指标。它代表着消费者能不能把你从货架上一眼认出来，把你和众多竞争对手区分开来。辨识度让消费者对品牌形成记忆和认知，它是影响消费者购买的最基本要素。从品牌资产论的学术维度来看，辨识度包括了品牌知名度、部分品牌认知度和品牌联想。

如何创造品牌辨识度呢？有一个简单的公式：辨识度＝差异化 × 一致性。

要想让消费者认识你、记住你，首先你要具备一定的差异化，给自己贴上一个与众不同的标签，然后持续去表现它、传播它，将其深深地烙印在消费脑海中，通过重复让消费者形成品牌记忆。而如果品牌标签经常更换，缺乏一致性，那么就会造成消费者认知混乱，无所适从。所以品牌就要基于一种线性模型，始终如一地向消费者沟通一个声音、一种形象、一种风格，而不能朝令夕改、频繁变换方向。

在中国手机业，OPPO 和 vivo（简称 OV）是两个特异的存在。它们从来没有喊过酷炫的互联网思维，也没有做过动人的情怀营销，没有国家民族的品牌高度，OV 就是走传统的营销之路，做产品，投广告，请代言，铺终端，一板一眼和踏踏实实做品牌。但 OV 的品牌建设更值得我们学习与借鉴，因为 OPPO、vivo 这两个品牌都有着极清晰的品牌规划，有明确的标签与文本定义品牌。这两家对品牌的理解之深，远超众多企业。我们以 vivo 为例来说明。

vivo 的前身是步步高，它从 2005 年开始做手机，一开始步步高就对做一个什么样的手机品牌有着明确的设定，那就是步步高音乐手机，用音乐来作为核心价值区隔竞争对手。代言人则连续几年都是韩星宋慧乔，树立一个时尚、优雅、有品位的形象。

随着智能手机的兴起，2011 年步步高正式推出 vivo 品牌并在当年 11 月发布 vivo V1，进入智能手机市场。vivo 在品牌诞生之初使用"步步高 vivo 智能手机"这一品牌名称，并在传播中标注" vivo by BBK"，使用母品牌步步高来背书这个新生的子品牌。母品牌做传统音乐手机，子品牌做智能手机，避免了品牌认知发生混淆，也实现了品牌资产的顺利过渡。后来，随着 vivo 品牌越做越大，步步高的影子就逐渐淡化，直至消失，以至于今天很多人都只知 vivo，不知步步高为何物。

为了保持品牌的延续性，vivo 早期也是走步步高的营销路线，主打音乐时尚的核心价值，并继续沿用了一段时间宋慧乔代言。

2012 年 11 月，vivo 开启 X 系列产品，并发布全球第一款整合 Hi-Fi 级专业芯片的智能手机 X1，同时拥有当时世界上最薄的机身设计。从那时起，vivo 就启用了一个品牌副标志"Hi-Fi&Smart"，放在品牌标志 vivo 的下方，极致音乐成为 vivo 的品牌标签，vivo 此后的一系列产品都围绕这一诉求进行产品打造和传播推广。

2013 年 8 月，vivo 发布 X3，继续主打 Hi-Fi 级音乐手机，诉求"极致超薄·极致 Hi-Fi"。随后，vivo 又先后发布了两个产品系列：Hi-Fi 极致拍摄系列 Xshot、Hi-Fi 极致影音系列 Xplay。2013 年 12 月，Xplay 系列推出第二款手机 vivo Xplay 3S，就主打全球首款 2K 屏和首款 DTS 立体环绕影院系统，当时被评为年度创新手机。2014 年，vivo 又推出 X5，广告语则是"极致 Hi-Fi，纤薄王者"。总之，这一时期 vivo 就是把音乐做到极致，并利用超薄机身设计，坚定不移地给品牌贴上音乐时尚的标签，提升 vivo 的品牌辨识度。

不过随着智能手机的深入发展，音乐逐渐不能满足 vivo 的战略需要，也不能响应消费者对智能手机日益升级的产品硬件需求。所以在 2015 年的 X6 手机上，vivo 开始改变品牌认知，主打"够快才畅快"，试图赋予品牌一种新的价值认知。

但畅快的使用体验，并非消费者购机的第一需求，并非触动消费者购机的核心理由，所以"快"并没有延续使用持续传播。vivo 还是要找到消费者使用手机的最典型场景，基于这个场景来构建品牌的核心价值。那么 vivo 找到的场景就是拍照。美是第一生产力，也是能够打动消费者尤其是女性来购机的强大说服力。

从 2016 年 7 月推出的 X7 开始，vivo 换上了一句新的品牌文本"照亮你的美"，一直沿用至今。同时，vivo 还启用了新的品牌副标志"Camera&Music"，以替代掉原来的"Hi-Fi&Smart"，拍照和美，成了 vivo 新的品牌标签。

我们来看一下，vivo 此后一系列产品的广告语：

X7——1600 万柔光自拍，照亮你的美。

X9——前置 2000 万柔光双摄，照亮你的美。

X20——逆光也清晰，照亮你的美。

X21——AI 智慧拍照，照亮你的美。

S1——光感自拍，全面提升，照亮你的美。

S1 pro——3200 万升降光感自拍，照亮你的美。

S5——5 重超质感美颜，照亮你的美。

S6——超清夜景自拍，照亮你的美。

X23——超大广角，发现更多美。

X27——4800 万广角夜景三摄，发现更多美。

X30——潜望式超远摄，发现更多美。

虽然为了抢占更多消费群，vivo 也在不断拓展产品线，如 S、Z、Y、U 等系列，但 X 系列作为 vivo 的旗舰产品和代表品项，始终围绕着"照亮你的美""发现更多美"进行用户沟通。在 2020 年 6 月 1 日发布的最新款 X50 手机，vivo 则将其定义为"专业影像旗舰"，以搭载微云台、拥有强大防抖效果作为产品的最大亮点，诉求"超感光微云台，夜色更精彩"。美依然是核心标签。

而针对年轻族群的 S 系列则主打高颜值和全新拍照体验，2020 年 3 月 31 日上市的 S6 依然延续"超清夜景自拍，照亮你的美"的诉求路线。由此可知，拍摄一直是 vivo 最核心的品牌基因，而"美"则是 vivo 最鲜明的品牌标签。

在 vivo 对拍照的坚持下，手机的拍摄能力成为说服消费者换机的核心理由，手机像素的提升成为产品升级换代的重要标志，接着所有竞争对手都开始诉求拍照，比如 OPPO 开始宣传"至美一拍""前后 2000 万，拍照更清晰"，小米手机也在诉求"拍人更美"，华为则在讲"人像摄影大师""每一拍都是大片"。

vivo 基于一个核心标签，以极其相似的品牌文本，在一个点、一条线上持续强化传播，让消费者形成强心理印记，这就是线性模型。它保证了消费者对品牌认知的一致性，有助于品牌累积品牌资产，也能帮品牌旗下不同产品的传播形成合力，共同塑造统一的品牌形象。

对一致性的坚持，实际上就是要求品牌采用"同一个声音"向消费者心智持续灌输。对企业来说，这其实是一件违背人性的事情。因为人性普遍喜新厌旧，很多企业在做营销时总想来点新花样，讲更多的新卖点，才使用广告画面、传播内容几个月，就觉得消费者已经记住了和理解了，要急匆匆地换上新诉求，否则就觉得是浪费企业资源。

而且，如果品牌诉求坚持不变，那么就会显得企业市场部无所作为，企业的品牌代理公司在偷懒、没有新想法。为了向老板展示自己的工作成果，他们也会倾向于换新。再就是人事调整，"新官上任三把火"，企业新的首席市场营销官（CMO）上位，经常做的就是更换广告语和品牌形象，展示并贯彻自己的想法，而这往往会造成企业既定营销路线的改弦更张。坚持做一件事，说起来简单，但做起来却最难。

事实上，重复是品牌建设的基本秘诀。根据遗忘规律，品牌传播必须进行一定频次的重复，才能被消费者记住。事实上，大多数品牌之所以知名，都与其广告的重复投放有关。而我们耳熟能详的很多品牌文本，如"洗洗更健康""今年过节不收礼""味道好极了""劲酒虽好，可不要贪杯哟"等能够成为流行金句，进而这些品牌被我们熟知，也与企业坚持多年的大预算投放不无关系。

重复还能促进消费者对品牌传播内容的理解。按照美国心理学家赫伯特·克鲁格曼（Herbert E. Krugman）的说法：第一次广告曝光让受众产生认知反应，了解"品牌是什么"；第二次广告曝光让受众产生情绪反应和评价反应，对广告中的产品产生兴趣和好奇，并开始评估"品牌怎么样""是否可信""对自己是否重要"；第三次广告曝光让受众产生记忆反应和行为反应，帮助消费者记住品牌，并提醒他做出行动。

低于三次难以跨越消费者的认知门槛，而超过三次则会造成广告预算的浪费。所以克鲁格曼博士在 1972 年发表了一篇名为《为何刊播三次就够》的文章。而根据心理学家斯图尔特（Stewart）的另一项研究，广告重复四次之后就会出现负效果。频繁重复会造成受众的厌烦和审美疲劳，他们会尽量回避再接收这一广告。这也是为什么洗脑广告会招致消费者普遍反感的原因，因为洗脑广告就只会一招，那就是通过强势媒体和大预算对消费者进行广告轰炸，将一句广告信息"重复，重复，再重复"，从而强行给消费者洗脑，让消费者记住。

真正的线性模型，要求的不是复读机式的机械重复和广告信息一成不变，而是基于同一标签、同一核心文本，创造多维度内容与消费者沟通。并且，要对传播内容进行不断迭代更新，内容多变但其内核的品牌标签与文本不变。这样既达到了持续累积用户认知的效果，又能不断创造新鲜感和激活消费者。

比如营销史上的经典案例绝对（Absolut）伏特加。这个瑞典的伏特加品牌1978 年进入美国市场时，被认为注定失败。因为美国人既不习惯饮用伏特加，而且普遍认为最好的伏特加应该来自俄罗斯。此外，"绝对"这个品牌名也显得过于夸张和怪异，产品包装也过于简陋。

负责绝对伏特加品牌推广的广告公司 TBWA，恰恰是以"绝对"为核心标签，以绝对伏特加的瓶子造型为主角，创造了一系列广告创意，比如绝对完美、绝对乐趣、绝对清新、绝对电子乐、绝对橄榄球、绝对芝加哥、绝对马德里、绝对北京、绝对田园等（见图 3-11）。每一幅作品都以"绝对 ××"为文案标题，用不同元素组成绝对伏特加的瓶子形状作为视觉元素，既遵循相同的创意形式，又有千变万化的创意表现。

这个系列的平面广告持续投放多年，并且发展出了绝对城市、绝对节日、绝对艺术、绝对口味等多个系列，并且衍生出了各种版本的限量装产品。绝对系列不仅加深了消费者对"绝对"伏特加的认知，而且赋予了品牌别具一格的气质与特色。在持续多年的演绎下，绝对伏特加成了消费者心目中的经典，有很多人以集齐这套广告海报为乐趣，它的广告也因此被《广告时代》列为 20世纪十佳广告案例。而绝对伏特加在美国的销量，也从 1980 年的 1.2 万箱暴增至 21 世纪初的 300 万箱，其美国市场占有率高达 65%，如今更是已成为世界第二大伏特加品牌。

图 3-11　伏特加"绝对"广告

资料来源：艺术市场通讯网站。

　　这就是线性模型的典范。不是重复，而是持续才成为线性模型的精髓。

　　当然线性模型也有自己的局限，那就是可能造成品牌的单一化倾向。围绕着拍摄和美进行的持续积累，将 vivo 变成了一个时尚潮流的品牌，但它却并不被人们视作一个技术领先的品牌。所以 vivo 在 2018 年又推出了 NEX 系列，用以展示 vivo 的科技创新和对未来手机的理解，强化 vivo 的技术内涵。

　　NEX 的名称含义就是下一个，它的使命就是不断推出突破想象力的颠覆性产品，比如 NEX 1 推出的升降式前置摄像头，以此来实现真正的全面屏设计，还有 NEX 2 的双面屏幕设计，以及 NEX 3 的 5G 功能和无界瀑布屏。这些创新设计都在业界引发了热议，制造了大量话题。可以说随着 NEX 系列的发布，人们忽然发现，原来 NEX 满身都是创新和黑科技，vivo 在消费者心目中的形象和认知随之改变。我个人就非常认同 vivo 的这种创新理念和用 NEX 系列来提升 vivo 的品牌战略。所以我使用的一部手机就是 vivo 双面屏，就算它虽然炫酷却未必实用，这种产品创新和营销路线也令人欣赏和激动。

　　NEX 系列对于整个品牌的意义，就是赋予 vivo 不断创新、不断突破自我的品牌精神，改变消费者对 vivo 的品牌认知，并且作为高端旗舰产品，来实现 vivo 在高端手机市场的突破，最终帮助 vivo 实现从时尚潮流品牌向高科技时尚品牌的转型升级，逐渐强化 vivo 的未来科技标签。

所以 NEX 1 的产品定义为 "AI 智慧旗舰"，广告语是 "非凡一升，突破未来"；NEX 2 双屏版的口号叫作 "非凡双屏，突破未来"，产品发布会主题是 "未来不止一面"；NEX 3 的口号则叫作 "未来无界"。三代 NEX 产品都聚焦于 "未来" 这个标签之上。

那么，接下来 vivo 的品牌演进是否会从现在单向度的线性模型，变成我们接下来要讲的双螺旋模型，"美" 与 "未来" 双线并举，我们拭目以待。

2. 要爽由自己

虽然我们总是说，品牌诉求一定要单一，标签越简单越有力量，但在实际操作阶段，却有着很大的难度。这是因为一方面，消费者的需求本身就是丰富多样的。他们对一款手机的需求，也许同时包括了外观、屏幕尺寸、配置、摄像头、电池续航等物理层面的功能价值，又包括了技术先进性、时尚性、个性化、高档次等心理层面的认知价值。所以企业既要传递品牌的科技配置和先进性，也要表达品牌的潮流时尚范儿，既诉求理性一面，也诉求感性一面。

另一方面，一个品牌的目标消费者也必然包含了不同类型的群体。一个品牌可能既有价格敏感型消费者（只关注品质和性价比），也有冲动型消费者（以品牌创新、时尚度的直观感受决定是否购买）。20 多岁的消费者也许更在乎品牌能否表达自我个性，强调与众不同；而 30 多岁的消费者也许更希望品牌帮助自己融入社会群体，与他人保持一致。不同类型的消费者生活方式和消费观念天差地别，对品牌价值的要求也各有不同。

说到底，一个产品向消费者提供的价值并非单一要素，而是一整条链条，《蓝海战略》一书中称之为客户价值链，品牌包含了一系列买方价值元素。那么在品牌标签的提炼中，如果只选取某一项功能进行宣传，也许无法全面概括产品价值和全面覆盖不同类型的消费者。故此，企业可以选择两个诉求方向的标签文本交替使用，轮流或同时进行传播，在截然不同又相辅相成的两个维度上传递品牌价值，从而帮助品牌全面演绎，螺旋上升。这就是双螺旋模型。

接下来，我们试以可口可乐为例进行说明。

在130多年历史中，可口可乐一共使用了47句广告语。⊖除了一些喊口号、讲实力的诉求外，比如1886年可口可乐第一条广告语"请喝可口可乐"、1906年"伟大国家的无酒精饮料"、1917年"日售300万瓶"、1925年"日售600万瓶"、1927年"可口可乐无处不在"、1942年"只有可口可乐，才是真正的可乐"、1993年"永远的可口可乐"。剩下的广告语，按照诉求方式和表达方向来划分的话，可以归纳为两类。

一类是描述可口可乐的感官体验，偏向产品功能利益表达。在这个维度上，可口可乐喜欢使用的英文单词包括"Refresh"（提神、唤醒、恢复活力）、"Delicious"（美味）、"Thirst"（口渴）、"Feeling"（感觉）、"Cold"（冰爽）和"Summer"（夏天）。

可口可乐广告语使用最多的字眼是"Refresh"，比如——

1904 年：Delicious and Refreshing（美味提神）

1905 年：Coca-Cola Revives and Sustains（唤醒活力，持久畅快）⊜

1924 年：Refresh Yourself（怡神畅快）

1929 年：The Pause that Refreshes（心旷神怡那一刻）

1939 年：Whoever You Are, Whatever You Do, Wherever You May Be, When You Think of Refreshment Think of Ice Cold Coca-Cola（无论你是谁，不管你在做什么，不论你在哪，当你想要提神时，就来一瓶冰镇可口可乐吧！）

⊖ 可口可乐官方网站.那些年我们错过的可口可乐广告语 [EB/OL].（2016-01-26）[2020-06-01]. https://www.coca-cola.com.cn/stories/nxnwmcgdklklggy.

⊜ Revive 在英文中基本和 Refresh 同义。

1959 年：Be Really Refreshed（真提神）

其次"Thirst"，有三条——

1922 年：Thirst Knows No Season（口渴没有季节）

1923 年：Enjoy Thirst（口渴时的享受）

1938 年：The Best Friend Thirst Ever Had; Thirst Asks Nothing More（渴时最佳伴侣，口渴不需要其他）

再次是"Cold"和"Summer"，一共四条——

1932 年：Ice Cold Sunshine（太阳下的冰凉）

1939 年：When You Think of Refreshment Think of Ice Cold Coca-Cola（当你想要提神时，就来一瓶冰镇可口可乐吧！）

1958 年：The Cold, Crisp Taste of Coke（清凉清新的味道）

1989 年：Official Soft Drink of Summer（夏日官方软饮）

最后是"Feeling"，一共有三条——

1987 年：When Coca-Cola is a Part of Your Life, You Can't Beat the Feeling（当可口可乐是你生命的一部分，你挡不住那感觉）

1988 年：You Can't Beat the Feeling（挡不住的感觉）

2016 年：Taste the Feeling（这感觉够爽）

从这些词语的选择上可知，可口可乐想要表达的意思就是，在炎炎夏日来一瓶冰镇可口可乐，解渴提神，美味畅爽，那种感觉无可阻挡。这些词描述了喝可口可乐的美妙感觉，让消费者产生想喝可口可乐的欲望。而这些词基于可口可乐的产品属性，基于消费者的生理感受和感官体验。

另一类则是描述可口可乐带给人们的情感经验，偏向用户心理利益表达。在这个维度上，可口可乐偏好的单词包括"Life"（生活）、"Real"（真实）、"Smile"（欢笑）、"Happiness"（幸福、高兴）、"Hospitality"（好客盛情）、"Good"和"Better"（美好和更好）。

首先比如表达真实的"Real"——

1969 年：It's the Real Thing（它是真的）

1971 年：I'd Like to Buy the World a Coke，It's the Real Thing（我想为世界买瓶可口可乐，用真心感动你）

1990 年：You Can't Beat the Real Thing（挡不住的真）

2003 年：Coca-Cola，Real（真是好东西）

2005 年：Make It Real（梦想成真）

其次是"Life"，表达可口可乐带给生活什么——

1976 年：Coke Adds Life（可乐增添生活情趣）

2001 年：Life Tastes Good（生活有滋味）

2006 年：The Coke Side of Life（生活的可乐一面）

再就是"Smile""Happiness""Hospitality""Good"和"Better"，这些表达欢乐、幸福、好客、美好的字眼——

1948 年：Where There's Coke There's Hospitality（哪里好客，哪里就有可口可乐）

1956 年：Coca-Cola Makes Good Things Taste Better（可口可乐让美好的事情更美好）

1963 年：Things Go Better With Coke（可乐相伴，万事如意）

1957 年：Sign of Good Taste（好品味的象征）

1979 年：Have a Coke and a Smile（可口可乐添欢笑）

2009 年：Open Happiness（开启幸福）

从这些词汇的选择上，我们可以看出可口可乐试图给自己贴上"快乐""幸福""盛情""美好"的标签，可口可乐给生活添欢笑，让生活更美好。这些词汇的选择试图给可口可乐赋予一种美好情感和一种美妙的生活方式（见图 3-12）。

图 3-12　可口可乐广告

资料来源：设计之家网站。

这就是可口可乐品牌核心价值表达的两个维度，一面感官体验，一面情感经验。一方面讲产品利益，描述可口可乐的口感，喝可乐时的那种快感，从而唤起用户的消费欲；另一方面讲心理价值，试图为可口可乐赋予一种感性价值，让消费者一提到可乐就想到生活中那些美好的事情，以此来创造品牌联想，塑造可口可乐的品牌形象。

在可口可乐的早期营销中，品牌诉求主要聚焦于功能层面，表达提神、解渴、冰凉、畅爽。越到后期，离当代越近，营销越偏向情感层面，强调快乐、欢笑、幸福、美好。但总体上来讲，两个层面的诉求还是在交错使用和交替出现。

比如在 1958 年和 1959 年连续两年诉求"清凉""真提神"之后，接下来 20 多年可口可乐都在讲情感，比如"可乐相伴，万事如意""我想给世界买瓶可口可乐""可乐增添生活情趣""可口可乐添欢笑"这些广告语。而 1987—1989 年连续三年，可口可乐又开始讲产品，诉求"挡不住的感觉""夏日官方软饮"。随后 20 年则继续讲情感，如"生活有滋味""梦想成真""生活的可乐一面""开启幸福"等广告语。

2016 年，可口可乐发布了全新品牌口号"这感觉够爽"（见图 3-13），替换掉使用了 7 年之久的"开启幸福"。"这感觉够爽"一直使用到今天，可口可乐又开始诉求产品功能了。

图 3-13　可口可乐"这感觉够爽"广告

资料来源：可口可乐官网。

虽然，可口可乐做情感营销的时间越来越长，但每隔几年它都会重提产品功能利益，提醒消费者不要忘记喝可乐的那种感觉，从而避免品牌构建的情感与生活方式大厦丧失了产品根基。可口可乐这个双螺旋模型帮助品牌在功能诉求和情感诉求之间保持了平衡。

由于中英文的差异，很多句子难以直接翻译，不过我们也可以看看可口可乐中国公司的营销。2004 年，可口可乐中国提出全新品牌主张"要爽由自己"。可口可乐当时请了 S.H.E 和刘翔、余文乐、潘玮柏六位代言人，围绕这六个人（三组男女）之间一连拍了 5 段系列情感故事。这组广告片一连在电视上投放了 6 个月，可口可乐还将 5 段视频连在一起，组成一条 5 分钟迷你小电影，在央视一套黄金时间播放，引发轰动，创造了中国最长的电视广告纪录。此外，可口可乐还整合了平面媒体、户外广告、网络广告等各种媒体进行立体化传播造势。"要爽由自己"的品牌主张，让消费者记忆深刻。

2008 年北京奥运会时，可口可乐又将品牌诉求改为"畅爽开始"。2009年可口可乐在全球推出统一的品牌主张" Open Happiness"，在中国则推出相应的广告语"畅爽开怀"。当时，为了应对王老吉在餐饮市场的强势崛起，可口可乐也将营销资源向餐饮倾斜，和浙江卫视一起打造了美食综艺节目《爽食行天下》，并推出餐饮版广告片，宣传可乐与美食搭配带来的"爽动美味，畅爽开怀"。

不过" Open Happiness"指的是一种心理情感，将其翻译成产品口感层面的"畅爽开怀"我认为是不对的（虽然有"开怀"这个词）。直到 2013 年，可口可乐才重新解读" Open Happiness"，将其重新翻译成"开启快乐"。此后，可口可乐则持续数年通过昵称瓶、歌词瓶和台词瓶同消费者分享快乐，"快乐"成为可口可乐的主旋律。直到 2016 年可口可乐推出新的全球品牌主张" Taste the Feeling"，中国国内翻译成"这感觉 / 够爽"。可口可乐重回"爽"的营销路线。

从 2004 年至今，可口可乐在中国重点打造了"爽"这个品牌标签，喝可乐很爽成为消费者的普遍认知。一个"爽"，一个"快乐"，分别在感官体验和情感经验两方面进行传播，这就是可口可乐中国公司的双线结构，螺旋上升。

关于品牌何时应当使用双螺旋模型，有两种情形：一种是当品牌有两种不同的价值要讲时，如可口可乐；另一种就是当品牌需要串联起生活方式和价值观截然不同的两类消费者时。

苏格兰威士忌品牌尊尼获加（Johnnie Walker），有一句经典口号"永远向前"（Keep Walking）。在尊尼获加的整个品牌历史之中，"向前"就是其核心标签。

围绕这一标签，在视觉上，尊尼获加早在1909年就设计了一个"行走的绅士"作为品牌标志，一位头戴礼帽、身穿燕尾服、手持文明棍正迈步向前的英国绅士，成为尊尼获加品牌的化身。在文本上，1999年尊尼获加开始使用"Keep Walking"（永远向前）这一品牌诉求，而在此之前则是一句沿用近百年的"Born 1820—Still Going Strong"（依然坚定向前），一直以来"向前"就是其最具代表性的品牌精神和沟通符号。由此，尊尼获加得到全球消费者的认同与共鸣，成为全球销量最大的威士忌。

围绕着"向前"，尊尼获加创作了大量经典广告创意和文案，比如"通往成功的路，总是在施工中"——这句是我的最爱。还有"如果你知道往哪走，世界会为你让出一条路""再远大的理想，都是从第一步开始""如果前方没有你能走的路，自己创造出一条路""平静的大海，绝不能造就出老练的水手"等励志金句。

2011年，尊尼获加在中国推出声势浩大的"语路"计划。它邀请了贾樟柯导演监制，拍摄了12部梦想人物纪录片，包括SOHO中国董事长潘石屹、曾任英语培训学校校长的罗永浩、艺术家徐冰、记者王克勤、民谣歌手周云蓬、环保工作者赵中等。视频记录了他们坚持梦想、实现人生志向的真实经历，通过他们充满感染力的进取话语，激励广大消费者追寻梦想，勇敢向前。

"语路"计划取得成功之后，2011年底尊尼获加又推出了一轮"语路问行动"，邀请陈坤担任形象大使，鼓励人们思考并加入讨论"什么问推动你前行?"，找出指引自己向前的关键问题，并用具体的行动走出答案。围绕"语路"的整个传播收获了巨大反响和影响力，深化了"向前"在消费者心中的印象。

2013年，尊尼获加还曾用CG（计算机图像）技术复活李小龙代言品牌。在一段90秒视频中，李小龙阐述了他的"水哲学"，用以致敬永远向前的变革者。广告文案是这样的——

龙是不死的，因为龙从不离开水。

水就像直觉，没有形状，无法把握，却有足以改变世界的力量。

我相信直觉。

它是每个人拥有的无限潜能。

它告诉我，不要遵守规则，而要创造规则；不仅用脑思考，更能用心感受。这是我改变一切的秘密，这是我被你们永远记得的原因。

只走直觉告诉你的路，

那，才是超越成功的路。

你是否有勇气，追寻内心的勇敢？

你是否有勇气，去做你自己的你？

让心如水，兄弟，

也许有一天，你不需用成功来定义，

因为你已是变革者。

在这每一句文案、每一条广告、每一次营销推广中，我们都能强烈感受到尊尼获加"向前"的精神。"永远向前"不仅仅是纸上的文字，更是鼓舞人心的力量，它帮助尊尼获加赢得了无数消费者的认同。

但是，进入 21 世纪以来，尊尼获加慢慢发现"永远向前"变得越来越不好使，并且也丢掉了威士忌销量冠军的王座。究其原因，这是新一代年轻消费者的生活方式和价值观念发生了剧变。

"努力奋斗，你就能成功"的人生哲学，在年轻人心目中成了老套、过时的话语，枯燥无味、了无生趣的活法。他们认同的不再是埋头苦干、咬紧牙关去奋斗的"向前"，而是为自己的兴趣爱好投入时间和热情，这样的"向前"才值得。享乐主义的思潮开始泛滥。

2015 年，针对新一代年轻消费者，尊尼获加推出了新的诉求，也是其历史上最大规模的品牌战役"乐在其中，迈步更远"（Joy Will Take You Further），强调乐趣是向前的源动力。尊尼获加希望用"乐趣"+"向前"的品牌标签来打动年轻人（见图 3-14）。

图 3-14 尊尼获加广告

资料来源：NEEU 你有网。

在营销之中，尊尼获加也放下了自己一贯的绅士派头，开始将励志式的品牌精神与娱乐化的营销手段结合起来。尊尼获加转而大打明星牌，请来影视明星、摇滚乐队、超级名模、F1 车手来宣传品牌。

时代变了，消费者变了，尊尼获加也从坚持了上百年的"向前"线性模型，变成了"向前"与"乐趣"并驾齐驱的双螺旋模型。

3. 中国白酒第一坊

前面已经提到，品牌带给消费者的价值，既包括了产品实用价值，也包括了用户心理价值。在品牌建设的过程中，很多企业会在初创阶段诉求功能利益，主打产品卖点，等到品牌发展壮大、产品功能被消费者熟知以后，则升级品牌沟通，转向诉求情感或态度。

一个伟大品牌的成长路径，就是经由工具价值向媒体价值、社会价值演进。工具价值承载产品的品质和功能特性；媒体价值承载个体的自我表达，使品牌成为消费者表达内在情感、个性与态度的媒介；社会价值承载群体共识，帮助消费者通过消费突显社会地位与身份，赢得众人认同，融入社会群体。回顾大多企业的品牌成长史，你都会发现这样一个规律存在。

这就是一个天然的递进模型。和双螺旋模型不同的是，它并非选取两种截然不同的标签来分别演绎，而是要在品牌原有基础上做加法、做升级，进行递进式发展、推进品牌价值的扩大化。

第二章中的红牛就是典型案例，随着目标人群和市场规模的不断放大，红牛的消费场景也开始从加油站、运动场扩大至办公室、社区，红牛的品牌标签也就从"累、困"升级为"能量"。为了不断放大市场、放大人群、放大品牌价值，品牌标签也要相应地进行递进和升级。

2000 年 8 月横空出世的水井坊，可以说是中国第一个高端白酒品牌。它让众多白酒企业惊觉应该重视品牌建设，而不是吃历史的老本。从此各个酒企纷纷发力，以水井坊为领头，开启了中国白酒的黄金十年。

水井坊一上来，就用 600 元一瓶的定价，抢占了"中国最贵的酒"的品牌认知。这个价格当时一举超过五粮液和茅台，甚至是茅台售价的整整两倍。它引发了业界、媒体、消费者的广泛关注：你水井坊凭什么卖这么贵？

"中国白酒第一坊"，这就是水井坊给出的答案，这也是水井坊问市之初的品牌诉求。

1999 年，四川成都水井街全兴酒厂在对生产车间进行环保改造时，意外挖出一处古代酿酒遗迹。考古发掘证明这是一处上迄元末、历经明清延续 600 年未曾间断生产的酿酒古迹，并认定为"中国最古老的酒坊"，成为中国白酒的源头。成都水井街酒坊遗址的发现，填补了酒坊考古的历史空白，是我国目前发现的"古代酒坊 + 酒肆"唯一实例，有力佐证了李时珍在《本草纲目》中的观点"烧酒非古法也，自元时始创之"，因而被国家文物局评为"1999 年中国十大考古新发现"之一。于是全兴酒厂和中科院、清华大学开展合作，从酒坊遗址培育出古糟菌群，并成功研发白酒产品，由此打造了一个全新品牌水井坊。

问世之初，水井坊的品牌宣传都围绕历史、文化展开，借助酒坊遗址的背书，展现其 600 年历史积淀，赋予品牌以名贵血统。"中国白酒第一坊"也因为有考古发现和相关部门肯定，得以通过广告法审查并最终出街。"第一坊"也在 2009 年成为水井坊的注册商标。

起初，水井坊代表性的品牌文案都是在表达历史文化，如"传世神韵，美酒大成""传世风雅，美酒之颂""超越，成就传世之美；品味，岁月历练之美"。就像早年最具代表性的两张平面广告《元明清篇》和《风雅颂篇》所示，水井坊主打的就是悠久历史和大雅文化。

就连 2000 年水井坊在广州花园酒店上市，发布会名称都叫作"水井坊考古发现暨水井坊酒展示会"。此外，它还通过不断申报"全国重点文化保护单位""原产地域产品保护""吉尼斯世界纪录""国家级非物质文化遗产"等荣誉称号，对品牌进行强有力的背书，提高品牌地位。

依靠历史文化的品牌攻势，结合"最贵的酒"的价格策略，水井坊获得成功，尤其是在广东、上海市场上风生水起。2000 年水井坊卖出 5400 万元，2001 年销售额飙升至 1.8 亿元，上市三年间，销售额每年翻番。

从无到有的水井坊，几年间迅速成长为高端白酒的典范，靠的就是品牌塑造。它不仅挽救了正在走下坡路的全兴酒厂，还缔造了一个新的白酒时代。在水井坊之前，白酒业还是渠道为王、自发竞争的状态，具备一定品牌效应的只有几个历史老名酒。水井坊开创了白酒品牌竞争的先河，中国白酒由此进入品牌消费时代。

但是，仅靠一个历史遗址、大雅文化，不足以帮助水井坊与"茅五剑"等拥有深厚底蕴的老名酒持续抗衡。2003 年以后，水井坊开始着力塑造自己的领袖地位、王者风范，做实品牌价值。水井坊启用了雄狮作为品牌象征符号，先后拍摄了《醒狮篇》《金狮篇》等大气磅礴的电视广告，并且开发了典藏大师版和晶狮装产品，将狮子或雕刻于酒瓶背侧，或做成水晶雕塑雄居于瓶底井台之上，以此来体现品牌的尊崇地位。

这一时期水井坊的代表性文案，包括"世上只有两种方向：指引与被指引""世上只有两种角色：追随与被追随""世上只有两种历史：传颂与被传颂"等。

这几句文案之所以好，首先是在表现形式上。指引与被指引、追随与被追随、传颂与被传颂，兼用重复的韵味和对比的效果，以一种无可辩驳的语气肯定了水井坊的品牌地位，并赋予了水井坊用户一种尊崇的气度和身份。

2007年的时候，奥迪为A8L车型推出过一系列文案，包括"等级划分一切，你划分等级""力量征服一切，你征服力量""权力控制一切，你控制权力""时间改变一切，你改变时间"等，把自己定义为成功者、领导者、划分等级者，从而强调自己顶级车的品牌地位。我觉得这和水井坊这几句有异曲同工之妙。不管是在表达含义上，还是表现形式上，这都可以说是向水井坊文案的一种致敬。这种创作手法，也让文案更具力量和美感，易于流传，具体技法留到第五章再做分析，这里只谈水井坊的品牌建设。

其次，文案也反映了这时水井坊已不满足于仅通过历史文化诉求塑造功能价值，它开始向媒体价值和社会价值迈进，致力成为中国精英阶层的一种身份标志和象征符号。

这一品牌战略上的突破，使得"第一坊"这个标签已经不太适用。于是在2005年，随着水井坊基本完成全国市场布局，它给自己贴上了一个新的标签"高尚生活"。

"中国高尚生活元素"，这是水井坊新的品牌诉求。它开始着力于生活方式品牌的塑造，让水井坊与高端生活方式关联到一起，作为商务宴请中彰显身份和文化品位的存在。

水井坊找到的高尚元素包括高尔夫、围棋、印章等，代表性文案如《高尔夫篇》的"举止之间，意趣相投"、《围棋篇》的"点滴之间，高雅流露"、《印章篇》的"品鉴之间，心神相印"，还有"放下地位，只谈品位""远离掌声，聆听心声""撇开酒量，只谈雅量"等。这是另一种文案的创作技巧，我们依然留到第五章再详谈。

除了文案以外，水井坊还在这一时期加强了节日营销，力争将品牌融入消费者生活。其春节营销聚集于传统礼节，主要诉求口号为"敬你一壶酒"，中秋营销的文案尤其脍炙人口，叫作"温一壶月光下酒"。此外，水井坊还连续赞助 CCTV 中国经济人物评选，传播"向高尚成就致敬"。这一切努力都是为了让品牌与高端高尚画等号，让品牌变成精英阶层的一种代表性身份象征和生活方式。

从聚焦功能价值，到做实社会价值，水井坊先后用两个标签，给自己的品牌进行了定义。水井坊是什么？是中国白酒第一坊，是中国高尚生活元素。这就是水井坊的品牌递进之路。

大获成功的水井坊引来了国际巨头的青睐。全球最大的洋酒公司帝亚吉欧，从 2006 年开始收购全兴集团股份，直到 2013 年将水井坊彻底收入囊中。但当时白酒业遭遇寒冬，水井坊又因人事变动，市场策略调整不及时，抑或是新进资方对中国酒文化、酒市场缺乏深入认识，2013 年水井坊销售额大幅下滑，2014 年面临首次亏损。

此后水井坊开始变更品牌战略，2015 年底推出"品牌焕新"运动，将广告语改成"悦于形，匠于心"，诉求精湛工艺。包括在 2017 年推出新的高端产品"菁翠"，主打创新竹炭过滤工艺，诉求"六百年淬炼成菁"，"匠心"成为水井坊整个品牌的基调。但我认为，这个新的标签既没有强化水井坊的品牌地位，也没有增添水井坊的社会价值。尤其是它完全抛弃过往积累的品牌资产，另起炉灶，浪费了水井坊这么多年来积累起来的品牌认知和联想。此后，水井坊的品牌竞争力减弱，逐渐退出高端白酒第一梯队。

对品牌建设而言，品牌不宜频繁更换品牌主张，更不该全然抛弃过往，另起炉灶，重搞一套。这不仅意味着已有品牌资产的极大浪费，而且会造成消费者认知混乱，再说消费者是否接受新主张还是一个未知数。

这时品牌就应该使用递进模型，升级品牌诉求，放大品牌价值的同时累积品牌资产。递进模型适用于品牌不同阶段的发展要求，尤其是当品牌需要做出改变时，比如品牌激活、品牌升级。

除水井坊外，我还服务过另一个白酒品牌——衡水老白干。老白干是白酒的一个品类，属于清香型酒。之所以叫这个名字，据传是因为明代时人们夸它"真洁，好干!"，"白"是酒体清澈，"老"是历史悠久，"干"则是酒精度高、纯，用火燃烧后不出水分，三字合到一块儿便是老白干。

这三个字概括了衡水的酒特点，特别是"干"，很多人一提到衡水，第一反应就是它的 67 度老白干这个代表产品，这是国家承认的最高白酒度数。基于这个产品特性，2006 年我所在公司帮助衡水老白干梳理品牌价值时，我们提出的核心诉求就是"衡水老白干，喝出男人味"。

"男人味"将衡水高度酒的产品特征转化为了情感价值，而且为品牌树立了鲜明的个性形象。因为在传统文化中，尤其是北方市场（如燕赵大地），能喝烈酒还是一种男子气概的表现。基于"男人味"这个标签，衡水请了有荧幕硬汉形象的影视明星胡军代言，进一步强化品牌形象。同时，"男人味"也帮助衡水旗下的两大白酒品牌形成了鲜明区隔：衡水老白干主打"男人味"，走阳刚路线，胡军代言；十八酒坊诉求"醇柔典范"，走柔美路线，"国民媳妇"海清代言。

2012 年，衡水老白干推出高端产品古法年份系列，希望我们再次帮助其解决高端产品推广和品牌升级课题。接到这个课题，我认为我们面前有三大难题亟待解决：

第一是固有品牌认知，衡水老白干主打大众化产品，核心价格带位于几十元钱区间，而随着古法年份系列产品的推出，价格要一下子变成几百块。那么如何提升品牌价值，改变品牌在消费者心目中廉价大众化的固有认知就成了一个大难题。

第二是消费者接受度，"喝出男人味"的烈性高度特点和其传递的男子汉气概不太能打动高端消费者，因为"喝出男人味"不符合高端宴请的场景氛围，这些场合讲究的是档次、品味、身份地位和思想境界。

第三是整体品牌调性，高端产品线既要与大众产品线拉开差距，强化档次，同时它又不能脱离衡水老白干整个品牌的范畴。也就是说，古法年份系列产品要在"喝出男人味"的大框架下寻求升级，"男人味"的品牌核心价值还要延续，否则高端产品的推出也就起不到提升品牌的作用。

我们从几个层面进行了分析：

首先是产品层面，古法年份系列产品最突出的产品利益点就是古法和年份，即白酒的传统工艺和多年陈酿，而这两点都和时间有关。时间，带给白酒更好的品质和更好的味道。

其次是用户层面，高端白酒消费者的平均年龄更大，社会阅历更丰富，有更多人生历练。时间赋予了他们更加成熟的魅力。

最后是品牌层面，"喝出男人味"传播多年，但更多是在喊口号、做知名度，强化"老白干＝男人味"的认知关联。但男人味到底是什么，却从未进行充分解读和演绎，而随着品牌的进一步发展，我认为品牌需要呈现出"男人味"的内涵。

所以，我给衡水老白干写了一句新的广告语——"时间给了男人味道"。通过"时间"的注入，来丰富"男人味"的内涵。时间，是对男人的一种历练和沉淀。既用时间来塑造自信从容的高端消费者形象，又用时间来强调古法年份产品是经过时间历练的味道。对品牌的大众线产品来说，"男人味"代表一群奋斗者，是积极进取、奋发向上的味道。对品牌的高端线产品来说，"男人味"代表一群成就者，是自信从容、勇于担当的味道，更加沉淀成熟的男人味。

从"喝出男人味"到"时间给了男人味道"，这就是一个递进模型，它帮助品牌提升价值内涵，放大市场空间，覆盖并打动更多消费者。

回头再看宝马的案例，从描述产品功能的"终极驾驶机器"，到传达产品驾驶体验的"纯粹驾驶乐趣"，再到聚焦用户认知价值的"BMW之悦"，宝马在百年品牌建设中，一方面既保持了品牌的一致性和连贯性，一直围绕着"乐趣"做文章，但另一方面也在不断放大"乐趣"的品牌内涵，乐趣既包括消费者驾驶宝马汽车的乐趣，也包括消费者在实现人生价值过程中的快乐与喜悦。

品牌要在消费者内心持续累积认知和价值。从"中国白酒第一坊"到"中国高尚生活元素"，从"喝出男人味"到"时间给了男人味道"，从"纯粹驾驶乐趣"到"BMW之悦"，这些递进模型做的都是积累，而非舍弃。品牌在启动传播之前要做减法，简化信息，聚焦核心标签，而一旦开启了传播与推广，则要不断做加法，让品牌产生叠加效应。

4. 大自然的搬运工

提到农夫山泉，也许你会想到那句著名的"大自然的搬运工"，也许你会想到经典的"农夫山泉有点甜"。农夫山泉的品牌传播史，包含了不同的文本和诉求主张。那么，这些不同的文本到底是如何构建了农夫山泉的品牌体系呢？在农夫山泉不断更换的品牌诉求背后，又有什么规律和内在逻辑可循呢？

1998 年，农夫山泉推出第一句广告语"农夫山泉有点甜"。

2007 年，农夫山泉提出新的主张"天然的弱碱性水"。

2008 年，农夫山泉换上著名的"我们不生产水，我们只是大自然的搬运工"。

2014 年，农夫山泉又发起了公益营销"美丽的中国，美丽的水"。

2016 年，农夫山泉开始强调"含有天然矿物元素，健康饮水的倡导者"。

2018 年，农夫山泉则是"什么样的水源，孕育什么样的生命"。

以上就是农夫山泉主要的品牌诉求，虽然这些文本看起来各有不同，但仔细思考一下你会发现，农夫山泉一直以来只给自己贴了一个标签，那就是"天然"。1996 年农夫山泉公司成立时，即提出"天然水"概念，并在次年 6 月上市产自千岛湖水源地的天然水产品。1999 年，农夫山泉宣布停止生产纯净水，改而全部生产天然水，并坚持在水源地建厂，在水源地罐装。一直到今天，"天然"始终是农夫山泉的品牌核心。

围绕这个核心标签，"农夫山泉有点甜"是从感性层面表达"天然"。甜，是一种味觉。但喝过农夫山泉的人都知道，它的水明明是不甜的。为什么农夫山泉还要讲甜呢？那是因为在我们的认知习惯里，山泉水是甜的。"农夫山泉有点甜"让消费者产生了它是山泉水、来自大山里的品牌联想。"有点甜"代表了农夫山泉"天然"的感知价值、体验价值。

"天然的弱碱性水"是从理性层面表达了"天然"。我还记得当年农夫山泉做了一个小物料，套在瓶子上，上面注明农夫山泉的 pH 值是 7.3 ± 0.5，并且农夫山泉还做了一系列化学实验，证明其水质是弱碱性水，是天然的。"天然的弱碱性水"代表了农夫山泉"天然"的认知价值、功能价值。

"我们不生产水，我们只是大自然的搬运工"是从品牌理念层面表达了"天然"。这句广为传颂的文本让大家深刻认识了农夫山泉是一个什么样的品牌。在换上这句广告语之后，农夫山泉开始启动大型品牌公关活动"见证寻源之旅"，邀请媒体和消费者前往农夫山泉的水源地如浙江千岛湖、广东万绿湖，亲尝天然湖水，并参观农夫山泉工厂和生产全过程，见证农夫山泉的天然品质。

尤其是在 2013 年 4 月，农夫山泉陷入"标准门"事件，有媒体宣称农夫山泉执行的产品标准比自来水还宽松。农夫山泉对此的回应，则是开展更大规模的"见证寻源之旅"，邀请百家媒体看水源、看工厂、谈标准。"大自然的搬运工"代表了农夫山泉"天然"的品牌理念、产品品质。

"美丽的水，美丽的中国"是从公益、社会责任层面表达了"天然"。2010 年 4 月，昆仑山雪山矿泉水在全国范围内上市，此后又有一系列高端矿泉水问世。2013 年 11 月恒大冰泉上市，并公然宣称"我们搬运的不是地表水"。矿泉水的水源地战争全面打响，市场竞争日趋白热化。

当此时，农夫山泉在 2014 年伊始，推出了一部长达 3 分钟的微纪录片《一个你从来不知道的故事》，讲述农夫山泉的水源勘探师方强在长白山麓的原始森林里寻找优质水源的故事。这条短片不仅登上了央视黄金时段，在央视一套《焦点访谈》之后播出，而且还在各大视频网站进行了大规模投放，农夫山泉开始抢占长白山的心智资源。同年 3 月 22 日"世界水日"，农夫山泉在全国多个城市组织了"美丽的中国，美丽的水"大型公益活动，邀请消费者画出美丽的水，并现场展示农夫山泉各个美丽的水源地，邀请消费者去参观美丽的水，一起保护水资源。

2015年，又一部纪录片《每一滴水都有它的源头》，作为"美丽的中国，美丽的水"系列之二上线。这是一部讲述从2000年开始农夫山泉如何在峨眉山寻找水源、建设工厂的纪录片。2016年，农夫山泉又投放了一部纪录片《最后一公里》，它讲述了农夫山泉在西藏拉萨地区的业务代表尼玛多吉，在过去12年来如何给布达拉宫、大昭寺等网点配送农夫山泉的故事。

通过这一系列纪录片的投放和公益活动，农夫山泉强化了天然水源地的品牌认知，不仅巩固了市场地位，而且通过以公益环保、乡土情怀为主题的宣传，改变了消费者态度。"美丽的中国，美丽的水"代表了农夫山泉"天然"的公益价值和社会责任形象。

"健康饮水的倡导者"是在品牌地位层面表达了"天然"。由于包装饮用水市场不断细分，高端雪山矿泉水、冰川矿泉水、母婴水等新品类、新品牌纷纷涌现。作为矿泉水的领导品牌，农夫山泉必须捍卫自己的市场份额和品牌地位，于是2015年2月，农夫山泉在长白山召开发布会，一口气推出了玻璃瓶装高端矿泉水、运动瓶装学生天然矿泉水、天然饮用水（适合婴幼儿）三款高端产品，这三款产品的水源地都来自方强2008年在长白山找到的莫涯泉，莫涯泉拥有天然均衡的矿物元素，并且钠含量更低，是稀缺的低钠矿泉水。

随后，农夫山泉拍摄了一部电视广告，该广告由美国加州大学旧金山分校医学生理学教授、瑞士日内瓦大学临床营养学首席教授、美国罗格斯新泽西州立大学营养学副教授共同证言，推荐大家饮用含天然矿物元素的水，强调农夫山泉"含有天然矿物元素"，是"健康饮水的倡导者"。

农夫山泉通过这一系列动作，巩固了自己在天然水领域的领导地位。"健康饮水的倡导者"代表了农夫山泉"天然"的品牌理念和品牌地位。

"什么样的水源，孕育什么样的生命"则是在价值观的层面表达了"天然"。正如农夫山泉一直强调的那样："身体中的水，每18天更换一次；水的质量，影响着生命的质量。"所以农夫山泉是站在生物、生命、生态的角度去看待一瓶水。

它不仅将长白山的珍稀物种和春夏秋冬的四季风景，作为图案或插画印在产品包装上，并且在水源地实景拍摄了各种生机勃勃的野生动植物，来作为农夫山泉的广告。此举被网友称为广告片拍出了《动物世界》的感觉，并赞为农夫山泉最美的一部广告。这一广告通过呈现野生世界的勃勃生机，让大家更深刻地感受到农夫山泉的"自然"，透露出浓浓的生态和人文气息。

2017 年，农夫山泉还拍摄了一部日本"煮饭仙人"村嶋孟的广告片。这位花了 53 年研究如何煮好一碗米饭的老人，相信只有水好才能煮出纯正美味的银饭，他说："能用农夫山泉做饭，是件幸福的事。"这部片不仅在告诉消费者用农夫山泉煮饭更香，更通过一水一饭这些生活中的美好细节，展示品牌的人文情怀。"什么样的水源，孕育什么样的生命"代表了农夫山泉"天然"的价值观和人文精神。

纵观农夫山泉的整个品牌营销史，农夫山泉始终以"天然"为核心标签，分别从感官体验、理性认知、品牌理念、产品功能、品类地位、社会公益、人文和价值观层面进行传播与沟通，从而构建整个品牌体系。

农夫山泉的品牌架构就是一个典型的同心圆模型。它以一个核心标签为圆心，在不同时期，从不同维度衍生出不同的品牌文本和内容，对品牌进行充分演绎与展开。

再如劲酒这个品牌，相信很多人听到它第一反应就是那句"劲酒虽好，可不要贪杯哟"。30 多年来，劲酒的营销始终聚焦于此，强化"健康"的核心标签。作为一款保健酒，健康以及健康饮酒就是劲酒的核心价值。

我从 2009 年开始为劲酒提供品牌营销服务，负责其年度品牌代理和整合营销传播。在近十年的服务时间里，我看到的就是劲酒围绕着"健康"所做的全方面演绎。比如发起"健康饮酒中国行"的社会公益活动，倡导健康饮酒理念；比如打造"有健康，更进步"的春节营销主题活动，告诉消费者拥有健康的身体，才能更好地投入工作与生活；比如拍摄品质专题片、发起"跟着劲酒去旅行"的品质之旅，传递劲酒的健康品质。

2013 年，劲酒开始投放"少喝一点，为健康"的电视广告，更清楚直接地倡导健康饮酒理念，强化劲酒与健康的认知关联。在这两部电视广告中，劲酒则是从情感的维度去诠释健康。我为劲酒写的一句文案是"朋友不在酒量，在体谅"，我同事写的是"身体是自己的，也是家人的"，这两句话随着劲酒在央视的持续投放，也成为酒桌上的流行语。

在今天这个碎片化的年代，品牌营销恰恰需要中心化的构建。如果品牌没有找到自己的核心场景、核心标签、核心人设，营销只会追着热点走，公司今天做这个，明天做那个，最后只会造成品牌四不像，无法形成清晰、鲜明、一致的用户认知，在海量信息中泯然于众人。

同心圆模型的意义，就在于要求企业找到品牌的核心构建点，然后从不同方向、用不同内容将其讲全讲透（农夫山泉给这些方向做了完美示范）。这个模型能让品牌形象变得更加丰满，让品牌内涵变得愈发丰富，并让品牌在商业上实现大丰收。

标签是对品牌价值的浓缩，是对品牌战略的概括，是大数据时代进行品牌传播的关键。标签是影响消费者心智的算法，具有表明品牌身份、传递品牌价值、感召用户行动三大作用。因此，品牌应当基于简化、具象化、差异化、风格化四大法则要求，找到自己的精确标签，慎重选择能够代表自身的词汇。一旦品牌拥有了这个核心标签，则应按照线性模型、双螺旋模型、递进模型、同心圆模型四大模型的要求，构建品牌文本，衍生各式各样的品牌内容，对品牌进行充分展开，形成完善的品牌传播体系。

要想写出好文案，先要找到标签。这样写出来的文案才能够传神，才能一句顶万句，用柯尼卡的一个文案金句来表达，那就是："它抓得住我！"

第四章　社交

| 本章导读 |

品牌营销的三个时代

在传统媒体时代，大众传播渠道集中，一个媒体就可以覆盖全国市场、覆盖大部分消费者。这一时期做品牌就等于做广告。品牌建设就是要通过主流媒体发声，加上聘用代言人打广告，提升品牌知名度。有了名气后，自然会被观众视为知名品牌、大品牌，同时主流媒体和代言人还能为企业提供信任背书，让观众认为它是值得信赖的品牌。

品牌有了名气和可信度，消费者就会选择购买，所以这一时期，品牌建设以知名度为中心，有了知名度，企业就能顺利铺货开店，等消费者抢着上门购买和经销商抢着代理。"电视广告＋代言人＋铺货开店"成为品牌打造的三板斧。在传统时代，品牌的本质是传播。

21世纪以来，市场日渐发达，互联网开始兴起。消费者在满足基本物质需求后，开始产生个性化需求和情感需求，市场开始分化。这时，企业必须创造差异化，并且通过情感、态度、个性化的品牌沟通方式打动消费者。认知度和美誉度建设取代单纯地做名气、广而告之，成为品牌建设的中心议题。

同时，互联网将传播由单向变成了双向。过去，信息送达消费者后传播即告完成；而现在，信息送达消费者后传播才刚刚开始，消费者接收信息后，是否愿意参与、是否愿意转发才决定传播的真实效果和质量。这时，品牌建设也就从单向的传播走向了双向的沟通。在网络时代，品牌的本质是沟通。

2011年，中国进入移动互联网元年，这一年微信刚刚出现、微博注册用户突破1亿大关、阿里巴巴分拆淘宝和淘宝商城（天猫）。电商大发展，各种内容平台和社交平台如雨后春笋般涌现。每个人都可以对企业的营销传播迅速做出反应，不管是马上下单，还是评论发声。

消费者对广告轰炸已经免疫，只有和消费者相关、对消费者有用、让消费者觉得有趣的品牌信息，他们才愿意接收，否则再多信息轰炸，也会被消费者设为自动屏蔽。品牌若想打动消费者，其关键不再是音量爆破，而是引发用户共鸣。消费者不仅掌握了营销的主导权，而且拥有了传播话语权。他们对于品牌信息不只是接收，而且更积极反馈。他们活跃在自己的社交圈子里和社交媒体上，发出自己的声音。这种声音经过人际社交链的层层扩散，可以放大至全网络，对企业品牌产生不可估量的影响。

因此今天的品牌建设，必须在内容输出方面与消费者进行共创，基于共同的理念和利益同消费者一起发声；在传播上品牌需要打造自有营销阵地，与消费者建立互动、形成共振。只有这样，品牌才能培养出自己的粉丝群体，和用户结成一个共同体，从而实现话语共建、利益共享、价值共鸣、品牌共振。在移动时代，品牌的本质是社交。

从传播到沟通，再到社交，品牌与其目标消费者的关系一步步加深，消费者对品牌的影响力一步步增强。这一品牌模式的变迁，反映的就是社会话语权去中心化、营销话语权从企业向消费者转移，以及品牌建设的用户主体性确立。这就是中国品牌营销的三个时代。

品牌要想和消费者形成社交，就必须知道要用何种方式与消费者建立对话，理解目标群体的生活方式和所思所想，以及品牌必须清楚与消费者沟通时应扮演什么角色，以何种风格、个性与消费者建立社交关系。这也就是创作品牌文本时，必须考虑到的人称、人群、人设。

第一节　人称

人称是社交的发起点。

对文案创作而言，首先要确定的便是品牌应以何种身份、立场与目标人群进行沟通，这样你才知道该跟消费者说些什么和如何与他们建立关系。这就像写作文时，你必先确定使用何种人称去叙述，不同的人称不仅会影响你的内容表达，也会影响读者的感受。写文案不是自说自话，而是与消费者寻求对话。选择对的人称才能开展好的对话。

淘宝一声"亲"，对于整个电商业都意义重大。它找到了一个合适的称呼，让交流得以展开。"亲"不仅迅速拉近了买卖双方的距离，不像互称店家、顾客那般生分，也不用担心不知性别，而错叫先生或小姐，"亲"就是开启一次生意的完美起点。又如李佳琦称呼他的粉丝为"所有女生"，而不是所有人、所有女士、所有顾客，这个称呼同样让人感到亲切和愉悦，让人不自觉就听从李佳琦的号召。

最基础的人称，则要从我、你、他／她、我们做起。

1. 谁值得拥有

欧莱雅有一句经典文本：我值得拥有——对，你没看错，"你值得拥有"那是后来的版本。1973 年，欧莱雅最早喊出的口号叫作"Because I'm Worth It"（直译为"因为我值得"）。

这句文本最初只是欧莱雅旗下一支染发剂的宣传口号，后来成为整个欧莱雅集团的品牌主张。其实欧莱雅的故事就是从染发剂开始的。它由世界上第一支无毒染发剂的发明者、法国化学家欧仁·舒莱尔（Eugène Schueller）于1909年创立。起初，公司名称就叫作"法国无害染发剂公司"，成立30年后才更名为欧莱雅。

1973年，欧莱雅在美国推出了一款革命性的染发剂产品Preference，但价格远远高于同类产品，如何让消费者接受当时成为一大挑战。而且，当时欧莱雅还要直面一个强劲对手——宝洁旗下的伊卡璐此刻正独霸着美国家庭染发市场。

在开始介绍欧莱雅这个大获成功的营销案例前，我们先提一下当时美国的社会背景和市场状况。20世纪，美国掀起了三次女权运动的浪潮。第一次从19世纪中后期发轫，以1920年美国女性获得选举权而告终。

随后，二战期间男人上了战场，大后方空缺出来的生产岗位必须由女人填充，政府开始号召女性出来工作为国家做贡献。于是女性走出家庭，社会地位迅速提升。然而随着战争结束，男人从战场上回来，政府和社会又竭力鼓吹女性回归家庭，把工作机会还给男人。大众媒体、社会舆论、商业广告联手将女性的理想角色，塑造成贤妻良母、快乐满足的家庭主妇形象，鼓励她们从家务劳动中获得幸福，实现人生价值。

这成了美国上下仿效的女性样板。20世纪50年代末，美国职业女性的比例从1930年的15%下降到1960年的11%；女大学生的比例，从1920年的47%下降到1958年的35%；女性平均结婚年龄下降到20岁，60%的女大学生因结婚而中途退学。[⊖]

伊卡璐就在这样的背景下崛起。当时染发还被视为坏女孩的专利，是轻佻的行径，所以染发并不流行。但爱美是人的天性，所以伊卡璐染发剂将"自然"作为主打卖点，让你拥有一头看不出来是否染过的漂亮头发，这样你的男

⊖ 罗慧兰.贝蒂·弗里丹与《女性的奥秘》[J].中华女子学院学报,2006(2):46-49.

友、丈夫、长辈都能接受这种改变。伊卡璐由此风靡全美，它将美国女性的染发率从 6.7% 提高到了 40% 以上，并垄断了染发市场接近 20 年。[⊖]

在 1956 年的一则经典广告文案中，伊卡璐这样写道："她染了还是没染？只有她的染发师才知道。"而且伊卡璐的广告配图，也永远是一位微笑着的优雅女士和她的孩子依偎在一起，一个完美的贤妻良母形象（见图 4-1）。

图 4-1 伊卡璐广告

资料来源：伊卡璐官网。

但显而易见，二战前后女性地位的鲜明对比导致了女性的不满。1963年，美国女权运动家贝蒂·弗里丹（Betty Friedan）出版《女性的奥秘》（*The Feminine Mystique*）一书，批判美国当时那种虚假的、与女性现实生活不符的幸福主妇形象，贝蒂号召女性冲破家庭这个"舒适的集中营"，走向社会，走

⊖ 戴老板. 妇女能买半边天 [EB/OL].（2019-03-07）[2020-06-01]. https://mp.weixin.qq.com/s/PEWrE51JOgii8TQ9a573iA.

向工作岗位，结束传统性别角色分工和对女性的性别歧视。这本书被赞誉为"永久改写了美国等国家的社会结构"，成为 20 世纪最有影响力的书籍之一。它在当时的美国引起极大反响，并点燃了新一轮的女权运动。20 世纪 60 年代末，美国第二次女权浪潮汹涌而至。

在这一背景下，欧莱雅登场了。当时，Preference 染发剂的营销重任被交到了麦肯广告公司手上，麦肯最初构想的创意是这样的：一位坐在窗边的美人，一阵微风吹过，拂动室内华丽的窗帘，还有那一头染过的金发⋯⋯

但麦肯这群资深广告人显然没有搞清楚状况，社会已经变了，这种看上去就很假的场景和花瓶般的女性角色，不过是 20 世纪 50 年代的陈词滥调，它显然无法赢得女性的芳心和说服女性购买昂贵的欧莱雅染发剂，更无法与伊卡璐塑造的"贤妻良母"形象、主打的"自然"功能卖点形成区隔。

这时，麦肯一位刚满 23 岁的初级文案伊伦·施佩希特（Ilon Specht）——一位独立自主的新女性站了出来。她提笔写下了这段文案："我使用这个世界上最贵的染发剂，来自欧莱雅的 Preference，这不是因为它最贵，而是因为我在乎我的头发。对我来说头发的感受比较值得，秀发触碰到颈部的那种感觉很棒。实际上，我不介意花更多钱给欧莱雅，因为我值得（见图 4-2）。"

图 4-2 欧莱雅广告

资料来源：网易网站女人频道。

促使伊伦写下这段文案的，是当时麦肯内部充斥着性别歧视的办公环境，还有办公室外一浪高过一浪的女性游行示威。她愤怒于上司将她文案中的"女人"一词统统替换成"女孩"，这意味着不管你多大年纪、多强能力、多高职位，只要你是女人，男人就只会把你当成小孩子看待，一个处处仰望他们、需要他们的小女孩。

伊伦认为文案应该站在女性自身立场发声，而不是从男性眼中的女性角色出发。她后来回忆这段往事时说："这是我曾经写过的最棒的文案，它完全是在一种愤怒的情绪下完成的。我认为，它和男人没有关系，它只和我们女人自己有关，我不是为了取悦男人而做头发的。"⊖

也就是说，"因为我值得"关乎女性自身立场和自我选择，而伊卡璐的"她染了还是没染"则和男性（他人）如何看待你、评价你有关。如果你是一个独立自主的新女性，如果你看重自己，那就去买欧莱雅吧；如果你很在意他人评价，希望做一个男性眼中的完美女性，那你就去用伊卡璐好了。

在这段文案的帮助下，没过几年欧莱雅就取代伊卡璐成为美国家用染发市场的领导品牌。两个商业品牌之间的角力，标志的其实是美国社会的变迁和女性力量的崛起。

当然，我们今天作为一个旁观者再来审视这个伟大的商业案例，你会发现欧莱雅在这里偷换了概念，它并没有回答为什么它的 Preference 染发剂要卖最贵（欧莱雅在英文广告文案中直接使用了"The most expensive"）。欧莱雅不是从产品出发，去说明产品功效、技术、成分、原料有多么好，从而证明它值得高价，所以应该比伊卡璐贵。相反，欧莱是从消费者出发，告诉所有女性："你值得买它。"它通过抬高女性用户的地位，去推销产品的高价。这个时候，价格就不再是障碍，而是一种优势，它标榜了女性自我认知。

从此，"因为我值得"便成了欧莱雅的标志性话语，并逐步从染发剂推广

⊖ Marlen Komar. L'Oreal's "Because You're Worth It" Origin Story Is Feminist As Hell[EB/OL].（2017-11-10）[2020-06-01]. https://www.bustle. com/p/loreals-because-youre-worth-it-origin-story-is-feminist-as-hell-73630.

到化妆品和护肤品领域，最终成为欧莱雅整个企业的价值主张。

但是，随着大肆收购和大规模国际性扩张，欧莱雅变成了世界上最大的化妆品集团，它不单在西欧和北美进行销售，还进入了东欧、亚洲和中东市场。欧莱雅必须直面不同国家和地区的文化差异，以及女性角色和价值观的出入。于是欧莱雅也会把"因为我值得"改成"因为你值得""因为我们值得"，这种人称的变化，反映的其实是文化差异，品牌与消费者沟通方式的不同。

1997年欧莱雅进入中国，"Because I'm Worth It"这句品牌主张被译作"你值得拥有"。由于欧莱雅的明星战略，因而不管哪个产品的电视广告结尾都使用同样的品牌标版，由大牌明星代言人对着镜头说出同一句口号"你值得拥有"。这句口号在中国很快变得家喻户晓，欧莱雅也在中国迅速壮大。

虽然仅是几个字的差异，但思索一下就会明白，"因为我值得"和"你值得拥有"的意思其实截然不同。我在网上找了两部十多年前分别由巩俐和李嘉欣代言的欧莱雅广告片，看一下这两部广告片的旁白文案你就会明白这种差异——

《巩俐篇》："转眼间，你可能会发现，眼周皱纹浮肿，不再紧致。巴黎欧莱雅复颜双重眼部菁华，双管科技。抗皱乳霜，针对下眼周，淡化皱纹，减轻浮肿；提拉啫喱，针对上眼睑，对抗松弛，提拉紧致。先淡化，再提拉，眼睛没有倦意，充满活力。巴黎欧莱雅复颜双重眼部菁华，你值得拥有。"

《李嘉欣篇》："睡梦中，也能实现女人的白皙梦想。更少暗黄，更多粉嫩。巴黎欧莱雅科技，让梦想成真。全新雪颜舒缓晚霜，持续作用到天亮，唤醒健康粉嫩光彩，含有效预防成分，并首添珍稀碧玺石，促进肌肤内循环，减少暗黄，透射粉嫩光彩，每天醒来，至臻白皙，由内透现。全新巴黎欧莱雅雪颜舒缓晚霜，你值得拥有。"

这两部广告片都在描述欧莱雅的产品功效、成分、作用原理、使用方法，"你值得拥有"表达的意思是这个产品非常非常好，你值得拥有它，其重点在"物"上。而"因为我值得"，表达的意思是我配得上用好的产品、用贵的产品，其重点在"人"上。看起来只是从"我"到"你"的人称变化，但实际上背后的策略与商业思考完全不同。

这或许是因为 20 世纪末的中国，消费观念还相对传统，而且中国文化又讲究含蓄谦让，中国女性还不习惯张口就是"我值得""我想要"之类的话语。再加上当时中国经济尚不发达，人们更在意的还是拥有物质财富，垂青大牌产品，而非自我价值标榜。所以这个时候，欧莱雅就强调产品的功能价值、珍稀成分，并通过明星代言、法国血统塑造大牌形象，从而让消费者相信欧莱雅值得拥有。

到了 2018 年 4 月，欧莱雅在微博上携手旗下众多明星还有关键意见领袖，发起了一个"我就是＿＿＿＿＿，我值得拥有！"的品牌战役。

其中一些明星表达态度宣言的文案是这样写的——

巩俐：我随心所欲，我无须证明自己。我就是随心所欲，我值得拥有。

迪丽热巴：就算不完美，也有独属于自己的美。我就是自己的战士，我值得拥有。

毛不易：不管是否被欣赏，我都用心歌唱。我就是平凡不易，我值得拥有。

王源：舞台上有鲜花掌声，但荣耀背后，我始终记得。我就是初心少年，我值得拥有。

关晓彤：年轻，就要勇敢做梦。我就是无惧可击，我值得拥有。

此时，欧莱雅开始将品牌诉求切换到"我值得拥有"，改走个性态度路线。它不仅推出了明星的态度大片 TVC、态度 H5，还号召消费者亮出自己的态度，生成自己的专属态度海报。此外，消费者还可以通过海报附带的链接，购买欧莱雅专门设计的"我就是我"态度礼盒。这个活动引爆了线上热搜，引来众多消费者参与发声，强化了品牌的自我风格。

在发起这一波品牌战役的同时，欧莱雅还推出了青春密码系列产品，诉求"我的青春，很敢耀"的个性主张，在新生代明星王源和蔡徐坤代言的产品广告片中，欧莱雅的品牌广告语也跟着变成了"我值得拥有"。更有意思的是吴彦祖、鹿晗共同代言的欧莱雅男士广告，在广告片结尾，吴彦祖照惯例说出那句经典的品牌标版"我值得拥有"，而鹿晗则补了一句"我更值得拥有"。

可以看出，随着整个社会的变化，特别是"千禧一代"消费者的崛起，欧莱雅在中国的推广也开始越来越从"我"出发，诉求自我价值和个性态度。

到2019年，欧莱雅的品牌诉求又变成了"我们都值得拥有"。巩俐代言的复颜抗皱紧致滋润日霜、李宇春和朱一龙代言的积雪草晶莹微精华露、辛芷蕾代言的玻尿酸紫熨斗全脸淡纹眼霜，在这些欧莱雅主打产品的广告中，沟通人称都换成了"我们"。

按照欧莱雅的官方解释，随着产品线越来越长，目标消费者的范围越来越广，有女人，有男人，有叛逆少女，有独立女性，有家庭主妇，有名媛贵妇。而且随着欧莱雅全球市场的扩张，各种年龄、收入、肤色、民族的消费者都有，"Because I'm Worth It"被翻译成40多种语言，欧莱雅所倡导的美也更加多元化，每个人都有专属于自己的独特的美，于是欧莱雅开始讲"我们"——"我们都值得拥有"。

回顾整个欧莱雅的故事可以发现，品牌使用第一人称"我"进行沟通时，更多是站在消费者本位，将自己当成消费者，来表达"我"的个性、态度和价值观念。品牌使用第二人称"你"进行沟通，则是站在企业本位，从自身出发向目标对象传播产品价值或品牌理念。而品牌使用"我们"，则是意图拉近消费者距离，将品牌和其消费者变成一个整体，从而与更多元的消费群体建立关系，建立不同消费者对品牌共同的归属感。

从"你"到"我"，再到"我们"，这种人称的变化反映的其实是市场的变化，品牌对话消费者方式的变化，以及企业对社会文化变迁的适应与调整。

2. 我的地盘听我的

中国移动在我看来有一个品牌细分的经典案例，2003 年它推出了三个界定清晰、目标精准的子品牌：全球通、神州行和动感地带。

全球通针对高端商务人士，瞄准那些月话费较高，并对手机漫游和服务品质有较高要求的用户。神州行针对大众工薪阶层，瞄准那些注重资费实惠、月租低、服务便捷自由的消费者。动感地带则针对年轻族群，瞄准手机通话少，但对短信和数据套餐有很强需求的学生群体和年轻上班族。

三个子品牌，不仅针对各自的细分人群打造了相应的产品套餐和服务体系，而且打造了各具特色、区隔清晰的品牌形象，赢得了各自的消费者的喜爱与认同。全球通汇聚了一大批行业精英，成为移动通信行业的领导品牌，商务人士都以使用全球通为自豪。动感地带问世后，只花十个月就突破了用户数量千万大关，高校迎新海报上甚至打出"十个新同学，九个都在动感地带"的标语。而葛优代言的神州行广告，更是大街小巷铺天盖地，妇孺皆知。

特别是这三大品牌的广告语，全球通"我能"、神州行"我看行"、动感地带"我的地盘听我的"，更为大家所熟知。这三句广告语里都有"我"字。三大品牌都站在消费者立场，说出"我"的心声，表达"我"的态度，因而赢得了用户认同，获得了空前成功。

"我能"，表达的是精英阶层的价值观念。它说出了消费者坚持梦想、超越自我、不懈追求的心声，并成功塑造了自信、奋斗、掌控一切的"进取者"用户形象。同时，"我能"紧紧扣住了当代中国飞速发展、自信向前的社会主旋律，展示了全球通作为一个领导品牌的姿态和魅力。"我能"异常简洁，短短两个字却蕴含了深刻的人生价值观，全球通因而成为自信、成功、卓越的身份象征，被众多中高端用户青睐。

在"我能"精神的指引下，全球通的文案是这样写的——

> 谁能让这个春天没有沙尘暴？我能。
> 向鄂伦春老人说一声早安，我能。

身体和事业都要跑在前头，我能。

玩儿点新花样，而且不重样！我能。

走到比自己想象更远的地方，我能。

船未靠岸，Internet 已经登陆！我能。

信息伴我一路前行，我能。

客户的 100 个问题，你能给他 100 个满意的回答吗？我能。

谁能把客户的每件事都放在心上，我能。

做人生的赢家，我能。

…………

"我看行"，表达的是大众阶层的消费意识。它借消费者口吻说出了大众选择手机卡的标准，表达消费者对神州行品牌的信赖。因为神州行的用户就是普通老百姓，所以神州行的文案风格非常朴实，就像是在用一种拉家常的方式给家里的叔伯大爷推荐手机卡。"我看行"塑造了神州行有亲和力、口碑好、大家都选的品牌认知。

葛优代言神州行，出过一系列平面广告和电视广告文案，在我看来都是经典。其文案是这样写的——

我是葛优，和你一样，我也有一部使用神州行号码的手机。我用神州行，理由很简单：信号好、资费实惠、用着踏实方便。还有，我身边很多人都用神州行，都说不错。如果你问我神州行咋样，我会说：神州行，我看行！

就说这手机卡，有一说一。我不挑号儿，号儿好不好是虚的，我挑卡！神州行，是吧？用的人多。这和进饭馆儿一样。一条街上，哪家人多我进哪家。神州行，听说将近两亿人用。我，相信群众。喂！神州行，我看行！

我认识很多用神州行的人，他们说：咋算咋合算，就是实惠。他们说：省钱还得省心，才叫实惠。他们还说：自个儿觉得实惠那是真实惠。这小实惠里，还真有大道理。我呀，还是相信群众。

喂！神州行，我看行！

"我的地盘听我的"，表达的是年轻族群的个性主张。动感地带打造了一个年轻人专属的通信品牌，它将动感地带 M-Zone 比喻成"年轻人的通讯自治区"，迎合年轻人追求个性、感觉、探索、自我的年轻心态和生活方式。

所以动感地带用年轻人的语气和语调来创作文案："超值短信，多少条都吃得消""铃声图片下载，只要我喜欢""移动 QQ，走到哪里都能 Q"，并在文案中诉求动感地带给用户的特权服务：功能繁多"谁敢和我玩花样"、话费优惠"说了和没说一样"、购买优惠"换机狂热分子"、号召年轻人"亮出特权身份，就在动感地带"。

中国移动三大品牌异口同声强调"我"，正是基于对中国社会文化和消费者价值观变迁的洞见。21 世纪以来，经济大发展、全球化冲击与互联网的出现，使得人们越来越自信与开放，每个人都可以在网上便捷地获取信息并发声。尤其是千禧一代族群崛起，他们以自我为中心，有着强烈的自信和前所未有的自我意识，处处强调"我"的重要性，习惯表达"我"的需求、"我"的看法、"我"的态度。

2006 年 6 月，《新周刊》做了一期专题报道"我世代"，公开宣告"我"的时代正在来临。别人的想法不重要，重要的是取悦我自己；你看不惯又怎样，我就是喜欢你看不惯又干不掉我的样子；必须要证明我的存在，强调我的存在，向所有人宣告我的存在。这些观念成为年轻人最认同的价值观。

随着不断成长的年轻人成为社会消费的主力军，标榜自我与个性的品牌也越来越多，以"我"为主体的广告语盛行一时，在这个背景下诞生了"我能""我看行""我的地盘听我的"等品牌文本。

虽然随着智能手机和 3G、4G 技术的出现，消费者的手机使用方式发生天翻地覆的变化，全民进入流量时代，对通信产品的需求逐渐趋同，而且从 2013 年开始，中国移动三大品牌被逐渐边缘化，淡出人们的视野。但不可否认，全球通、神州行、动感地带曾经取得巨大辉煌，而且在 2019 年底，随着 5G 时代的到来，中国移动也宣布将重启三大品牌。

"我"这个第一人称是品牌在沟通中将自己代入目标对象，为目标对象发声，说出他们的心声。这种第一视角的沟通方式，因而容易让消费者产生代入感和认同感，与品牌形成极强的联结。

日本知名创意总监川上徹也在其《好文案一句话就够了》一书中，举过一个新闻标题的例子。他说一则普通的新闻标题也许会写《近来不生小孩的女性人数在增加》，而优秀的标题范例则是《我可能不生小孩》。[一]这两句话，第一个标题只是在陈述一个客观事实，读者看完这句标题也许会想"好像是这样"，然后便没有什么了。而第二个标题则是在表达一种态度、一个观点，它更能让读者有一种亲身经历或自问自答的感受，至少会感觉新闻所写之事与自己有关。这就是"我"这个第一人称叙事的作用。

"我"能够更好地表达目标消费者的自我主张、价值观念和生活态度，所以尤其适合主打年轻人、以年轻人为消费主体的品牌，因为年轻人更认同"我"的价值观念。比如和中国移动三大品牌差不多同期出现的麦当劳"我就喜欢"，耐克也有很多以"我"为主导的文案如"不做下一个谁，做第一个我""时不我待""把球给我""我改变运动"等，因而它们对年轻人极具感召力。

阿迪达斯三叶草也有一部很棒的广告片，片中一群年轻人对着镜头说出他人对自己的看法。他们说，"太粉了""太粗放""太放肆""太浮夸""太假""太快""太呆""太娘""太 man""太完美""太幼稚""太狂热""太懒""太怪""太晚"……最后，画了下眼线的阿迪达斯代言人陈奕迅对着镜头回了一句："太不巧，这就是我。"

"这就是我"一句酷酷的回应，展现了年轻人的自我态度。他们无畏外界的质疑，无视他人的评价，敢于展现自己，敢于承认真实的自己，并以活出自己为荣。"我"的大旗一挥，年轻人云集响应。企业将"我"的价值观念融入

　　 □　川上徹也.好文案一句话就够了 [M].涂绮芳，译.北京：北京联合出版公司，2018.

品牌，打造了自己的认同感文化。

3. 因您而变

和中国移动一样，招商银行（简称招行）也是一个成功打造品牌的典范。特别是在银行这个行业，产品、业务同质化，消费者很难说出不同银行品牌之间的差异性。而且鉴于消费者和银行之间的业务关系，消费者似乎也很难注入情感和获得心理满足。但就在这个不易和消费者建立关系的行业，招行成功打造了差异化的品牌，树立了鲜明的形象和个性。

招行的品牌建设，有很多成功因素可谈。比如采用金葵花作为标志性视觉符号，增强品牌辨识度和亲和力；比如郎朗的长期代言，以及持续围绕音乐开展营销，建立品牌记忆。但我认为最重要的，还是其"因您而变"的品牌核心理念。

"因您而变"指引了招行的业务方向和产品设计，它不断根据消费者的需求进行业务创新，成为中国领先的信用卡品牌，成为中国第一家开展在线服务的商业银行，以及连续多年成为中国区最佳私人银行，等等。"因您而变"还指导了招行旗下不同业务品牌的用户沟通，包括信用卡业务、理财业务和私人银行业务等，推动了银行业的观念变革。

基于"因您而变"的品牌理念，招行信用卡业务诉求"和您一起"。信用卡帮助消费者更加便捷地消费支付，享受更加缤纷多彩的生活，所以招行强调要与消费者在一起。

特别是 2008 年北京奥运会，招行拍摄了一则经典广告《和篇》，文案是这样说的："男孩和女孩、丈夫和妻子、母亲和孩子、老师和学生、低年级和高年级、对手和对手、粉丝和偶像、陌生人和陌生人、我们和世界，因为和，我们从来不曾孤独。2008，和世界一家。"同时，招行还推出了一张"和"信用卡，卡上一个大大的"和"字，上下左右延伸，它象征着联结、关系，把"招行和消费者在一起"的理念表达得淋漓尽致。2017 年招行成立 30 周年之际，还推出了一张 30 周年纪念版和卡，并发起了一波"和你一起红"的整合营销活动。

招行的借记卡和理财业务品牌金葵花理财诉求"专注您所关注"。这句话的意思是招行时刻注意您关注的事物，注意您的需求，专注于为您提供专业化、个性化、全方位的财富管理方案。私人银行业务则面向更高端的消费群体。这群人所考虑的不仅是财富的保值、增值，更是财富的继承、家业的传承，所以招行私人银行的诉求主张是"助您家业常青"，强调"助您家业常青，是我们的分内事"。

"和您一起""专注您所关注""助您家业常青"，这三句文案中都有一个"您"字，它们对招行"因您而变"的品牌理念做出了完美传承和充分演绎，并且搭建了招行企业母品牌和不同业务子品牌之间的品牌体系。正是这一系列"您"的表达，让招行整个品牌变得更鲜明，更具亲和力和沟通力。

我在阳狮广告公司的时候，曾参与过招行的品牌代理服务，负责金葵花理财、私人银行的广告创意和文案撰写。在我看来，招行的"您"代表的是一种对话的姿态，和消费者面对面，就像朋友一样娓娓道出自己的观点和主张，我就是照着这种感觉来写招行文案的。有一段时间，招行在广州的天河体育中心、白云机场投放了大量的广告，广告海报中的文案都出自我手。每次路过那一带远远望见海报，想起"您"的口气，就感觉招行在跟我打招呼。

和"我"站在用户本位不同，"您"是站在企业立场与消费者对话，表达品牌可以为"您"提供什么、做到什么，"您"更适合向消费者传达自己的产品价值和品牌理念。

4. 正在你身边

从人称上来讲，"您"和"你"当然是一体的，"您"的口吻听起来更客气，"你"的语气则更直白、更直接。

2009年，方正集团发布三年战略规划，构建以"方正"为主体的多品牌体系，一年后"方正IT"率先发布，成为方正集团率先亮相的首个子品牌。方正IT整合了方正集团旗下的所有IT产业，具体产品如方正的地铁自动售检票系统、医疗信息管理系统、报纸杂志的电子出版系统、计算机字库等。这些产品其实和普通民众息息相关，在日常生活中人们也会经常用到，但消费者并不直接接触这些产品，所以方正 IT 并不为人所知，这和英特尔遇到的问题类似。

在普通人心目中，方正就是一个卖电脑的公司，除了 PC 制造业务以外，也就王选教授发明的激光照排有些知名度。为了全面展示方正 IT 的实力和形象，将方正 IT 打造成为中国实力最强的 IT 服务品牌，扭转消费者心目中固化的 PC 制造商品牌认知，方正 IT 进行了大规模广告投放，包括在电视上、地铁里、公交、广播中，都能看到方正的身影、听到方正的声音，媒体覆盖范围极广，播放频次也相当高。

但方正 IT 旗下这么多业务和产业，到底和消费者沟通什么呢？其核心就一句话："方正 IT，正在你身边。"它告诉消费者，方正 IT 虽然听起来很陌生，但实际上就在每个人身边，默默支持着大家的生活。

在介绍方正地铁自动售检票系统的《地铁篇》平面广告中，方正 IT 说："每天我都用'嘀'和你说早安。"在介绍方正医疗信息管理系统的《医疗篇》广告中，方正 IT 说："你看医生，医生看我。"在介绍方正跨媒体阅读解决方案的《阅读篇》广告中，方正 IT 说："有字的地方就有我，我让阅读无处不在。"全部广告都是用一种对话的口吻，将自己是谁、做了什么娓娓道来，一句"正在你身边"拉近了方正与消费者之间的距离。

在这次品牌推广中，方正 IT 还顺势换上了全新的方正橙 VI，以及醒目的橙色大 F（也是"方"的拼音首字母）视觉符号。橙色代表活力真诚，F 代表 Friend（朋友）和 Fun（乐趣）。新的视角形象和每一个直面消费者的"你"字相得益彰，让整个方正 IT 的品牌变得更加亲民、温馨感人。

随着方正 IT 的成功，2011 年方正集团又推出了另一个子品牌方正金融，开启一波新的品牌战役，并同样延续了"正在你身边"的文本理念。对金融这个行业来说，"正在你身边"更加真实和贴切，因为金融不仅意味着物质财富和生活质量，也和人们的梦想、情感、社会关系密切相关，所以方正金融用了祖孙、夫妻、理发师及顾客、创业伙伴四组人物故事来诠释"正在你身边"。

《祖孙篇》讲的是一个老奶奶。她买菜时不忘积攒下每一毛钱，要供孙子长大后读大学。视频最后，方正金融说："每一个微小梦想，我们都会鼎力相帮。"

《夫妻篇》讲的是一个刚从公司辞职、准备单干的摄影师。他担心一开始收入不多，让妻子受委屈。妻子很大度地表示："没关系，我养你。"透过这个故事，方正金融说："站在你身后的，不仅是你的家人。"

《理发师篇》讲的是理发师老李。他想让多年来的老主顾（一位做期货的小伙子）帮他买点儿期货，没想着却遭到对方的无情拒绝。原来，小伙子觉得他攒钱不容易，买基金更合适。透过这个故事，方正金融说："珍重你的信任，从保护你的投资开始。"

《创业伙伴篇》讲的是两个刚装修完办公室的创业者。他们账上已经没有一分钱了，却还梦想着公司上市。方正金融讲这个故事是想告诉人们："你对未来有信心，我们就对你有信心。"

四部广告片，四句点题文案，都是以"你"为人称，面向用户进行沟通（其实《祖孙篇》主体也是如此，"（你的）每一个微小梦想，我们都会鼎力相帮"）。

不管是方正 IT 还是方正金融，都是在"正在你身边"这一核心文本的统领下，采用和消费者对话的方式，创作了一系列广告，无论平面广告或电视广告。"你"不仅充分传达了方正对于人们的价值和意义，而且展示了温情与亲和的一面，拉近了消费者与方正的距离。这就是"你"这个第二人称的用途。"你"最适合传递品牌理念，对消费者许以承诺，强化品牌与消费者之间的联结。

5. 让我们好在一起

说完"我"和"你"，再来说说"我们"。

我曾经在知乎上回答过一个问题："为什么赛百味没有像麦当劳或肯德基

那样在中国火起来？"其实从"营销4P"上来找原因，赛百味或多或少都存在问题。产品上，赛百味食材偏生冷，不符合中国人喜欢热食的口味习惯；点餐流程复杂，还容易把消费者搞晕。价格上，一个6寸三明治要卖20～30元，不仅偏贵，而且大多数成年男性还吃不饱。渠道上，店铺选址很有问题，我见过的绝大多数门店都位置偏僻，人流稀少。推广上，赛百味在中国的广告投入严重不足，总部对门店的支持也很有限。

诚然这些都是问题，但站在一个更本质的视角，我认为赛百味在中国"水土不服"，根本上是因为赛百味不符合中国人的饮食习惯和文化。所以，它只能局限在有健身习惯、关注食物卡路里的小众人群，无法实现大众化扩张。这种文化的分野根本在于西方饮食是分餐制，而中国却是聚餐制。我们习惯于点一桌菜，大家一起吃。吃饭不仅关乎食物，更重要的是大家坐在一起分享，并相互交流，这是中国人最看重的社交礼仪和生活方式。因而任何一个西方餐饮品牌进入中国后，都会围绕这一文化特点来进行产品开发和品牌推广，实施本土化战略。

比如麦当劳有薯条，有麦乐鸡，有各种小食盒，适合分享；肯德基有全家桶，大家一起吃；必胜客的比萨，则本来就是适合聚餐的。而且大家可以看一看这些品牌的文案，都是在宣传聚餐。如麦当劳早年的"更多选择，更多欢笑""常常欢笑，尝尝麦当劳"；肯德基早年的"家有肯德基，生活好滋味"，后来的"生活如此多娇"；必胜客的"love to share 爱分享""我们天生爱分享，比萨天生被分享"；包括中国本地做西餐的连锁品牌豪享来，广告语还是我一位前上司想的"聚浓情，尽欢笑"，这一听就是在表达聚餐的情感和氛围。

但是，赛百味的产品特色和新鲜健康的品牌定义，限制了它的本地化改造。无论是赛百味的品牌沟通、店铺设计还是活动推广都看不到和聚餐有什么关系。作为一个赛百味的忠实消费者，我在它店里看到的都是消费者孤独地各吃各的三明治，它无法满足中国人图热闹、讲分享的餐饮消费习惯，因而注定无缘主流餐饮市场。

　　在这个餐饮文化的基础上，我们再来看麦当劳的品牌沟通。2003 年，麦当劳首次采用全球统一的品牌宣言"I'm lovin' it"，这一口号在德国慕尼黑首发，随后推向全球 120 多个国家和地区，其中文版本叫作"我就喜欢"。很显然，"我就喜欢"展现的是中国年轻一代自信、开朗、勇于表达自我的个性态度。

　　前面已经提到，麦当劳早年在中国的品牌建设主要聚焦在"欢笑"这个核心标签上，事实上在全球，在几代消费者心目中，麦当劳都代表着欢笑、温馨的家庭聚会氛围。很多人应该记得麦当劳那个经典的婴儿摇篮广告。一个坐在摇篮里的婴儿，透过窗户看见外面矗立的麦当劳标志。随着摇篮的前后摆动，当他靠近标志时就咧嘴笑，远离标志时就皱眉哭。很多消费者在童年时期，就被麦当劳的美味与快乐打动。

　　在 2003 年这一波品牌战役中，麦当劳显然准备放下那个延续了近 50 年、令人熟悉的麦当劳，换上"酷、张扬、特立独行"的新形象。要知道这种全面革新、全球同步的品牌传播战，在麦当劳的历史上绝无仅有。它体现了麦当劳"焕新品牌、应对老化"的品牌战略，锁定 30 岁以下新生代人群的市场战略，以及面对不同市场、打造统一形象的全球化战略。这一切战略的调整，最后被浓缩成一句极单纯的品牌文本——I'm lovin' it（我就喜欢）。

　　"我就喜欢"展示了麦当劳的品牌新内涵，承载了麦当劳的战略变革，这就是我们一直强调的核心文本的作用。但品牌与消费者的沟通，并不是一句话就够的。麦当劳围绕这一文本，创作了大量文案，解读了中国年轻人"我就喜欢"什么。

　　"我就喜欢不把父母当父母"，这个创意说的是年轻人更喜欢把父母当朋友；"我就喜欢娘娘腔"，这个文案说的是一个青年京剧演员；"我就喜欢跟老师动手"，它说的是一个正在学跆拳道的女生；"我就喜欢见一个爱一个"，则是一个喜欢收集公仔和手办的大男孩；"我就喜欢没骨气"，瑜伽教练；"我就喜欢动刀子"，理发师；"我就喜欢看人脸色"，老中医……

　　可以看到，这一系列文案都带着强烈的情感色彩和个性色彩，用一种独属于年轻人的口吻、一种个性张扬的方式,来和年轻人沟通。而且京剧演员、跆拳道学员、手办玩家、瑜伽教练这些独特的人物身份和角色,也受到了年轻人的追捧。

随着品牌文本的变化,麦当劳对品牌沟通的所有载体都进行了大调整,从电视广告、平面海报,到店内播放的音乐、店员的制服、店面形象设计。麦当劳的店员不再穿着传统的蓝衬衫+工装裤,转而换上黑T恤和牛仔裤,显得更加时尚、充满活力。店内循环播放的,是王力宏演唱的同名广告歌《我就喜欢》,还有麦当劳广告片标志性的音乐标版"Balalababa",我想很多人都会对这个动感活泼的旋律记忆犹新。显然,这一切都是为了让年轻人融入品牌精心营造的"我就喜欢"氛围,为其创造青春活力的感觉,享受麦当劳简单轻松的就餐体验。

早在推出新诉求的同时,麦当劳就打造了一首同名广告歌,并在不同国家挑选当地年轻人喜爱的当红歌手进行演绎,在美国是贾斯汀·汀布莱克(Justin Timberlake),在中国是王力宏。这首华人嘻哈风的《我就喜欢》,收录在王力宏2003年发行的专辑《不可思议》中。顺便说一句,2004年周杰伦发行的专辑《七里香》中,第一首就是动感地带的广告歌《我的地盘》。作为"80后"最熟悉的两位歌手,王力宏和周杰伦分别为麦当劳和动感地带代言,并创作广告金曲。麦当劳的"我就喜欢"和动感地带的"我的地盘听我的",成为"80后"的流行语和集体记忆,成为"我世代"的代表性符号。而且当时,麦当劳还和动感地带合作,一起做过联合营销。

麦当劳用"我就喜欢"抓住了"80后"的心,十年以后又一代年轻人崛起,麦当劳却发现"90后"的心变了。"90后"的消费方式变了,他们更倾向选择休闲快餐,而非传统快餐,星巴克成了更时尚的消费选择,成了年轻人新的休闲空间。在星巴克店里,写作业的中学生、谈恋爱的大学生越来越多,而以往这种情景都是发生在麦当劳。

一项数据研究显示,自2011年起,在麦当劳的月度就餐人数中,19～21岁的消费者减少了12.9%。麦当劳对年轻人失去了吸引力,营收和净利润增长也从 2011 年起出现停滞，2014 年更是出现下滑。[⊖] 为了应对年轻人流失这一致命问题，麦当劳必须找到新的方式与年轻人建立联结。2014 年，麦当劳中国启动新的品牌战役，这一次的主题叫作"让我们好在一起"。

2014 年 4 月 18 日 19:37，麦当劳在央视一套投放了一部长达 3 分钟的广告片，它由三段故事组成，主题分别是爱情、友情与亲情。麦当劳用恋人之间的甜蜜分享、朋友之间的开心一刻、家人之间的温馨团聚来诠释"让我们好在一起"的品牌主张。随后，这三段故事又被拆成三段 1 分钟版本在各大卫视频道进行投放。

这是麦当劳一次非常本土化的品牌尝试，因为麦当劳在全球的品牌口号依然是"I'm lovin' it"，但是在中国，由于时代的高速发展，"90 后"的个性和价值观念与"80 后"截然不同，这促使麦当劳在中国提出新的品牌主张。

"90 后"大多是独生子女，从小就备感孤独。他们在工作、结婚后，又要独自扛起双方家庭的重任，因而自觉抛弃了叛逆的自我意识。他们生活在互联网高速发展的时代，资讯越来越发达，人们却越来越孤独；社交软件越来越多，真实社交却越来越少，人与人之间的关系也变得越来越淡漠。他们成长于经济高速发展的时代，生活节奏越来越快，工作压力越来越大，很多"90 后"变得很宅，他们活在自己的小世界、小圈子中，却愈发渴望心与心的交流，渴望和家人、恋人、友人、同类人在一起的美好时光。

基于这种人群和社会心理变迁，麦当劳提出"让我们好在一起"的新主张，试图将年轻人重新带回麦当劳的餐桌，让麦当劳重新成为他们生活中一个休闲放松的空间、一条情感的纽带。为此，麦当劳还首开先河，为其旗舰餐厅设计了中国独有的装修方案，门店融入了更多中国元素如青砖墙、铜钱图案柜台、木雕、算盘屏风、蘑菇椅等，并在店内划分咖啡休闲区和娱乐区，这一切也是为了契合"让我们好在一起"的主张，让麦当劳重新成为适合年轻人休闲聚会的温馨场所。

⊖ 柯凌雁. 麦当劳 2014 年业绩不出意外的差，首位黑人 CEO 辞职 [EB/OL]. (2015-02-02) [2020-06-01]. http://www.qdaily.com/articles/5712.html.

在这一核心文本的指引下，我们再来看看麦当劳的品牌沟通。2015 年七夕时，麦当劳推出了一套三行情诗文案——

跟我走 / 鸡翅 / 管够

每次第二杯半价 / 我想到的 / 都是你

早餐、午餐、晚餐 / 都想和你 / 一起吃

幸福就是 / 和你一起 / 吃吃吃

以后 / 你饿了 / 我买单

自从有了你 / 我的世界 / 从白开水变成可乐

总想和你多待一会儿 / 所以每次点餐 / 都故意多点了份大薯

别不开心啦 / 我带你去吃 / 开心乐园餐

在这些文案中，麦当劳通过细节描写，诠释了温馨细腻的情感，又很自然地把产品融入其中，因而打动了无数消费者，文案被广泛谈论、流传不绝。隔年七夕，麦当劳又如法炮制出一套"想你就像吃薯条，一旦开始就停不了""和你一起，每一刻都可乐""四块表白的暗号，不知道你听没听到"的"麦氏情话"。

2016 年春节，麦当劳推出的营销主题叫作"你才是我的新年"，进一步强化情感沟通。通过这些传播，可以发现麦当劳从"80 后"的个性走向"90 后"的温情，抛开十年前耍酷、特立独行的品牌路线，重回欢笑、温馨的品牌调性。

其实早在 2009 年夏天，麦当劳就针对大学生群体暑假宅在家里不出门的行为习惯，和校内网合作，发起了以"见面吧"为主题的推广活动，鼓励大学生别宅了，多来麦当劳与朋友们面对面交流，享受美好欢聚时光。2009 年的大学生，基本上已经是 20 世纪 80 年代末 90 年代初出生的一代消费者。随着他们的成长，麦当劳的品牌传播也开始跟着转变。

从"我就喜欢"的个性到"让我们好在一起"的温情，其实我们也可以视作这是麦当劳的双螺旋模型。在从"我"到"我们"的人称变化背后，则是麦

当劳目标人群的变化、品牌战略的变化、消费市场的变化、社会文化的变化，是麦当劳不断契合中国消费者心理与生活方式变迁的品牌成长之路。

6. 爱她，就请她吃哈根达斯

正如我一直强调做品牌是为了与消费者建立社交，写文案是为了与消费者进行对话。不过有时你会发现，目标消费者可能不止一位，购买决策是复杂决策。因为在用户购买决策中，参与整个购买过程的角色可以分为如下几种：发起者、决策者、购买者、影响者、使用者。通常来讲，这几种角色都由同一个人扮演，自己买，自己用，但在某些产品和行业中，这些角色也可能是不同的人。

比如儿童产品。例如奶粉的使用者是孩子，决策、购买则是父母，更细致一点，则可能决策者是妈妈，妈妈负责拍板买哪个品牌、哪个型号；购买者是爸爸，负责下单购买或跑腿。而邻居家的宝妈，则可能因育儿经验丰富成为影响者。又如玩具，除了孩子使用、父母购买以外，购买的发起者也可能是孩子，孩子想买玩具，父母来决定给不给买。再如强生婴儿润肤露的广告语"宝宝用好，您用也好"，这句话里就有两个角色，强生不仅想说服宝妈给孩子买，还想说服她给自己买。

再比如礼品。消费的发起者、决策者和购买者可能是子女晚辈，而使用者和影响者则是父母长辈。例如主打礼品市场的黄金酒，广告语叫作"送长辈，黄金酒"，这句话是对晚辈说的。而在电视广告中，则是一位老年人向另一位老年人分享自己的黄金酒，并炫耀"这是我女儿送我的，你要喝叫你儿子买去"，这广告是做给长辈看的。

还有比如"to B 企业"的营销。营销过程的难点就在于目标企业购买决策复杂，流程漫长。一个企业如果采购产品，就很可能是业务部门发起申请，交由老板或管理层决策，采购部门负责制订采购方案并购买，财务、法务、技术等部门则可能是重要的影响者。最后采购到货后给业务部门使用，业务部门的一线员工可能是产品的使用者，而他们的使用体验和口碑也会影响管理层决策，所以他们同时又是影响者。在整个决策流程中，一个环节出了问题，都可能造成销售的失败，所以"to B 业务"难做。

当遇到复杂决策时，企业进行品牌沟通又该面向谁说话和采用何种沟通方式呢？这种情况下就可能需要"他/她"第三人称的登场。

比如"爱她，就请她吃哈根达斯"，哈根达斯的策略是让男生请心仪的女生吃。在这里，男生是决策者和购买者，女生是使用者和影响者。这句口号是对男生说，却打着"她"的旗号。一句"爱她，就请她吃哈根达斯"，让哈根达斯成了爱情的象征，成了万千少女的梦想。如果曾经有男生请吃哈根达斯，那是十分值得炫耀的事情。这一句口号，也让哈根达斯这个在美国扔在超市里随便卖的平价品牌，在中国摇身一变成为高端、小资的代表，成为冰激凌中的劳斯莱斯。这就是哈根达斯对"她"的影响力。

再如"他好我也好"，汇仁肾宝的策略是让女人影响男人去购买使用。在这里，男人是使用者，女人是影响者，而双方都可能是决策者和购买者。同时这句话带有些许性暗示的味道，从而让汇仁肾宝这个补肾保健品变得家喻户晓。

2019 年，汇仁肾宝又将广告语改成"他好家才好"。广告片结尾的标版，还是一对幸福的小夫妻，妻子依偎在丈夫身边，然后对着镜头说出广告语。从"他好我也好"到"他好家才好"，淡化了性暗示色彩，增加了情感沟通，而且汇仁肾宝也在广告片中喝出了"为养家的男人喝彩"的口号，这更好地树立了汇仁肾宝的品牌形象。但是，不变的是站在女性的视角，让女人影响、说服甚至主动为男人购买汇仁肾宝。

这就像多年前，我也曾给某个保健酒品牌写过一句"对自己好，为家人好"，用家人这个"影响者"角色，来影响消费者购买。只不过汇仁肾宝一直是站在女性视角，诉求"他"怎样，而我这句则是站在男性视角，诉求"自己"应该怎样。从这两个案例可以看出，对于品牌如何影响消费者的购买心理和决策行为，文本有着灵活的操作空间，对不同的人施加影响，展示语言文字的强大说服力。

要想创造品牌与消费者之间的对话，首先要考虑的就是人称。不同的人称，代表不同的立场和不同的沟通方式。当你选择了人称，其实就是选择了品牌与消费者沟通时所扮演的角色，选择了品牌的语气、调性和态度。基于市场策略和目标人群的不同，企业应该慎重选择人称，不同的人称也有着不同的适用范围和范畴。"我"是把自己当成消费者，"你"是直接对话消费者，"我们"是拉拢消费者和品牌成为一体，"他／她"则是借助消费者身边的人去影响消费者。

"我"代入消费者的个性和态度，多见于年轻人的品牌，如鞋服、运动品、快消、快餐、数码、汽车等行业都喜欢说"我"。除前面提到的耐克、阿迪达斯、麦当劳、中国移动，还有李维斯"解扣真我"、森马"穿什么，潮我看"、百威啤酒"敬真我"、司迪麦口香糖"我有话要说"、雪佛兰"未来，为我而来"、Jeep牧马人"非我不型"，等等。

"我"的词汇变种还有"自己"，比如可口可乐"要爽由自己"。还有哈根达斯，如今新时代女性已不再指望男性给自己买，而是想吃就自己买，所以哈根达斯如今的广告语叫作"尽情宠自己"。广告是社会观念的一面镜子，这个人称的变化充分反映了社会文化和时代精神的变化。

"你"（"您"）直面消费者，它适用于两种情形：一是向消费者许以承诺，告诉对方自己会有什么好处，会获得什么价值，如《中国时报》"知识使你更有魅力"、福特汽车"你的世界，从此无界"、甲壳虫敞篷车"敞开你自己"、益达"关爱牙齿，更关心你"、白兰氏"身体听你的，世界都听你的"；二是表达企业的服务理念和品牌理念，多见于第三产业，如招商银行"因您而变"、方正"正在你身边"、央视二套"就在你身边"、别克服务品牌"比你更关心你"、全家便利店"全家就是你家"、天大药业"你的健康是天大的事情"。

相机与胶卷品牌柯尼卡，有两条流传甚广、影响很大的文案金句。一句是"他抓得住我"，一句是"他傻瓜你聪明"。前一句站在"我"的视角，描述消费者自己的使用体验，柯尼卡成像生动，抓得住我的人，抓得住我的心。后一句站在"你"的角度，是品牌在告诉消费者柯尼卡全自动照相机操作起来很傻瓜，但它却能尽情展示你的创作灵感、聪明才智。这两句话的对比，能让我们更好地理解"我"和"你"在沟通方式上的不同。

"他 / 她"用于复杂决策，除"爱她，就请她吃哈根达斯""他好我也好"之外，较为少见。

一方面，"我们"（"你我"）表达众人一起的意思，拉近你我，所以更适合那些针对社交、聚会场景的品牌，如怡宝"你我的怡宝"、绿箭"清新口气，你我更亲近"。而哈尔滨啤酒诉求"一起哈啤"，青岛啤酒表达"用欢聚连接世界"，生力啤酒强调"一支啤酒，一班朋友"，虽然没有人称代词，但意思也是"我们"。

另一方面，"我们"还让企业和其消费者变成了一个群体，让用户产生了归属感。所以"我们"适用于企业表达愿景和使命，喊口号。最典型如飞利浦早年的企业口号"让我们做得更好"，这句口号不管是说给消费者听、说给员工听、说给供应商和经销商听，都让人感觉自己和飞利浦一家亲，并且感受到飞利浦的谦逊和令人亲近。假如飞利浦这句口号变成"让我做得更好"，那么听者的反应就会变成："你做得好不好跟我有什么关系？"

飞利浦的模仿者有早年爱多电器"我们一直在努力"、格力空调"我们为你想的更多"、联想电脑"每一年，每一天，我们都在进步"、安飞士租车"我们是第二，所以我们更努力"、UPS 联合包裹"我们爱物流"等。

有一次，我在公司楼下看到某个床垫品牌的广告，文案标题大书一句"让我们睡得更好"。我读了几遍这句口号，总觉得有点奇怪和别扭。因为这个床垫在这里要表达的是产品功能卖点，向消费者承诺产品好处。所以在这里它应该用第二人称，诉求"让你睡得更好"，而不是"让我们睡得更好"。一个人称的差别带来的感受是截然不同的。

人称是沟通的起手式。对的人称帮助品牌和人群开展好的对话，和用户形成关联。如果品牌不能和消费者形成互动和关系，那就只是一个徒有虚名的 logo 罢了。

第二节　人群

人群是社交的立足点。

在广告大师伯恩巴克提出的 ROI 创意三原则（Relevance（相关）、Originality（原创）、Impact（震撼））里他把相关排在第一位。但相关不仅是指创意要和产品相关联，更重要的是和消费者产生关系。如果消费者认为你讲的东西跟他无关，他就不会听你说，哪怕创意再原创再震撼，文案再华丽，产品再强大都没用。这个世界上绝大多数广告都十分平庸，就因为消费者在看这些广告时对品牌根本视若无睹："你跟我有什么关系？"

关联目标人群是沟通的前提，文案必须面向对象，指向明确人群。至少让消费者读完文案，知道你的产品是卖给谁的和文案是说给谁听的。诸如"送长辈，黄金酒""看病人，送初元"把人群放在最显眼的位置，就是这个道理。

明确的人群指向，方便读者迅速代入角色和立场，按文中观点站队。公众号里最火的一类文章，就是关于星座、地域和城市、男女两性等特定群体，因为这些题材都容易让人产生"这就是我"的感受，并且制造话题。

要想写出完美的文案，先要知道你的目标人群是谁，这样你才知道该跟他说些什么。文案创作者应该始终谨记，如果你端坐在电脑前，打开 Word，心里一个严肃的声音提醒自己："我要开始写文案了……"那你肯定是写不出来的。因为文案不是自己埋头写作，而是面向人群对话。当你写文案时，你要假设有一个消费者站在你面前，正在听你说话。然后你再用你的文案告诉他你是谁，为什么要买你（你的产品）。

现在，就有一个人站在这里，你有 1 分钟时间向他推销一件产品，做一个品牌自我介绍。1 分钟之内如果你没能让他产生兴趣和购买意愿，那么你就永远失去他了。你只有 1 分钟。

现在，计时，开始。

1. 其实男人更需要关怀

1996 年，丽珠得乐凭借一句"其实男人更需要关怀"名噪一时，更引发了一场关于性别角色的社会大讨论。其实在当时来讲，使用这句话做广告语还是非常冒险的。因为作为一款胃药，这句广告语中既没提到品牌，也没有展示任何药品功能，但它直面目标人群进行情感沟通，因而赢得了共鸣，收获了成功。

由于现代快节奏的工作与生活，很多白领和上班族饮食不规律，精神压力大，加上工作应酬需要饮酒，这成了胃病的主要诱因。多年后还有另一个胃药在广告中说："胃疼？光荣！肯定是忙工作忙出来的。"要工作不要身体，胃病因而成为职场人的主要困扰。

在传统文化里，男人通常被视为强者。女人可以示弱，可以用眼泪、撒娇获得安慰和优待。男儿有泪却不能轻弹，他要坚强，要一个人扛起生活的重担，要永远做个男子汉，不能让妻儿老小担心。即便受了伤，也只能一个人默默舔舐伤口，不能流露出来。"其实男人更需要关怀"正是基于这种文化背景，说给职场男性听，说出男人的心声。他们也有压力，也会经受挫折，也有内心脆弱的一面，他们更需要他人的理解与关怀。

7 年之后，又一句针对男性诉求的广告语红遍大江南北，成为 2003 年度十大流行语之一和最激励国人的广告口号。这句话就是"男人就应该对自己狠一点"，来自柒牌男装。

从人群洞察上来讲，柒牌男装与丽珠得乐如出一辙。他们都发现，做一个男人是不容易的。尤其是随着时代发展，竞争越来越激烈，男人要直面工作中的压力甚至下岗等问题。但作为家里的顶梁柱，男人没有退路。无论现实再困难，为了家人和爱人，男人也要迎难而上。

面对这样的男人，丽珠得乐选择安慰他们，柒牌男装选择鼓励他们。"男人就应该对自己狠一点"让男人从中获得力量，甚至成为很多人的座右铭和人生格言。特别是加上功夫巨星李连杰在电视广告中的演绎，柒牌的品牌形象一下子丰满并流行起来，成为一个获得男人认同、共鸣的品牌。

在这一口号之前，柒牌男装的品牌诉求是"让女人心动的男人"，它在电视广告中通过美女和性暗示来告诉消费者：穿上柒牌男装，你就是一个让女人心动的男人。且不说穿柒牌男装能否达成这一效果，就说这种直白露骨的自卖自夸，显然不是和目标人群的内心对话，自然起不到打动人心的效果。而且因为广告中确凿无疑的恶俗与低俗倾向，柒牌这部广告《心动篇》，还被评为2002年十大恶俗广告。而等到"男人就应该对自己狠一点"将柒牌塑造成一个积极进取、无畏挑战、对自己有要求的形象，柒牌才真的成了一个让女人心动的男人。

同样是洞察男性消费心理，"其实男人更需要关怀"和"男人就应该对自己狠一点"两句文本表达出的意思却大相径庭，甚至截然相反。其实，我们无须争论男人到底要的是他人关怀，还是自我加压。我们只需要知道，要想打动消费者，就必须和他们真诚对话，和他们做将心比心的沟通，这才是最有效的方式。曾看过一句名言："在我眼里，世界上只有一种人，需要关心的人。"而人们钟爱的，就是关心他们、懂他们的品牌。

我以前在阳狮广告的创意总监阿蛟，给华斯度男装做过一张父亲节海报。画面上是一个小女孩在家里穿上爸爸的皮鞋，学着大人走路的样子。配套文案是这样说的："才发现，爸爸每一步都不容易。"

不得不说这个画面很有趣，也很有生活细节的洞察力，因为很多小孩子在家都喜欢这么玩。而这句以小女孩口吻说出的话，则一语双关，既是指小女孩穿大人的鞋、学大人走路这件事不容易，更是指作为一个男人、一个父亲，爸爸的每一步人生路都不容易。

它充满了生活的小趣味、小幸福、小感动，我想每一位做父亲的人看到它都会有所感受，有所触动。这就是我心目中的最佳父亲节广告。每次我出差，在机场华斯度店门口看到这张大大的海报，我都会不自觉停下脚步。虽然它最初只是一张临时应景的父亲节广告海报，在节日推广结束后就会被舍弃，但后来这张海报却被华斯度男装作为常规广告使用，在门店陈列了很长时间，我想原因就在于它展示出的对男人的理解吧。

2. 她最后去了相亲角

说完男人，我们再说说女人。高端女性护肤品牌 SK-II，在 2015 年初发起了一场全球品牌战役，主题叫作"Change Destiny"（改写命运）。SK-II 的品牌营销，从那时起，开始从"改变肌肤"的价值营销，延伸成为"改写命运"的价值观营销。

它在其品牌宣言中说："每一秒，我们都有机会，让下一秒，变得更好。因为真正决定命运的，不是运气，而是选择。所以，不用介意别人对你的期望。改变命运的力量，存于我们的内心。你是谁？只因为你想成为谁。"这就是"改写命运"的含义。SK-II 鼓励全球女性独立自信，勇敢做自己，展现自己的美丽，并呼吁她们和品牌一起，分享自己改写命运的故事。正如我多次提到的全球女性意识觉醒，这是 SK-II 的回应。而在此之前，同在宝洁旗下的另一品牌护舒宝，已经从这种为女性发声、表达女性态度的营销中尝到了甜头。

在"改写命运"的传播中，SK-II 起初还是沿用了一贯的明星代言式广告。首先在日本，是波士顿芭蕾舞团首位亚洲籍领舞仓永美沙代言的故事视频。她突破亚洲人种限制，付出比他人多几倍的努力，最终成为世界顶级芭蕾舞团的领舞者，改写了自己的命运。其次在中国，则是汤唯的宣言式广告。她在广告中卸掉浓妆、丢掉首饰、踢掉高跟鞋，宣告要做一个天然去雕饰的汤唯，而这才是她认为最美的自己，最想成为的自己。再以后，绫濑遥、桃井薰、凯特·布兰切特（Cate Blanchett）纷纷加入 SK-II 强大的明星阵容，为改写命运的女性代言。

改写命运的主张和明星的光环，赢得了消费者认同，但它还不足以赢得女性用户对这一品牌战役的广泛关注和谈论。直到 2016 年 4 月，一段《她最后去了相亲角》的视频刷爆了朋友圈。

这条视频用纪录片的手法，采访了几个大龄单身女性。故事讲述了她们对爱情与婚姻的看法，她们所承受的压力、偏见及他人的不理解，她们遭遇到的逼婚和促销式相亲的尴尬。最后，她们决定将自己的姓名、年龄、照片，连带自己对婚姻的态度，公开挂到全国闻名的相亲角——上海人民公园进行展示。其中一句是这样说的："我不想为结婚而结婚，那并不会过得快乐。"这代表了众多单身女性的观点。在影片的最后，SK-II 呼吁广大女性分享影片，支持全世界的独立女性"改写命运"。

于是无数人开始转发、分享，并在微博、微信上表达自己的观点或说出自己的故事，SK-II 成功刷屏，成为社会话题的中心。"相亲角"不仅成为 2016 年度最成功的营销案例之一，而且实实在在推动了 SK-II 在中国的销售。SK-II 全球总裁马库斯·斯特罗贝尔（Markus Strobel）在接受彭博社采访时声称，在"相亲角"广告推出后，2016 年剩下 9 个月内 SK-II 的销量暴涨了 50%。⊖

那么为什么明星们做不到的，几个普通女性做到了？

这不单单是因为 SK-II 发起了一场价值观营销，并赢得了她们的好感与共鸣，它在广告中完全不提产品，全部聚焦于女性的价值观念表达。最关键的是，SK-II 在这一传播中，将目标用户从"女性"进一步压缩到一个更具体、更明确的人群"剩女"。

这看似受众面更窄了，却更具感染力和传播张力。相亲角视频，击中了中国太多单身女性的心，让她们产生了"SK-II 太懂我了""这说的就是我"之类的代入感。这些人成了 SK-II 的"自来水"，她们在网上自发分享、支持、宣传 SK-II，助推品牌营销成为社会议题，从而影响并说服了更多女性用户。

"剩女"这个词，虽然在今天看起来司空见惯，但听起来却格外刺耳。它好似在说，过了 27 岁还不结婚你就成了被男人挑挑拣拣后剩下没人要的。SK-II 为剩女正名，她们不是被剩下，而是选择主宰自己人生的独立女性。改写命运不再是空洞的宏大叙事，而是得到了更清晰、更具体的呈现，它让消费者明白了 SK-II 的"改写命运"到底在讲什么。

一年后，SK-II 如法炮制，再次拿出了一段《人生不设限》的广告视频。

这段广告的核心创意点，在于借用了一个来自食品工业的概念"保质期"。视频中的每个女性，从出生开始，在手腕的位置就被打上了一个保质期条码，

⊖　刘晓颖．"中国好男友"情人节消费亚太第一，"他买"口红助力 [EB/OL]．（2017-02-13）[2020-06-01]．https://www.yicai.com/news/5223559.html.

上面有两个日期：生产日期——出生日；保质期——30 岁生日那天。其意思就是，女性过了 30 岁，就开始不保质了，开始贬值，开始被嫌弃。30 岁是女性的一道关卡，这就是人生保质期。

这次品牌传播的灵感，来自 SK-II 在全球范围内开展的一项女性压力调研。调研结果显示，全球受访女性都会因年龄增长而面临诸多压力，大部分亚洲受访女性认为 27 岁是女性的黄金年龄，而 90% 的中国受访女性都会因年龄问题产生焦虑。⊖于是，SK-II 通过这条视频告诉女性，年龄只是一个数字，别因为社会强加的时间表给自己设限。年龄不是测量人生的标尺，命运要由自己来选择。

结果，这条视频的传播效果更夸张，《人生不设限》的播放量超过了 4800 万次，它只用了两天，就超过了相亲角视频的全年播放量。这一次 SK-II 又选择了一个小众细分群体进行沟通——30 岁左右的轻熟女性。尤其聪明的是，SK-II 在视频上线前一周，就在微信、微博上通过各大 KOL 预先炒热"# 女人30 岁压力 #"这一话题，让 30 岁女性群体进一步关注到 SK-II 的营销。

要知道年龄对女性来说是一个比婚姻更敏感的话题，不问女性年龄，是社会公认的社交礼仪。特别是随着一茬茬年轻人的成长，30 岁在今天甚至不再是轻熟的标志，反而成了初老的象征。SK-II 用"30 岁"这个年龄话题，再次成功引起了所有女性的共鸣。

从 2015 年启动"改写命运"的品牌传播以来，通过 2016 年的相亲角、2017 年的人生不设限，SK-II 用三年时间取得了巨大成功。2018 财年宝洁营收 4561 亿元，其中 SK-II 的年销售额增幅高达 30%，位居宝洁各产品线之首，成为驱动宝洁增长的主力品牌。

SK-II 没有笼统地针对所有女性发表一通观点，而是选择了剩女、轻熟女这两个更具体也更有话题性的女性细分群体来做沟通。而且 SK-II 将"改写命运"的品牌价值观，落在婚姻和年龄两个具体的着力点上，告诉广大女性别因

⊖ 数英网. SK-II 为什么要把女性 30 岁的保质期印记擦掉？（2017-07-13）[2020-06-01]. [EB/OL]. https://www.digitaling.com/articles/38470.html.

婚姻、年龄产生压力，别被婚姻、年龄左右命运，女性只应该按照自己的意愿去活，通过自己的主动选择改写命运。

明确的人群与沟通对象，能够让品牌产生强大的社交力，能够让内容创造更大的社会感染力。因此，对品牌而言，千万不要把目标消费者当成模糊抽象的一群人，而要当成具体鲜活的一个个人。品牌必须先去了解消费者的生存状态，理解她们内心的梦想与渴望，化解她们所面对的压力与焦虑，只有这样才能做出有针对性的推广方案、有打动力的品牌沟通、有效果的营销策略。

SK-II 的主力消费群分布在 20 多岁和 30 多岁两大群体上，这两个年龄层的女性构成了 SK-II 八成左右的用户。针对 30 多岁女性，SK-II 通过"年龄不设限""婚姻我做主"等话题与她们进行沟通。而面对购买力不断攀升的 20 多岁年轻群体，SK-II 则实施了一系列品牌年轻化营销策略。比如跨界《国家地理》，推出"觅美无界"的极致探险系列短片；发起"我行我素"为题的素肌挑战，让 6 位顶级女星素颜出镜。在营销传播变得有态度和个性的同时，SK-II 还启用更年轻的品牌代言人，如倪妮、李沁、窦靖童，甚至突破女性代言的常规，签约因《花千骨》大火的男星霍建华。

特别是 1997 年出生的窦靖童代言 SK-II 还引发网络热议，被视为最让人意想不到的品牌和明星组合。有网友对此评论说："窦靖童你是不是代言错了，快喊你妈来。"但假如 SK-II 真的请来王菲代言，维持过去的贵妇品牌形象，那么也就无法实施年轻化了。窦靖童代言的 SK-II 经典产品神仙水，还学习快消品玩法在瓶子上大做文章，推出限量版命运宣言瓶、色彩鲜艳夺目的波普仙境瓶，诉求"生而由我，瓶熠心声"的个性口号，都能看出 SK-II 对年轻女性用户的迎合。不同的目标群体，不同的沟通方式，这就是 SK-II 的营销玩法。

近年来，女性独立意识觉醒、平权运动兴起，成为全球性议题和社会现象，"她经济"的时代已经到来。对众多以女性为目标人群的品牌而言，如何应对这种社会价值观变迁和女性消费心理的变化，成为一大挑战，当然这也意味着营销机遇。

比如超能洗衣液的品牌主题"超能女人"，护舒宝卫生巾推出的"我就是女生!",这一品牌战役在海外叫作"Like A Girl",它不仅在 YouTube 上面获得了 6000 万浏览量,而且还斩获了 2014 年戛纳国际创意节最佳公关类大奖。再如联合利华旗下洗护品牌多芬,一直倡导展现女性真实美的品牌理念,发起了"你比你想象中更美""让我们看见"等广告运动。这些品牌都通过诉求女性的自主、自立、自信,赢得了女性人群的认同。

而一向标榜性感的内衣品牌维多利亚的秘密,近年来业绩则持续下挫,它旗下的大 IP 维密秀同样遭遇收视率大跌,无奈在 2019 年停办。这是因为维密的品牌价值是他人眼中的性感,而非自我感知的舒适。从根本上讲,维密是站在男性立场审视女性身体,对女性美提出标准。当女性真正掌控了自己的身体,维密的魔法就消失了,这些以往"性感经济"下的代表品牌如今都深陷困境。

2019 年,维密首次请明星代言,在周冬雨最新的代言广告中,维密的文案叫作"做最舒适的自己,就是性感"。维密试图重新定义性感,为品牌注入舒适、勇敢做自己的新内涵。这就是今天的女性市场。

3. 百事新一代

男人、女人、年轻人,这些都是广告诉求的经典主题,长盛不衰。比可口可乐晚 12 年诞生的百事可乐,从一出生就被可口可乐压着打,始终找不到自己的市场位置,直到抓住了年轻人,百事才大获成功。

起初,百事也跟着可口可乐一样讲产品卖点:清爽、提神、天然、健康,百事可乐使你才气焕发,百事可乐让你心满意足,百事可乐令你心旷神怡……显然这没任何用处,因为在消费者心目中,可口可乐已经代表了这些价值。

20 世纪 30 年代,百事开始采用低价抢占市场,当时可口可乐的 6 盎司[⊖]装产品售价 5 美分,于是百事就卖 12 盎司装产品,同样售价 5 美分。这个价格策略在当时经济大萧条的美国受到了消费者欢迎,帮助百事扩大了市场份额。但价格战是把双刃剑,它虽然帮助百事抢占了一定市场,但是百事的形象也变成了廉价、低端,在美国被视为黑人饮品,在加拿大被视为说法语的人才

⊖ 1 盎司约为 29.6 毫升。

会喝的东西。而且在可口可乐主动降价后，百事根本无力招架。20 世纪 50 年代，为了挽救形象，百事又开始大打广告、请名人代言，但还是无法奈何可口可乐。

百事使尽浑身解数，历经产品战、价格战、广告战，都无法撼动可口可乐的王座。直到 20 世纪 60 年代，百事终于找到了办法——"你就属于百事新一代"。1963 年，百事首次喊出这一口号，将自己打造成年轻人的可乐（见图 4-3）。

图 4-3　"你就属于百事新一代"广告

资料来源：百事可乐官网。

"百事新一代"指的是二战后出生的婴儿潮人群，其人口总数高达 7600 万，正在成为美国社会的中坚力量。由于他们出生时未经战乱，成长在经济高速发展的繁荣年代，生活方式和思想观念因而与他们的父辈截然不同。百事紧紧抓住这一代青少年进行沟通，品牌形象、文本口号、广告风格都来迎合他们的口味和表达他们的个性。

"百事新一代"不仅赢得了年轻人的心，而且暗指可口可乐是老一代过时的品牌，新一代年轻人就应该喝百事。这与可口可乐形成了鲜明区隔，百事从此奠定市场地位。而作为可乐市场的"统治者"，可口可乐必须调和众口，老少咸宜，无法专门针对某一族群进行聚焦沟通，只能眼看着"百事新一代"抢夺年轻市场。

1984年，百事继续喊出"新一代的选择"，并且邀请全球青少年偶像、天王巨星迈克尔·杰克逊（Micheal Jackson）拍摄广告，销量从此一飞冲天。百事也从那时起开始走娱乐路线，不断签约年轻人喜爱的偶像明星来代言。

在此之前，百事推出了经典的百事挑战。百事在各大商场、购物中心街头，随机邀请路人盲品百事可乐与可口可乐，测试谁家口味更好，结果是百事更受欢迎。于是，百事将测试过程拍摄成广告进行投放，以此挑战可口可乐的市场地位，来改变消费者对可口可乐的口味认同和品牌认同。

百事挑战让百事销量猛增，惊慌失措的可口可乐犯下了营销史上最严重的错误——1985年推出了新可乐，将99年都没变过的经典可乐配方做了变更。此举顿时激怒了可口可乐的粉丝，他们蜂拥上街抗议，并打爆了可口可乐的投诉热线。顶不住压力的可口可乐3个月后放弃了新可乐。百事对此的回应，则是全体员工放假一周以示庆祝，并宣布百事挑战获得最终胜利。"百事挑战"和"新可乐"都成了全球商学院必读的经典案例。

"百事新一代"深入人心之后，百事开始围绕年轻人的生活态度和个性进行品牌沟通，加深"年轻人的可乐"的品牌认知。1998年，百事开始诉求"渴望无限"（Ask for More），2004年推出"突破渴望"（Dare for More），2012年又推出"渴望就现在"（Live for Now）。"Live for Now"其实更准确的翻译是"活在当下"（见图4-4）。这才是新一代年轻人的价值观，他们已经不像上一代人那么有耐心了。不过百事此举也可以理解——强化"渴望"的品牌标签。

图 4-4 "渴望就现在"广告

资料来源：Colabug 酷辣虫网站。

2019 年，百事又推出了"热爱全开"（For the Love of It），鼓励年轻人为自己所热爱的事物全力以赴。这就是百事自 20 世纪 60 年代以来，坚持了近 60 年不动摇的品牌路线。虽然消费者在不断变化，一代年轻人老去，新一代年轻人成长，但百事始终针对年轻人开展品牌营销，先是直接喊出"百事新一代"这个身份标签，再用"渴望""热爱"的年轻化价值进行用户沟通。针对年轻人的市场聚焦是百事树立差异化、区隔可口可乐的法宝，赢得消费者的利器。

4. 懂你说的，懂你没说的

《小王子》一书里有个房子的故事。[一]假如你跟大人形容一幢房子说："我

㊀ 安东尼·德·圣－埃克苏佩里. 小王子 [M]. 马振聘，译. 北京：人民文学出版社，2003.

看见一幢漂亮的房子，红砖墙，窗前爬满天竺葵，屋顶上停着鸽子……"他们是想象不出这幢房子是怎样的。你得跟他们说"我看见一幢价值 10 万法郎的房子"，于是他们马上会大声嚷嚷："多么漂亮的房子啊！"小孩和大人看待房屋价值的标准不同，所以针对不同的人得有不同的说法，这就叫社交。

俗语说，看菜吃饭，量体裁衣；见什么人说什么话，到什么山唱什么歌。在创作文案之前，目标人群就已经决定了文案该从何种角度入手，该用何种语气说话。目标人群不同，不仅沟通内容有所不同，就连文案的风格、态度、调性都该不同。

别克是我非常喜欢的一个汽车品牌。当然，作为一个广告人，我喜欢它的主要原因是别克的广告做得棒。尤其值得称道的是别克的文案，完美匹配不同人群的消费心理、不同车型的产品特点，并且它让别克的产品线看起来极其清晰、合理，这对一个负责品牌管理的人来说，有一种发自内心的和谐与秩序感。

以别克轿车系列为例来说明，别克目前一共有 6 款轿车：君越、君威、威朗、英朗、阅朗、凯越。君越是中大型豪华车（C 级），官方指导价 23 万元起，针对成功人士。君威是中型车（B 级），17 万元起，针对新中产阶层。威朗、英朗、阅朗都是紧凑型车（A 级），价格分别是 15 万元起、12 万元起、13万元起，都针对年轻白领。不过因为产品特点和定价不同，具体人群还有差异。凯越 8 万元起，针对工薪阶层。

针对成功人士，君越说的是"不喧哗，自有声"。

2013 年全新一代君越上市，目标瞄准豪华市场，不过相比宝马、奔驰等大牌而言，君越还是一个小众而低调的选择。所以，君越用"不喧哗，自有声"来传递低调品味的感觉，表明选择小众的君越有自己的自信和态度。同时，这句话也体现了君越车型成熟稳重的商务气质。

在传播上，君越拍了 5 部《新君子之道》系列电视广告，将目标用户描述成一个在路上有内涵、有修养的谦谦君子形象。其中一段文案是这样说的："这个时代，每个人都在大声说话，每个人都在争分夺秒。我们用最快的速度站上高度，但也在瞬间失去态度。当喇叭声遮盖了引擎声，我们早已忘记，谦谦之道才是君子之道。你问我这个时代需要什么，在别人喧嚣的时候安静，在众人安静的时候发声。不喧哗，自有声。别克君越，新君子之道。"

等到 2016 年又一代君越上市，它的产品设计变得更加时尚动感个性化，市场野心也变大了，君越开始将目标对准雷克萨斯、林肯等豪华品牌，并公开表示宝马、奔驰、奥迪以下就是别克。这一次，君越的口号叫作"不同凡想"。

虽然照搬了苹果，但从"不喧哗，自有声"到"不同凡想"，可以看出君越变得更加强势和张扬，更有攻击性。这种文案风格的变化，其实源于君越产品风格和目标人群的变化，以及品牌角色从豪华市场跟随者向挑战者的转变。

针对新中产阶层，君威说的是"一路潮前"。

其实君威最初的广告语叫作"心至，行随，动静合一"。它于 2002 年在中国市场推出，就像君威这个名字一样，最初的产品造型平平稳稳、商务气质十足，主打公商务市场，针对的是商务人士，所以文案就是这种高端大气的风格，而且它与别克母品牌的"心静，思远，志在千里"完美匹配。

不过近 20 年来，B 级车（中型车）已经从公／商务用车市场进入私人消费市场，消费者日益年轻化，对汽车需求变得个性化、时尚化。B 级车的产品设计也从过去的稳重大气变为现在的动感、潮酷，产品卖点则越来越强调颜值、动力、操控、智能。

所以君威文案的诉求方向、风格调性也跟着改变，从原来的"心至，行随，动静合一"变成"时代生动，因我新生"，再变成诉求 T 动力（涡轮增压）的"让你一再心动""活出劲""给生活一点 Turbo!"，目前则是诉求颜值时尚的"一路潮前"。从商务到个性，君威文案的变化其实反映了整个中国汽车市场的市场趋势和消费人群的变化。

针对年轻人，威朗说的是"天生爱跑"，而英朗说的是"懂你说的，懂你没说的"。

这是因为产品特性不同，威朗是运动轿车，英朗则是精品家轿；威朗满足的是个人享受，英朗满足的则是全家需求。所以按我的理解，同样针对年轻人，威朗的细分人群是"个性青年"，以未婚单身人群为主；英朗的细分人群则是"经济适用男"，以已婚有子人群为主。

因为威朗和威朗GS（轿跑版）产品卖点是时尚动感和精准操控，所以广告语一个是"天生爱跑"，一个是"天生带感"；英朗的文案则是从家庭、家人出发，表达他们的购车心理："你说要好看，其实是要成为他们的骄傲。你口口声声说的安全，其实是因为所有重要的都在车上。你强调动力，其实是想要跑赢时间。你觉得安静很重要，其实是偶尔需要回到个人世界。你说空间要大，其实是你喜欢一家人在一起。你说储物要多，其实是要放下每个人的爱好。我们懂你。懂你说的，懂你没说的。全新英朗，与进取者共鸣。"

英朗说出了年轻白领的心声，并给了他们一个身份定义"进取者"，因为作为一款入门级轿车，英朗的目标人群正处于组建家庭、事业起步的人生阶段，正在为买房买车而奋斗。他们在奋斗进取路上的酸甜苦辣，渴望有人理解，渴望有人懂。所以英朗说"懂你说的，懂你没说的"，以此来打动消费者。而阅朗作为一款紧凑型旅行车，属于英朗延伸出的旅行版产品，所以阅朗在文案上也延续了"懂你"路线，广告文案叫作"懂你的理智，懂你的情感"。2018年英朗超级互联版上市，继续诉求"一路在线，智在懂你"。"懂你"成为英朗的强大标签。

针对工薪阶层，凯越说的是"生活，实在不凡"。

和威朗、英朗的年轻时尚相比，凯越的产品设计和产品形象都更加质朴、实在，价格也更低，所以凯越在文案中赞美那些平凡的普通人，它的文案是这样说的："大多数人以为，不凡是属于舞台上、荧幕中、聚光灯下那些触不可及的人。但，这绝不是不凡的所有。不凡还属于每一个用心生活的人，属于每天多创造一点幸福的人，属于做好每件小事的人，属于比别人多坚持一刻的人，属于在风雨中不离不弃的人，属于为胜利不怕多一些失败的人。不凡，不看财富，不看地位；不凡，属于实实在在的你，属于尊重生活的每一个人。生活，实在不凡。全新凯越，不凡生活新动力。别克凯越，与你共创凯越人生。"

统观别克的轿车系列，君越瞄准成功人士，君威瞄准中产阶级，威朗瞄准个性青年、英朗与阅朗瞄准奋斗路上的年轻白领，凯越瞄准工薪阶层。目标人群不同、消费心理不同和用车需求不同，文案的风格和写法自然千差万别。

对文案创作来说，必须明确关联目标人群，要让消费者看到文案后产生"这说的就是我"的反应，并在了解产品后进而产生"这就是我的品牌"的感受，如此品牌才能取得成功。而要做到这一点，文案就不只是单纯写几行字的事了，也不是只谈走心、讲清楚卖点、易懂易记就够了。

文案创作不仅要考虑如何表现产品卖点，还要考虑如何挖掘用户需求和如何压制竞争对手。文案的风格调性要根据产品和人群变化而变化，匹配不同产品的风格特性，匹配不同用户的口味偏好，匹配不同市场的消费特点。而在所有这些复杂的考量之后，最后文案还要用一句话，就把上述全部策略思考交代清楚。在文案简单的几个字背后，藏着整个品牌的策略思考，藏着对产品、目标人群、竞争对手所做的全部功课。

正因为如此，我们才能通过分析一句文案，来追寻其背后的品牌营销策略。比如，我们可以通过一款车型不同时期文案的纵向对比，以及不同车型文案的横向对比，了解到整个汽车市场的变化与趋势。这也是我不厌其烦列举别克各车型文案的原因。如果听完这些你还觉得文案就是写几句话，通过遣词造句、修辞手法把句子写漂亮，那就还没有理解文案的真谛。

文案，不易为。

第三节　人设

人设是社交的引爆点。

文案要表达鲜明的个性态度，为品牌赋予生动的形象气质，这样才能抓住人心，和消费者建立长久关系。20世纪60年代，品牌形象、品牌个性这两个迷人的概念一提出，就受到业界大力欢迎，并成为各大广告公司竞相标榜的品牌哲学。但形象和个性到底由什么要素构成，又该如何树立，一直以来都是一笔糊涂账，缺乏一个明确的答案和实施路径。

品牌大师凯文·凯勒，将品牌形象解释为消费者对产品、产品生产者和产品使用者的综合性联想。而且，他还将品牌个性视为品牌形象的一个组成部分。事实上，很多业界人士和品牌学者都无法区分二者，甚至有些直接将二者等同。一般来说，品牌形象往往被视为使用者的人格象征，品牌个性则被认为是拟人化的品牌形象。

而品牌大师戴维·阿克，则将品牌个性归纳为五大要素：真诚、刺激、能力、高雅、粗犷。一个品牌可以融合不同的要素，形成复杂的品牌个性。但阿克归纳的五大要素下又包含了一系列次级要素，比如"刺激"就包括了勇敢的、朝气蓬勃的、富于想象的、最新的，而"勇敢的"下面又包括了时髦的、刺激的、不寻常的、光鲜的、煽动性的⊖，简直像一个俄罗斯套娃。况且按照上一章的观点，这又陷入了使用一大堆形容词去描绘品牌的困境，它无助于揭示品牌的本质，反而更进一步使品牌陷入模糊、抽象、空洞的境地，并且也无法形成方法论进入实操中去。

对品牌形象和个性的塑造来说，我们仍需回到人的心理的底层去。人为什么消费？在一个消费社会，消费不仅是为了生存，也是证明自我存在、融入社会群体的最好方式。我们通过消费来展示自我风格，通过消费来表达生活态度，通过消费来寻找同类动物。这就是每个人身上的两面性，个人属性的一面和社会属性的一面。我们既要通过消费解决内在心理的冲突和矛盾，也要通过消费缓解外部社会群体带来的压力和身份焦虑。

从个体层面来说，按照弗洛伊德的理论，人的完整人格由本我、自我、超我组成。本我只遵循享乐的原则，受先天的本能和欲望统治。超我则由社会规范、伦理道德、价值观念内化而来，遵循道德的原则。自我则负责执行人格，调节本我与超我之间的矛盾。很多时候，我们的消费行为就是在享乐释放、理性控制两大维度之间来回挣扎，寻找平衡。比如一瓶"肥宅快乐水"摆在面前，喝还是不喝，这就是一个问题。喝，是为了寻求快乐的满足，是人类

⊖ 戴维·阿克.创建强势品牌（珍藏版）[M].李兆丰，译.北京：机械工业出版社，2019.

对高糖分的本能渴望；不喝，则是出于健康意识和身材形象的理性控制。这就是两种完全不同的消费动机。

而从群体层面来说，按照阿德勒的理论，我们则是在突显自我、融入群体两个维度之间来回摇摆。比如当我们买一件衣服，到底是追求"和他人保持一致"，别人穿什么我就穿什么，还是追求"与众不同"，穿出自我风格、标新立异，这就是两种完全不同的消费动机。因此，"从众"和"出众"就是两个截然不同的营销方向。强调销量领先、行业领导的品牌，诉求的是从众消费和权威崇拜。"从众"帮助我们融入群体，降低社会风险，大家都选的产品肯定没有错。而那些强调个性、真我、做自己的品牌，诉求的则是出众消费和自我认同。"出众"帮助我们表达自己的个性态度，彰显自己的身份地位。

综合个体和群体层面来看，在享乐与控制之间，在融入与独立之间，就是赢得消费者共鸣的突破口，就是建立品牌个性与形象的机会所在。而在这4大基本心理层面之下，又有12种原型角色，可以作为创造品牌人设的具体指引。这就是美国心理学家卡罗·皮尔森（Carol Pearson）博士和著名广告公司扬雅的执行副总裁玛格丽特·马克（Margaret Mark）提出的品牌原型理论。⊖

品牌原型一共被分为12种：英雄、智者、凡夫、探险家、天真者、愚者、统治者、叛逆者、创造者、魔法师、照顾者、情人（见表4-1）。这些原型代表了消费者心目中的基本心理意象在社会文化中的内在意义。找准了原型，品牌才能找准自己的形象和个性，才能创造出经久不衰的品牌人设。

表 4-1　品牌的 12 种原型角色

原型	英雄	叛逆者	魔法师
描述	目标：改造世界 渴望：通过行动证明自己的价值 天赋：才干与勇气 策略：变得强壮、干练、有力	目标：摧毁没用的东西 渴望：革命 天赋：自由 策略：颠覆、摧毁、撼动	目标：让美梦成真 渴望：了解世界和宇宙的运作原理 天赋：转变，发现双赢 策略：提出愿景并加以实现

⊖ 玛格丽特·马克，卡罗·皮尔森.很久很久以前：以神话原型打造深植人心的品牌 [M]. 许晋福，等译.汕头：汕头大学出版社，2003.

（续）

原型	统治者	创造者	照顾者
描述	目标：创造繁荣成功的家庭、公司、社区 渴望：控制 天赋：负责任、领导力 策略：发挥领导力	目标：创造文化，表达自我愿景，并让愿景具体化 渴望：创造具有永久价值之物 天赋：创造力与想象力 策略：发展艺术技巧	目标：助人 渴望：保护他人免受伤害 天赋：热情、慷慨 策略：为他人竭尽心力
原型	智者	探险家	天真者
描述	目标：运用智能和分析了解世界 渴望：发现真理 天赋：智慧与聪明 策略：寻找资讯与知识，培养自我观照能力、思考	目标：体验更美好、更真实、更令人满足的生活 渴望：探索世界、找到自我 天赋：自主、企图心、忠于自己的内心 策略：旅行、追寻新事物	目标：获得幸福 渴望：体验天堂 天赋：信心、乐观 策略：自在做自己
原型	愚者	情人	凡夫
描述	目标：玩得快乐、照亮世界 渴望：快乐地活在当下 天赋：快乐、乐观 策略：玩闹、搞笑和创造乐子	目标：与所爱之人及周围环境维持关系 渴望：获得并享受亲密感 天赋：热情、感恩、鉴赏力、承诺 策略：在身心各方面变得更具吸引力	目标：归属感、融入群体 渴望：与他人建立关系 天赋：脚踏实地、真诚 策略：平凡美德、平易近人

资料来源：《很久很久以前：以神话原型打造深植人心的品牌》。

　　原型这一概念，出自心理学家荣格。在荣格看来，在我们的个人意识之下，潜藏的是个体潜意识，而在个体潜意识的底层，则是集体潜意识。集体潜意识是人类整体经验的贮藏与遗传，是每个人一出生就拥有并且所有人类共通的一种心理状态，但它在我们每个人的一生中从未被意识到，而是通过原型的形式表现出来。原型就是集体潜意识显现出的象征性意象。⊖

　　由于原型在所有人身上都是相同的，因而它是每个人心理动机与人格特征的基础。而那些能够反映人们所对应原型的事物、品牌、文化作品，就会得到人们自然的、发自内心深处的亲近与认同。

⊖ 吴惠萍. 约翰走路威士忌品牌原型研究：业者与消费者的观点比较 [D]. 台北：世新大学公共关系暨广告研究所，2006：21. 注：约翰走路威士忌即 Johnnie Walker，还译为尊尼获加。

1. 活出骑士风范

对于烟酒这类典型的男性消费品来说，其品牌人设通常取自两种原型角色：一种是英雄，一种是智者。

英雄原型积极进取、挑战自我、通过行动证明自己的价值，经典之作如万宝路牛仔。1954 年，广告大师李奥·贝纳为万宝路打造了经典的牛仔形象。万宝路牛仔一问世，销售扶摇直上，仅 1955 年一年间万宝路的销量就提高了 3 倍，此后万宝路更是一跃成为世界烟草业的领导品牌，世界上每抽掉 4 支香烟，就有 1 支万宝路。

"寻味溯源，就来万宝路家园"的广告文案，告诉消费者，抽万宝路的男人才是原汁原味的男人，万宝路牛仔代表了男性对粗犷、豪迈、英雄气概的追求，它广泛存在于全世界男人的内心深处（见图 4-5）。要知道万宝路在打造牛仔形象以前，可是一个销量平平的女士香烟品牌，广告语则是温水一般的"像五月的天气一样温和"。

与英雄原型相对应的是智者，一个有思想、有品位、懂得享受生活的男人。典型案例如芝华士诉求的"活出骑士风范"，它用骑士精神，用荣誉、勇气、绅士风度、朋友情义去包装和恭维它的消费者们，标榜其身份和修养。再如轩尼诗着力强调的品位、艺术和高雅范儿，代表性文案如"愈欣赏，愈懂欣赏""世事无绝对，唯有真情趣""品见初心"等。

英雄改造世界，智者看透世界。英雄渴望挑战，智者追求享受。英雄有行动，智者有思想。英雄是红塔山"山高人为峰"，智者是黄山"一品黄山，天高云淡"。英雄是"大红鹰，胜利之鹰"，智者是白沙"鹤舞白沙，我心飞翔"。英雄是衡水老白干"喝出男人味"，智者是洋河蓝色经典"男人的情怀"。英雄是红星二锅头"每个人心中都有一颗红星"，智者是舍得酒"智慧人生，品味舍得"。口口声声念叨着"永远向前"的尊尼获加是英雄，等到品牌文本改成"乐趣会推动你走得更远"，便开始融入智者原型，当然还融入了享乐主义、活在当下的愚者原型。

图 4-5　万宝路广告

资料来源：万宝路官方网站。

　　什么是品牌？其实就是消费者对理想自我形象的自觉扮演。人们通过消费来表现自己的梦想与志向，表达自己想成为一个什么样的人。消费者希望变得更友善还得变得更个性，变得更成熟还是更年轻，变得更热烈还是更温和，这些自我形象的投射都会通过他的消费行为传达出来。所以在日常生活中，我们会将自己的主观情感、态度移情到品牌之上，我们也会透过一个人使用的品牌，来了解他的身份、个性、三观。品牌的真正价值就是要让消费者成为他想成为的那个样子。

　　而品牌文案，则需要向消费者展现一个理想的自我，从而让消费者对号入座。品牌只有成为消费者理想形象的化身，成为消费者自我风格、个性的投射，它才会被人发自内心地认同、热爱和支持，这就是立品牌人设的意义。人设赋予品牌以形象和个性，帮助品牌拥有人格化特质，如此品牌才能与消费者建立关系，形成持续和稳固的联结。英雄、智者的心理原型，反映了男性内心深层次的渴望与焦虑，这就是男人心底希望扮演的角色，渴望成为的样子。品牌只有塑造出这样的原型，才能唤起消费者的共鸣。

2. 我是凡客

品牌人设要么塑造理想的用户形象，让消费者向往，要么塑造真实的用户形象，让消费者认同。下面我们以凡客为例子来讲一下。凡客进入公众视野，源自 2010 年引发全民狂欢的"凡客体"。当时，凡客请韩寒和王珞丹代言品牌，在全国各地的候车亭、公交站牌进行大规模广告投放。其文案是这样说的——

> 爱网络，爱自由，爱晚起，爱夜间大排档，爱赛车，也爱 29 块的 T-shirt，我不是什么旗手，不是谁的代言，我是韩寒，我只代表自己。我和你一样，我是凡客。
>
> 爱表演，不爱扮演；爱奋斗，也爱享受；爱漂亮衣服，更爱打折标签。不是米莱，不是钱小样，不是大明星，我是王珞丹。我没什么特别，我很特别。我和别人不一样，我和你一样，我是凡客。

凡客体能走红，一方面是因为这个"爱_____，爱_____"的句式被网友恶搞，引发大量模仿和二次创作，制造了流行效应。另一方面，凡客并未因请了代言人就塑造高大上的品牌形象，而是在广告中展示韩寒和王珞丹作为普通人的一面，文案充满平民精神，这种平易感和亲和力让人亲近，这也是文案被恶搞、被模仿的一个心理基础。比如郭德纲版本的"爱相声，爱演戏，爱豪宅，爱嘚瑟，爱谁谁，尤其爱 15 块一件的老头汗衫……"。

凡客品牌塑造的不是精英气质，而是平民范儿。"我是凡客"给凡客立的是"凡夫"人设，它就像我们身边的普通人一样，平凡、真诚、脚踏实地、平易近人、融入生活。凡客因而让消费者产生了亲近感和归属感。在此后一系列广告中，凡客都秉承这种"凡夫"精神，来说出普通年轻人的心声，如李宇春的代言文案"生于 1984"、韩寒的另一代言文案"有春天，无所畏"、黄晓明的"挺住，意味着一切"、中国好声音学员的"我要怒放的生命"。

尤其是黄晓明那句，它的电视广告文案是这样的："七岁立志当科学家，长大后却成为一个演员；被赋予外貌、勤奋和成功，也被赋予讥讽、怀疑和嘲笑；人生即是如此，你可以努力，却无法拒绝。哪有胜利可言？挺住，意味着一切！没错，我不是演技派。Not at all。我是凡客。"

大明星黄晓明不仅在广告中亲自承认"不是演技派"，还拿曾令自己出糗的"Not at all"自嘲，这就是凡客的平民意识和草根精神。面对生活的苦难、命运的安排，你能做的就是挺住。只要坚持不放弃，小人物也能逆袭。"挺住意味着一切"这句来自奥地利著名诗人里尔克的名言，道出了"凡夫"们的精神世界。凡客用这一系列文案赢得了年轻人的心，成功从一个服装品牌变成全民熟知的文化符号。

可惜，迅速蹿红的凡客迷失自我，开始商业"大跃进"，它试图成为一个电商平台，并一度卖起了凡客牌拖把、菜刀、电火锅。随之而来的，就是 SKU 暴涨、产品品控极差、资金链断裂等一系列问题，凡客销量大跌，几近破产。无奈之下，凡客创始人陈年接受雷军劝说，重回服装路线，并且学习小米模式专注打造爆款服装单品。但是，这一番操作消磨了凡客的精气神，它已经从一个年轻人喜爱的、充满活力的品牌，变成一个低价劣质、不知道是什么的四不像。

这就是我在 2014 年接到凡客大单品 80 免烫衬衫的推广需求时，凡客所面临的状况。凡客希望通过这件售价 129 元的白衬衫，主打防皱免烫、品质一流、极致性价比的大单品来实现品牌重振。但我们认为，凡客需要的不仅是把品质找回来，更重要的是把丢失的品牌精神找回来，凡客需要重新成为年轻人的图腾，这样他们才愿意重新穿上凡客。消费者过去买凡客，不光是因为它的价格和质量，更重要的是凡客代表着一代年轻人的朝气。

所以我给凡客建议的文案是："尽管蹂躏，我皱都不皱一下。"延续"我是凡客"和"挺住意味着一切"的品牌精神，把"凡夫"人设重新立起来。对那些将白衬衫当职业装，每天都需要穿着白衬衫上下班的人来说，他们需要的是一件抗皱的衬衫，更是一种无惧蹂躏的抗皱精神，支撑他们在每天的职场压力、上司苛责、客户白眼、拥挤交通、高房价物价等形形色色的蹂躏中，像打不死的小强一样顽强坚持、不懈奋斗。即使生活再难，每天却依然套上一件干净整洁的白衬衫，微笑开始新的一天。这就是文案想要表达的态度和心声。

只不过，此时的凡客从一个极端走向另一个极端。它开始照搬小米的战略，坚持不投广告、不做品牌，全靠产品的质量与性价比带来销售，全凭粉丝和口碑取胜。因而我们创作的这一系列广告没有真正出街和推广过。

但是服装业与电子产品相去甚远，消费者在购买衣服时考虑的不是做工和性价比，而是个人形象、风格与个性态度。即便凡客如今着力模仿的优衣库，靠羊毛夹克、吸湿快干T恤、羊绒衫、HEATTECH等一系列爆款起家，但优衣库在日本也一度被视为廉价货（消费者不愿进优衣库的店，即便买完优衣库第一件事也是马上将标牌剪掉，生怕被别人看到）。直到天才设计师佐藤可士和出马，对优衣库的视觉识别、店铺形象、广告宣传、产品设计全面革新，提升品牌形象和价值感，完成品牌重塑，优衣库才一跃成为时尚的宠儿，俘获了全世界消费者的心。一个只有产品却不能与消费者建立关系的品牌，无论如何是不会拥有强大生命力的。

3. 穿上它，活出趣

伴随美国西部淘金热起家的李维·施特劳斯（Levi Strauss），他发明的牛仔裤一开始就是作为采矿工人耐磨坚韧的工作服而存在的。从1853年创立至今，李维斯品牌都是美国野性、叛逆、开拓精神的象征。所以李维斯在品牌打造中，一直立的是"探险家"原型，打造西部拓荒者人设。

探险家探索世界，永远追求新事物，他们渴望体验更奇妙、更美好、更令人向往的生活，并在探索的过程中努力寻找真实的自我。最具代表性的文案，就是李维斯在2009年推出的第一个全球品牌传播战役"go forth"（向前闯），如图4-6所示。它旨在鼓励年轻人全力实现梦想、探索世界，与品牌开拓者的基因相连。

图 4-6　李维斯"向前闯"广告

资料来源：W+K 广告官网。

　　为了诠释"向前闯"的精神，李维斯推出了两部长版本视频广告[⊖]，一部叫作《啊，开拓者！》，一部叫作《属于我们的时代》。有意思的是，这两部广告片的文案都引用自诗歌，并在广告配音中用了诗人朗诵的原声。《属于我们的时代》是美国桂冠诗人查尔斯·布考斯基（Charles Bukowski）的《笑的心》（*The Laughing Heart*）全诗；《啊，开拓者！》则来自美国大诗人沃尔特·惠特曼（Walt Whitman）的《开拓者！啊，开拓者！》（*Pioneers! O Pioneers!*）一诗的片段。这首诗中有这样的句子——

　　　　啊，年轻人，西部的年轻人 / 这样性急，充满活力，充满男儿的骄傲和友善 / 我清楚看见了你们，西部的年轻人，看见你们大踏步

―――――――――――

　　⊖　广告时长为 1～3 分钟的称为长版本。

走在最前面 / 开拓者！啊，开拓者！……

我们把过去统统甩在身后 / 我们进入一个更新、更强、变化万千的世界 / 我们抓住这个鲜活雄伟的世界，劳动和进步的世界 / 开拓者！啊，开拓者！……

我们砍伐原始森林 / 沿着大河逆流而上，心潮激荡钻探矿藏 / 我们测量广阔的原野，开垦处女地 / 开拓者！啊，开拓者！……

从这首诗中，你就能感受到那种仿佛置身西部荒野，扑面而来的野性气息。2010 年，李维斯又以《我们都是劳动者》为题，推出新的品牌形象广告，展现美国西部大开发的工作场景，将人们带回那个怀旧又神秘的西部世界。在这两波品牌战役中，李维斯便是基于"探险家"原型，打造开拓者、劳动者的品牌形象。

只不过，消费者并不买账。

这是由于 21 世纪以来，快时尚引领了服装业的风潮，耐克、安德玛、lululemon 的运动紧身裤取代牛仔裤占领了街头。千禧一代年轻人更偏好风格多变、舒适休闲的服装，而牛仔裤则给人感觉既沉重又陈旧，西部荒野与探险家离年轻人的生活越来越远。李维斯的消费者平均年龄达到了 47 岁，销售额则长达十多年在 40 亿美元徘徊。在"向前闯"品牌战略实施的第 5 年，李维斯的业绩跌到了最低点。忍无可忍的李维斯在 2014 年结束了与 W+K 广告长达 5 年的合作，转而回去找过去曾合作长达 68 年的 FCB。

当年 7 月，李维斯推出了新的全球性品牌主题"Live in Levi's"（见图 4-7）。这句话从字面上理解就是活在李维斯之中。尽管业绩不佳，但作为一个拥有 160 年历史的品牌，李维斯在全球依然拥有无数的用户和粉丝。在研究了上百万消费者的故事之后，李维斯意识到，有无数人穿着李维斯度过每一天，有人穿着李维斯环游世界，有人穿一条李维斯 501 裤子穿了 20 多年……李维斯属于每一个普通人，每个人都可以穿着李维斯做点什么，活出自己的人生，尽情去享受每一天的喜悦和趣味。这就是"Live in Levi's"的含义所在，它的中文版文案更直白："穿上它，活出趣"。

图 4-7 李维斯 "Live in Levi's" 广告

资料来源：www.pic.haibao.com。

为了体现这一品牌理念，李维斯在新的全球广告片中没有使用任何明星和职业模特，而只是由一些普通消费者出镜，展示他们自然而不做作的日常生活。在中国市场推广时，李维斯虽然用了代言人，但依旧站在一种平民视角去表达，它的电视广告文案是这样的：

> 穿上它、迷恋它、摇摆它、亲近它、演奏它、怂恿它、分享它、点亮它、炫耀它、释放它。尽情展现，我要你看见。穿上它，活出趣。
>
> 穿上它、激励它、挑战它、发动它、炫耀它、放肆它、折磨它、打湿它、点燃它、展露它。敢冒险，才是我的活法。穿上它，活出趣。

这种文案风格和李维斯过去的玩法大相径庭。它意味着李维斯放弃了长达百年的"探险家"人设，转而拥抱"天真者"原型。天真者关注的不是探索世界、追寻梦想这些宏大的命题，而是自在做自己，快乐、幸福地度过每一天。李维斯从神秘的西部世界转向了真实的日常生活，从探索未知的"探险家"变成了自在做自己的"天真者"，广告和文案风格也一改原来的前卫高深，变得更加轻松和欢快。

在谈到这一品牌战略转变时，负责本次广告实施的 FCB 首席创意官埃里克·斯普林格（Eric Springer）表示："我们当时讨论觉得'Go Forth'有点太过于艺术气息了，需要对调性做一点调整，让每个人都能感觉到这个品牌的开放性。因为如果你想变得大众和流行，你必须从咖啡屋走到麦迪逊公园，不能太有距离感，要有包容性。"[⊖]

李维斯放弃了过去沉重的品牌使命和历史，"活出趣"让品牌变得更轻盈。这个新的战略抓住了年轻人的心，它让李维斯重回大众流行市场。2018 年李维斯业绩恢复到 55.8 亿美元，在众多服装品牌表现低迷的大环境下翻身、逆袭成功，并在 2019 年重返资本市场，在纽交所公开上市。

作为品牌重塑的典型案例，李维斯这个案例证明了当品牌面临固化、老化、边缘化，实施品牌重塑的关键就是对品牌人设进行改造。如果品牌人设不变，只是在品牌视觉形象、产品包装、广告文案上小修小补，那么无疑是换汤不换药。品牌具体要打造什么人设、采用何种原型，则要视品牌的历史基础、目标消费者的生活方式和心理状态，以及品牌所处的社会文化趋势而定。不研究消费者和社会文化而打造出的人设就不能动人。打造鲜明的品牌人设，并围绕人设做出战略调整，才是李维斯在长达 160 多年历史中品牌常青的秘密。

4. 做个傻瓜

谈到牛仔品牌，另一个不能不提的就是迪赛尔（Diesel）[⊖]，它于 1978 年由意大利服装设计师伦佐·罗索（Renzo Rosso）创立。还记得我在大学的广告专题课上，迪赛尔就作为后现代广告的典型案例用来供学生分析，那还是 2005 年。也是从那时起，我就养成了定期收集迪赛尔每一年的文案和广告并分析这个品牌的好习惯。

印象最深的是迪赛尔的电视广告《小石城 1873 年》，它讲述了两个牛仔决斗的故事。一个牛仔年轻、英俊、有礼貌，从家里出门时不忘亲吻他的妻子，

⊖ 李会娜，胡昱. Levi's 落到 10 年以来的最低点，它该如何走出颓势？ [EB/OL].（2014-09-25）[2020-06-01]. http://www.qdaily.com/articles/2536.html，2014-09-25.

⊖ 也译作"迪赛"。

去往决斗的路上还会帮助他人。而另一个牛仔则肮脏、邋遢、相貌丑陋，早上从妓女的床上醒来，出门路上抢小女孩的糖果吃，还随地吐痰。等到两个牛仔在决斗场相遇、拔枪，大概每个观众内心都会认为年轻英俊的牛仔将获胜。但结果，邋遢牛仔却将英俊牛仔一枪放倒，然后对着镜头邪魅一笑，露出一口烂牙。广告即将结束，出现迪赛尔的广告语"FOR SUCCESSFUL LIVING"（为成功生活）。

这部广告因为反传统、解构经典的套路，而被视为后现代广告的代表作。而迪赛尔2002年推出的这句"为成功生活"听起来一本正经，像是在渲染上流社会的荣耀与奢华，针对成功人士塑造高端形象，但实际上它更像是对成功的揶揄。2016年迪赛尔推出一波品牌活动"活出成功的50大规则"。这些规则包括了"敢想""有种""敞开爱""大开脑洞""立场坚定""以我为荣""多来点绿""做个春秋大梦"等，这才是迪赛尔眼中的成功人生啊。

站在品牌人设的角度来讲，迪赛尔就是典型的"愚者"原型。"愚者"是一个小丑、弄臣，他喜欢恶作剧、嬉戏逗乐、玩世不恭，他将人生视为一场游戏，崇尚活在当下，是天生的乐天派，"找点乐子"是他的口头禅。

最典型的案例是迪赛尔在2007年推出的两波品牌战役，一是"为全球变暖做准备"（GLOBAL WARMING READY），全球气候变暖将导致海平面上升，很多陆地和城市会被淹没，这个可怕的未来令全世界忧心忡忡。那么，迪赛尔为全球变暖做了什么准备呢？

它号召年轻人在纽约高楼被淹成海中群岛后在楼顶晒日光浴，在巴黎埃菲尔铁塔变成热带雨林后去遛宠物蜥蜴，在巴西基督山变成海平面后开游艇出海，在中国长城被沙漠埋掉半截后去徒步探险……就算全球变暖又如何，身着迪赛尔的男男女女还不是照常生活，照样寻欢作乐？

另一波品牌战役则是"毕竟是人类"（HUMAN AFTER ALL），这句话是对未来科技革命的回应——就算科技再发达，但我们毕竟是人类。在未来，我们还是要为宇宙飞船排队、踢球会不小心砸碎人类胚胎培养皿、核动力汽车坏了还得人来推……即使面对全球变暖、科技革命这些关乎人类命运的重大议题，迪赛尔摆出的还是一副叛逆不羁、及时行乐的态度，管什么将来怎样，我只管活在当下。这就是迪赛尔的品牌精神。

2010 年，迪赛尔推出了品牌史上最具标志性的文案——"BE STUPID"，这一系列广告一经推出就引起轰动，并且斩获当年的戛纳创意节户外全场大奖。

"BE STUPID"直译就是犯傻、做个傻瓜，但中西方文化中都有大智若愚一说，迪赛尔这句文案表达的就是此意。"愚者"才是真正的聪明人，真正的智者。具体文案包括如下这些——

> 智者批判，愚者创造（见图 4-8）。
>
> 智者相信大脑，愚者听从内心。
>
> 智者也许知道答案，但愚者有很多有趣的问题。
>
> 智者预先规划，愚者即兴创造。
>
> 智者有计划，愚者有故事。
>
> 智者可能有脑子，但是愚者有胸。
>
> 智者说不，愚者称是。
>
> 智者看眼前，愚者看以后。
>
> 愚者不断试错，尽管多数是错的。
>
> 如果没有愚蠢的想法，就不会有有趣的想法。
>
> 如果你从未做过蠢事，你就从未做过事。
>
> 愚者也许会跌倒，但智者甚至不敢尝试。
>
> 犯错，坦白错误，再犯错。
>
> 少想一点，多蠢一点。
>
> 我们与愚蠢同在。
>
> 你聪明到犯傻了吗？

迪赛尔用一系列观点鲜明而犀利的文案，阐述了自己的品牌态度与主张，犯傻恰恰是成年人最难能可贵的品质。世界太复杂，外在的喧嚣太多，不如保持一颗傻瓜的心，无视他人的闲言碎语，只按照自己的心意去活着，只遵从自己的想法去做事。犯傻让你打败自身弱点，勇于追寻被他人嘲笑的梦想，打开未知与冒险的大门。至少，它也能让你收获一些快乐。它就像乔布斯在斯坦福大学演讲的名言："求知若饥，虚心若愚"（Stay hungry，Stay foolish），在我看来"stay foolish"和"be stupid"同义，它们都代表着保持自我，跟随内心的直觉，即使你在别人眼中是个傻瓜，也要带着一股傻劲活下去。

图 4-8　迪赛尔广告

资料来源：中国广告网。

　　迪赛尔用了这一系列品牌文本，给自己立起了"愚者"人设，成功塑造了一个勇敢前卫、无畏自嘲、大胆做自己并享受人生的牛仔品牌。迪赛尔不仅是一种穿着方式，也代表着消费者的行事方式和生活方式。它让标榜探险家的李维斯看起来落伍又无趣。20 世纪 90 年代初，迪赛尔进军美国，在纽约开设了第一家专卖店，店面选址正对着李维斯官方旗舰店。当时，很多人以为伦佐·罗索疯了，他竟敢跟牛仔裤鼻祖叫板。但很快，美国就成了迪赛尔这个意大利品牌全球最大的市场。

　　纵观凡客、李维斯、迪赛尔三个服装品牌，它们都是面向年轻人进行沟通，但品牌形象、品牌传播方式、广告文案相差极大。归根到底，这是其品牌人设和品牌背后的原型不同，有平凡真诚的"凡夫"，有探索新世界、体验新感觉的"探险家"，有轻松自在做自己的"天真者"，有玩世不恭、乐观活在当下的"愚者"。

人设帮助品牌实现差异化，让消费者建立认知。正如在可乐市场，可口可乐立的是"统治者"人设，统治者发挥领导力，为消费者创造成功繁荣的生活。而瞄准年轻人的百事，为自己找到的则是"叛逆者"人设。"叛逆者"崇尚自由与个性，要求打破规则，颠覆旧世界，所以百事发起了百事挑战，并且拍摄了大量挑衅、嘲讽可口可乐的广告，并深受消费者喜爱。百事就是牢牢抓住"叛逆者"原型，从而吸引年轻人，将可口可乐区别开来。

5. 支付宝，知托付

人设不仅帮助品牌与竞争对手区隔开，也能帮助多品牌企业实施品牌管理，让每个品牌都找到自己鲜明的个性特征，便于消费者识别，便于形成清晰合理的品牌组合策略。

在第一章我们谈到淘宝的核心文本"造"，它将创造精神融入品牌之中，为消费者提供拥有原创风格和独特价值的新产品。淘宝的人设就是一个"创造者"，"创造者"原型发挥自身的创造力与想象力，创造恒久价值。创造者相信，能想象到的就能创造出来。

和淘宝相比，天猫的品牌人设则明显不同。在第三章，我们谈到了2012年天猫发布的品牌口号"上天猫，就购了"。这句文本不仅强调了天猫的应有尽有和便利性，也表达了天猫可以一力实现消费者所有的购物需求和生活梦想。

两年之后，天猫又把品牌文本改成了"尚天猫，就购了"，一字之差，用以强调天猫的时尚化战略。在当时发布的品牌TVC中，文案是这样说的："在未来，百货公司全漂浮在云端。任何颜色都能被定制。在未来，所见即所得。身体在会议室，而灵魂在时装秀第一排。而朋友，则来自收藏同一条裙子的人。在未来，所有大牌都将走下神坛，来聆听你的布告。未来，属于一心实现自己预言的人。尚天猫，就购了。"可以看到，这段文案进一步强调了天猫对消费者需求和梦想的满足。

2017 年，随着消费升级，天猫再一次更改了品牌文本——"理想生活上天猫"，并且发布了 5 种理想生活趋势：人设自由、独乐自在、乐活绿动、玩物立志、无微不智。天猫表示："我们将不仅满足，还会去定义和实现理想生活。"

虽然天猫的品牌诉求和文本不断变化，但始终保持一致的就是品牌对于满足消费需求、创造更好生活的承诺。天猫的品牌人设就是一个"魔法师"，"魔法师"提出目标并实现，让人梦想成真。

说完淘宝和天猫，再来看看支付宝。淘宝天猫都是购物平台，而支付宝则是一个支付平台，对支付这件事来说，最重要的因素就是信赖。所以自 2004 年创立以来，支付宝就有一句口号："因为信任，所以简单。" 2011 年，支付宝将这一品牌价值进一步浓缩为一句言简意赅的话，"支付宝，知托付"。

在推出这一品牌文本的同时，支付宝同步上线了一部微电影《郑棒棒的故事》。郑棒棒名叫郑定祥，是重庆的一名挑夫，他在一次挑货过程中不巧与货主走失。面对无主的货物，他没有选择据为己有，而是每天坚持挑着货物出门寻找失主，直到物归原主，尽管当时他自己的妻子患病住院急需用钱。这个根据真实故事改编的微电影，不仅体现了"知托付"的品牌承诺，而且平实感人，半个月内播放量就突破了 1000 万人次。

当年底，支付宝又推出了第二部微电影《啤酒哥的故事》，同样是根据真实故事改编。它讲述的是河南一个送啤酒的打工仔罗嵩山，他承诺给一户生活困难的四胞胎家庭每年捐 400 元钱，连续捐 18 年。但在 2003 年由于非典影响，啤酒哥没有生意、入不敷出，承诺的捐款迟了 5 个月才终于攒齐，于是他就将原本的 400 元捐款，连同延迟 5 个月的 8.4 元利息和 30 元罚金，一共 438.4 元一起汇出，不负承诺。这条微电影也在上线一周内突破千万播放量。

2012 年中，支付宝又推出了第三部微电影《钥匙阿姨》。"钥匙阿姨"徐琴秀是常州的一名普通居民，她长年替邻居们保管钥匙，一共有 30 多把。因为信任，邻居们都愿意把钥匙托付给她代管，这样如要外出、家有老人就不用担心了。因此，她被大家亲切地称为"钥匙阿姨"，只要邻居们需要帮助，"钥匙阿姨"就会拎着一大串钥匙及时出现。

　　郑棒棒、啤酒哥、钥匙阿姨三个普通人，完美传递了支付宝的品牌精神"知托付"。通过这句文本和三部微电影，支付宝构建出了一个"照顾者"人设。"照顾者"热情慷慨、助人为乐，为他人竭尽心力，保护他人免受伤害。

　　2014年成立十周年之际，支付宝推出十年账单，帮助每个人回顾在支付宝上的点点滴滴，并顺势上线了一波品牌战役。在文案中，支付宝用十年账单对消费者说：

> 看数字，都说你败家；打开账单，才知道你多持家。赞一个。
>
> 业绩从未挤进前三，支出战胜了91%的人。我赢了。
>
> 给四五套房子交过水电费，没一套是自己的。无所谓。
>
> 还是钱包靠得住，每天早上刷余额宝。你懂的。
>
> 转账最爱选的表情是'包养你'，可我还剩着。求包养。

　　这些文案展现了支付宝对每一位消费者的默默支持与照顾，体现了珍重每一个托付，并忠实履行承诺的品牌价值，这就是支付宝。"照顾者"人设的支付宝、"创造者"人设的淘宝、"魔法师"人设的天猫，完美体现了阿里旗下不同品牌的差异，而每个品牌又有自己鲜明的形象和价值。

　　只有人设丰满的品牌，才可以和消费者建立持久而密切的关系，这就叫作社交品牌。无社交，不品牌。做品牌首先要寻求和消费者对话，所以人称是发起点，文案要选对人称，找到品牌自己的沟通方式。品牌是与消费者形成关联，所以人群是立足点，文案要瞄准人群，用精确的文字击中他们的内心感受。品牌最终要与消费者建立关系，所以人设是引爆点，文案立好人设，用合适的形象和个性赢得用户的长期支持。

　　《小王子》一书里，又有一个关于驯养的故事。[⊖]小王子邀请狐狸一起玩，狐狸说："我不能和你一起玩，我还没有被驯养呢。"

⊖　安东尼·德·圣－埃克苏佩里.小王子[M].马振聘，译.北京：人民文学出版社，2003.

"什么叫驯养呢?"

"这是已经早就被人遗忘了的事情,"狐狸说,"它的意思就是'建立联系'。"

"建立联系?"

"一点不错,"狐狸说,"对我来说,你还只是一个小男孩,就像其他千万个小男孩一样。我不需要你。你也同样用不着我。对你来说,我也不过是一只狐狸,和其他千万只狐狸一样。但是,如果你驯养了我,我们就互相不可缺少了。对我来说,你就是世界上唯一的了;我对你来说,也是世界上唯一的了。"

这是我见过对品牌最完美的解读。

第五章　流传

| 本章导读 |

制造流传的三大密码

中国是诗歌的国度，诗教是中国教育的伟大传统。中国的小朋友从牙牙学语就开始跟着大人念、唱、背诵那些传唱千古的诗篇。早在两千多年前，伟大的教育家孔子就强调"兴于诗"，人的修养从学诗开始。所以《礼记》有言曰："温柔敦厚，诗教也。"诗词可以培养一个人的性格、品行、修养、风度，可以让人性格温柔，态度温和，待人厚道，与人为善。

《论语》中对诗的功能进行了高度概括："诗可以兴，可以观，可以群，可以怨。"诗词可以兴发情感、宣泄情绪，可以观察社会风俗、治乱盛衰，可以让人与人之间的交流互动更和谐、更愉快，也可以排遣心中郁结忧闷、批评时政。

为什么诗词能够穿透数千年历史，被一代代中国人传唱至今？为什么诗词能感人至深，影响一个人的性格与修养？诗词中又隐藏着什么流传千古、传播四方的密码呢？

我认为诗词的流传密码就三个字：**音、形、意**。

举一个例子来说明，我曾在我的粉丝群里做过一个小调查"你最熟悉的一首诗是什么？提到诗词你最先想到哪一首？"这个问题我问了上百人，在所有答案中，前三位必有李白的《静夜思》：床前明月光，疑是地上霜。举头望明月，低头思故乡。

这可以说明《静夜思》的受欢迎程度，而且它也是小学教材上最早出现的几首诗之一，完全可以说《静夜思》就是中国最具代表性、最有流传力的一首诗。我猜多数人学会的第一首诗就是《静夜思》，但很多人可能不知道，我们从小就会的这首诗其实并非李白的原始版本。

最接近李白诗作原貌的宋朝版本是这样的——

床前看月光，疑是地上霜。抬头望山月，低头思故乡。

而明朝版本是这样的——

床前看月光，疑是地上霜。举头望明月，低头思故乡。

清康熙年间沈德潜编选《唐诗别裁》中的版本又是这样的——

床前明月光，疑是地上霜。举头望山月，低头思故乡。

后来，到了清乾隆年间蘅塘退士编《唐诗三百首》，综合各家版本之后，《静夜思》才变成了今天的模样，而由于《唐诗三百首》的巨大影响力，这也成了《静夜思》通行至今的版本。

比较不同版本的流变，可以看到《静夜思》发生的最大变化是"床前看月光"变成"床前明月光"，"望山月"变成"望明月"。

大家试读一下就会发现，"床前明月光"比"床前看月光"更加朗朗上口，因为去掉了"看"这个动作之后，语气更加流畅，一气呵成，而且这也让后面的"疑是"更加合理。"山月"变"明月"，不仅淡化了原诗的文人气息，意思更加通俗，而且取消了地理限制，无论你身在何方，无论是望见山中月还是海上月，只要是那同一轮明月，就能唤起对团圆、对故乡的思念。从此，明月变成了国人思念家乡和亲人的一个固定文化符号。

《静夜思》的版本流变，正是由于明清之际文化普及，当时的文人为让前人诗词更便于在民间流传，于是对大量诗词作出了改动。虽然宋朝版本更接近李白原作，但是对比宋版，我们显然更愿意接受今天通行的改动后的版本，因为改动之后，原诗的确变得更加通顺易懂，更加接近每个人的普遍情怀。这就是《静夜思》流传的密码。

首先是音的层面，它用词简单质朴，读起来语句通顺，音韵悦耳，便于记忆便于传诵。其次是形的层面，"举头望明月"和"低头思故乡"的对比相映生辉，明月与故乡的结合融入想象力因素，充满了形式之美和意境之美。最后是意的层面，《静夜思》虽然字面意思简短，但它传递了"思乡"这一文化命题，表达了人们对家人、团圆的美好愿望。千载以来，乡愁这一普遍情感都极易引发人们内心的共鸣，《静夜思》因而成为千古传诵的名篇。

中华诗词的魅力在于音的平仄、韵律，形的重复、对仗，意的意象、意境，它们让我们充分领略到汉语之美。正因为有这些诗词的存在，汉语才能成为世界上表情达意最细腻、表现形式最具张力的语言之一。

音、形、意的结合，使得无数诗句被人们所代代传诵，并进入人们的日常生活。当我们思念家人时，我们会说"但愿人长久，千里共婵娟"；怀念友人时，我们说"海内存知己，天涯若比邻"；倾慕佳人时，我们说"关关雎鸠，在河之洲，窈窕淑女，君子好逑"；赞美母亲时，我们说"慈母手中线，游子身上衣"；愤慨社会不公时，我们说"朱门酒肉臭，路有冻死骨"。这些千古传诵的名篇总是充满了音韵的和谐、形式的美感，总是和我们的情感、共通的文化心理关联在一起，这样的诗句在中华文化里比比皆是。

从诗词的流传密码中，我领悟到：文案要想具备社会流传力，对广大消费者产生强大感染力，也应该在音、形、意三个层面下功夫。

在音的层面，文案要通过口语化的风格，通过押韵及各种修辞手法的应用，迎合消费者的语言习惯。在形的层面，文案要通过重复、对比的语言形式描绘意境，迎合消费者的审美习惯。在意的层面，文案要通过唤起消费者内心的快乐、希望与认同，和消费者的情感及价值观念结合在一起，迎合消费者的心理习惯。对品牌建设而言，最高目标就是成为消费者的一种固定消费习惯，成为社会文化的一部分。而音、形、意相融合的文案最能符合消费者的语言习惯、审美习惯、心理习惯，形成社会文化，获得强大的社会流传力。

第一节　音

如果品牌能有一句话被消费者记住，那么它就更有机会进入消费者的生活。如果这句文案还能被大家挂在嘴边，那么品牌就更有可能制造一种社会流行。所以很多文案创作人，都以写出一条流行金句为荣。文案要想具备流传力，首先就要在音上做文章。音韵优美、朗朗上口，是一条好文案的基本要求，也是最高境界。要做到这一点，有三种方法：口语化、押韵、运用修辞手法。

1. 味道好极了

最好的文案，取自人们的日常生活，取自消费者口语。文案口语化，才会被人记住，在生活中被人们随口提及，因而具备长久的生命力。所谓"真佛只说家常话"，请抛弃技巧，慎用术语成语，但求简单明白。文采是第二位的，简练通畅才是第一位的。

1989 年，雀巢咖啡第一条电视广告登陆中国，伴随着"味道好极了"的经典广告语，雀巢咖啡走进千家万户，从此变得家喻户晓。咖啡作为舶来品，能够被喝惯了茶叶的中国消费者接受，并在短短几年内流行开来，这句"味道好极了"功不可没。雀巢一开始为了培育市场，也曾在各个大学做咖啡的专题报告，并向大学生赠送速溶咖啡的宣传资料，但收效甚微。于是转而拍摄《味道好极了》的电视广告，雀巢随之迅速流行起来。

相比通过各种活动、详细的产品资料花大力气去教育消费者，不如一句"味道好极了"来得润物细无声，这句话是如此地质朴、易读，让人听了之后有种发自内心的舒服和亲切，不由自主就想上去尝一杯。

20多年来，雀巢的咖啡产品不断更新，广告不断变化。而坚持不变的元素有两个：一个是这句标志性的"味道好极了"，再一个就是雀巢醒目的红色马克杯。它们给消费者制造了熟悉感、亲切感，成为最具象征性的品牌符号。伴随着这句话，雀巢成了中国消费者心目中最知名、销量最大的咖啡品牌，直到2014年这句话才被雀巢新的全球主张替代。而直到现在，只要说起"味道好极了"，大家自然会联想到雀巢，这就是经典文本的魅力所在。

与雀巢相比，另一个知名咖啡品牌麦斯威尔更早进入中国，在中国的发展却始终没有雀巢成功。麦斯威尔曾被美国总统罗斯福盛赞为"Good to the last drop"，后来麦斯威尔就一直使用这句话作为其品牌主张。直译的话，这句话的意思就是"好喝到最后一滴"，而麦斯威尔在国内将其译作"滴滴香浓，意犹未尽"。虽然这句话也足够经典，但"滴滴香浓，意犹未尽"显然没有"味道好极了"更加容易流传和更加容易被人们挂在嘴边，毕竟人们在口语中很少使用"意犹未尽"这样的书面词汇。

我相信最好的品牌，来自口口相传。而品牌要想成为消费者生活的一部分，就要使用口语化的文案进行传播，这样人们才能谈论你，品牌才有好口碑，才能流行起来。

但问题是，直到今天很多广告人一写文案，还是情不自禁就用上大量书面用语，在文案中拼命使用成语或使用业内人士才知道的专业术语，并且生造概念。一写文案，就是"匠心精品，智领未来""用心呵护，真诚服务""驾驭梦想，尽享非凡""相约美好，品味生活"这些四对四的八股文。这些文字都与消费者心理背道而驰，因为生活中没有人这样说话。

语言学大师索绪尔（Saussure）认为口头语言和书面文字是两种不同的符号系统，后者唯一的存在理由是表现前者。但在我们的生活中，文字总是凌驾于口语。因为"在大多数人的脑子里，视觉印象比音响印象更为明晰和持久，因此他们更重视前者。结果，书写形象就专横起来，贬低了语音的价值"。⊖

但从传播的角度来看，效果却恰恰相反，口语化文案才是活的语言，才是有生命力的语言，是消费者会听、会说、会懂、会用的话语，因而留给消费者的印象更明晰和更持久。我诚挚建议，要想做一个好文案，第一步就是把艰涩拗口的四对四八股文从你的文字中一脚踢开。而写完文案，一定要读上十遍，确保句子通顺易懂和易听易说。好文案一定要听觉化、口语化，而不是视觉化、文字化，听说大于读写。

2. 饿了别叫妈，叫饿了么

为了让文本易读易流传，除了口语化以外，另一个常用的技巧就是押韵，这也是向伟大诗词传统的学习与致敬。

中国广告40年，那些具备长久流传力的文案，一半靠口语打天下，比如"大宝，天天见""爱生活，爱拉芳""孔府家酒，叫人想家""海尔，真诚到永远""喝了娃哈哈，吃饭就是香""今天你喝了没有？（乐百氏）""再看我就把你喝掉（旺仔）"。

另一半则是押韵的产物，案例不胜枚举：双汇火腿肠"省优，部优，葛优""食华丰，路路通""晶晶亮，透心凉（雪碧）""活力二八，沙市日化""维维豆奶，欢乐开怀""要想皮肤好，早晚用大宝""头屑去无踪，秀发更出众""好马配好鞍，好车配风帆""东西南北中，好酒在张弓""东奔西走，要喝宋河好酒""容声，容声，质量的保证""拥有桑塔纳，走遍天下都不怕""康师傅方便面，好吃看得见""新飞广告做得好，不如新飞冰箱好"等。

戴比尔斯一句"钻石恒久远，一颗永流传"，就让钻石这个既没价值又没用处的玩意儿成为永恒爱情的象征，成了订婚结婚的必备仪式，成就了20世纪最精彩的"营销骗局"。止痛药物芬必得使用过很多文案，诸如"持久去痛，

⊖ 费尔迪南·德·索绪尔. 普通语言学教程 [M]. 高名凯，译. 北京：商务印书馆，2009.

就是一粒""快速起效，对抗头痛""一粒芬必得，做回我自己""一粒更安心""感谢每一秒人生"，但很多人印象最深的，还是那句"芬必得，信得过"，跟随这句文案推出的电视广告《光爱学校石老师篇》，不仅帮助芬必得创造市场份额历史新高，而且这张温暖的感情牌也让芬必得的美誉度得以极大提升。

2015 年，各大外卖平台的市场竞争趋于白热化，美团、饿了么、淘点点、百度外卖纷纷持巨额投资下场，打广告，抢市场。饿了么凭借一句魔性品牌口号"饿了别叫妈，叫饿了么"，出现在各大地铁站台和视频网站，被人们迅速记住，并留下深刻印象。这就是押韵的力量。因为"饿了么"在大多数消费者口中都是读作"饿了吗"。

网上很多人说："千万不要相信歌词，他们（作词人）为了押韵什么都干得出来。"广告文案同样如此。改革开放 40 年来，曾有很多经典刷墙标语，诸如"要致富，先修路""要想富，少生孩子多种树"之类。这种刷墙标语被用在广告中，就成了一种喜闻乐见的"刷墙体"，比如——

> 中国移动手机卡，一边耕田一边打。
>
> 生活要想好，赶紧上淘宝。
>
> 要致富，先修路；要购物，先百度。
>
> 发家致富靠劳动，勤俭持家靠京东。
>
> 花椒直播玩法多，妇女主任变主播。
>
> 开上大天籁，致富就是快。
>
> 拆迁款已到，就买大霸道。
>
> 开上马自达，马上就发达。
>
> 福特翼虎汽车好，山沟沟里随便跑。

不只诗词、歌词、标语口号、广告文案，事实上一切语言的艺术都对押韵有着某种执念。比如谚语、相声、小品、脱口秀，想想那句"改革春风吹满地，中国人民真争气"。押韵是宣传的法宝、传播的利器。对韵律的偏好可以说是人类的一种思维定式。那为什么大家如此偏好押韵呢？

首先，押韵的语言结构，使得我们在朗读、咏唱这些话时，产生了一种听觉上的和谐感、心理上的愉悦感，这符合我们对美感的认知。[⊖]押韵的句子让人觉得有趣，可以增加幽默感，比如上面的刷墙体文案，还有古代的打油诗。

其次，押韵的句子，因为最后一个字使用相同或相近的韵母，这样你只要记住其中一个韵，就能联想到另外的字，从而一记就是一串。所以押韵也是一种有效的记忆方法。关于这一点，想想过去小孩子发蒙使用的《三字经》《千字文》就知道，还比如有讲"云对雨，雪对风，晚照对晴空"的《声律启蒙》。到了现代，很多人中小学时都背过的化合价之歌和历史朝代歌也是如此："一价氢氯钾钠银，二价氧钙钡镁锌，三铝四硅五氮磷""夏商与西周，东周分两段；春秋和战国，一统秦两汉"。

因为押韵的语句更好记，而且更易于被人们口耳相传，所以它们能够成为整个社会的文化记忆，流播四方，代代相传。这就是为什么很多诗句、顺口溜和谚语，包括广告文案能够具备长久生命力，并成为社会文化的一部分。

最后，押韵的语言读起来顺畅流利，因为它们更容易被人认为有道理和具有说服力。[⊜]这就像辩论大赛，最后获胜的往往不是最有道理的，而是语言表达最熟练、最快速、最流畅的。同理，我们在生活中经常传播的一些话语，也往往不是因为这些话本身很有道理，而是它听上去很顺畅，因而显得很有说服力，比如说"每天一苹果，医生远离我"。

有人说，若一句话是押韵的，那它就是真理。就连著名作词人林夕都认为，没道理的东西押一点儿韵，别人也会觉得"哟，有点儿道理啊"。你表达得越流利，别人就越容易被你说服，越容易觉得你说的话就是真理。而广告追求的不就是让人觉得有道理、觉得应该购买吗？

⊖　东东枪.为什么很多时候话语的重复可以起到幽默的效果？[EB/OL].（2013-09-03）[2020-06-01]. https://www.zhihu.com/question/21588611/answer/18705461.

⊜　看理想编辑部.为了押韵，人类真是什么都干得出来 [EB/OL].（2019-05-14）[2020-06-01]. https://mp.weixin.qq.com/s/qAhotIzAaKMCDTpEiFY67w.

3. 多喝水没事，没事多喝水

古希腊人重视演讲，强调修辞。修辞指的就是演说的艺术，即如何利用字音的和谐、词语的美感、语句的节奏让演说更明晰、更流畅，拥有更强大的说服力。亚里士多德著《修辞学》一书，便再三强调演说应该易上口、易朗读。修辞手段的应用让语言的表达效果更出色，增强了语言的表现力。修辞说到底，研究的就是如何用语言更精确、更优雅地传递信息。

譬如顶真，它用前一句的结尾来做后一句的开头，使相邻的句子首尾蝉联，有很多传统成语、俗语使用顶真手法，如"一传十，十传百""一而再，再而三""知无不言，言无不尽"，顶真的设计让句子结构整齐，语气贯通，读起来更有一种上递下接的趣味。[⊖]

经典广告语如"车到山前必有路，有路必有丰田车""今年过节不收礼，收礼还收脑白金"。2014年阿里发布独立旅游业务品牌"去啊"，顺势推出一句口号"去哪里不重要，重要的是去啊"。这句话颇有些暗指竞争对手"去哪儿网"的意思，于是引来对手们对这一口号的竞相效仿和回应，成功吸引了消费者关注。还有包装水品牌多喝水，它有一句绕口令式的广告语"多喝水没事，没事多喝水"，这句话的结构有点儿无厘头，充满语言的趣味性，因而被人熟记，成为消费者挂在嘴边的口头禅，时时提醒消费者多喝水。

要使文案让人产生熟悉感，要使文案具备流传力，那么就要潜入我们的文化母体去找答案，将品牌嫁接到消费者的集体记忆上去。具体做法就是在文案中借用广为人知的文化符号，比如名人名言、诗歌名词、谚语俗语等。通过这些千百年来被人们反复传诵的语句，来表达品牌诉求。如广州丽江花园"先天下之乐而乐"、肯德基"生活如此多娇"、国航"来者都是客"、万科第五园"心有中国一点通""高处不胜寒，还好有《经济学人》读"。这样的文案，因为根植于人们的普遍知识，因而更容易被人接受，被人记忆。

再一种修辞手法是双关，它主要是利用词的谐音或多义，从而在一句话

⊖　陈望道. 修辞学发凡 [M]. 上海：复旦大学出版社，2012.

中同时关涉两种不同的事物，使语句有双重含义，言在此而意在彼。谐音如青岛啤酒的"世界为你倾倒"，董酒的"懂天下事不如董酒"，白兰氏护肤保健品五味子芝麻锭的"肝苦谁人知"、全家便利店"今天心情儿"。

在词义上做文章的比如南山人寿"好险！有南山"，"险"即指惊险，也指保险；如日丰管"管用五十年"，既有包管、保证之意，也有日丰的产品管道之意；还有 New Balance 鞋的"足够爱"、金沙源淡竹叶饮料"去你的油"、玛丹摩莎化妆品"给你好看"、丰胸产品丰韵丹"没什么大不了的"等。双关还可以将品牌名称巧妙嵌入其中，它适用于品牌名称本身有所含义的企业，如美的电器"原来生活可以更美的"、平安保险"买保险就是买平安"、福田汽车"地球是一块福田"、江苏常熟旅游局的"常来常熟"、统一小心点拉面丸"给我小心点儿"。

虽然谐音双关可使语言表达变得幽默含蓄，并且加深语意，给人耳目一新之感，但我不得不说，对于从事广告业的文案，我最讨厌的行径有两种：一种就是我一再声讨的四对四八股文，另一种便是烂大街的谐音梗。如果谐音不能形成巧妙的双关之意，硬套谐音只会让人觉得尴尬和别扭。比如汽车文案总是把"制造"写成"智造"，"遇见"写成"驭见"；比如男装品牌的最爱"裤爽一夏"；还有李宁当年的"胜器，灵人"，好嘛！"盛气凌人"四个字谐音换掉三个。

说白了，只会写八股文、谐音文字的文案就是不动脑子、思维懒惰的表现，一写文案就只会硬搬套路，没有任何技术含量，也不管适不适用，这样的文案真的会被扣钱的。

第二节　形

说完音韵，再说形式。如果大家经常去欣赏一些绘画、建筑等艺术作品，就会发现这些作品中有两种经常出现的形式之美：重复和对比。譬如很多中国古建筑都采用的对称式布局，建筑的高低、大小、方圆、色彩都讲究对称展开，而关于建筑上的图案、装饰性织物的纹样，则使用某一元素、花纹反复连续排列，通过形的重复出现，化平淡为神奇，化普通为高雅。

《国语》一书中，记载有楚国大夫伍举与楚灵王论美的一则小故事。伍举说："夫美也者，上下、内外、小大、远近皆无害焉，故曰美。"这个定义道出了美的本质特征：均衡、和谐。因为重复和对比的形式构成在视觉上有着规范、统一的呈现规律，所以自然会产生秩序和均衡，达到一种和谐的美学要求，给人以美感和愉悦感。

虽然这本书谈的是文本，但是说到流传，一件作品（无论是图形艺术，还是语言文字艺术）能够成为人类的集体意识，成为社会文化的一部分，拥有跨越时间的长久生命力，它必然触及了人类共通的文化心理。那么这种文化心理就是对形式美的追求，它根植于人们的审美意识和习惯之中，无论建筑、绘画、音乐、文学、广告，都包含了这种对井然有序、和谐统一的讲究。重复和对比是美的形式特征，也是我们内心的思维习惯。

1. 我有一个梦想

相比于单个出现的个体，我们的心智系统更容易被重复出现的群体所吸引，比如群山蜿蜒、万马奔腾，还有比如"大地的团体操"油菜花。当成千上万株油菜花一起盛放，相同符号的重复出现，也就产生了强烈的视觉冲击力，而如果只是一株油菜花，根本不可能出现这样的效果。重复的形式被借鉴到艺术作品中，就是村上隆的太阳花、草间弥生的波点、莫里茨·埃舍尔（Maurits Escher）的几何体，以及波普大师安迪·沃霍尔的作品，等等。整齐划一的可乐瓶、汤罐头、梦露头像一排排重复出现，画面因而形成有规律的节奏感，加强给人的印象，并令人思考商业社会的空虚与迷惘。

那么，人们在心中有强烈的情感要表达时，也往往会使用相同的词汇与语句，一而再再而三地倾诉。

1963年8月28日，马丁·路德·金在华盛顿林肯纪念堂，发表著名演讲

《我有一个梦想》。这场演讲推动了美国黑人民权运动进入高潮，对于美国和整个世界都有着巨大影响。演讲之后同年，马丁·路德·金成为《时代周刊》年度人物，并在第二年被授予诺贝尔和平奖。这就是语言文字的力量。而这篇演讲之所以能成为不朽的名篇，除了因为它有着充沛的情感和强烈的信念，还因为它大量使用重复的语言形式，以排比的修辞手法，增强了语言如大河奔流的气势，掀起巨大的情感波澜，这种极强的感染力让每一位听众产生强烈的共鸣。

在这篇演讲的中间，马丁·路德·金连用了 8 个以"I have a dream"（我有一个梦想）开头的长句，来阐述自己的梦想——

> 我有一个梦想，那就是有一天在佐治亚的红山上，昔日奴隶的儿子能和昔日奴隶主的儿子坐在一起，共叙兄弟情谊。
>
> 我有一个梦想，那就是有一天甚至连密西西比州这个正义匿迹、压迫成风、如同沙漠般的地方，也将变成自由和正义的绿洲。
>
> 我有一个梦想，那就是我的四个孩子将在一个不以肤色，而以品格优劣来评价他们的国度里生活。
>
> …………

随后，"梦想"就成了他的标签，只要大家一提到马丁·路德·金，马上就会想起"我有一个梦想"，这就是重复的魅力。

再看另一位演讲大师奥巴马，2008 年成功当选美国总统后，他在芝加哥发表胜选演讲。在演讲的最后，奥巴马一共用了 7 段话来回顾美国过去 100 多年的历史。在每一段话的最后，回顾美国每一个重要时刻的改变，他都高呼"Yes，We can"作为收尾，这是他为强化"改变"理念而增添的一句口号。最后，连续用了 7 个排比段落的"Yes，We can"之后，奥巴马结束了自己的演讲，现场的情绪也达到了高潮。

据说总统竞选有三宝：演讲、海报和口号，这三者都是宣传的利器。对马丁·路德·金和奥巴马这样的政治家、社会活动家来说，他们深知如何调动听众的情绪，重复可以增强气势，让演讲具有震撼人心的效果。

而且，有规律的重复让观众迅速掌握了奥巴马何时会说出"Yes, We can"这句口号。于是，他们不等奥巴马喊出这句话，就准确接出了下半句。全场和奥巴马同步高呼"Yes, We can"，并完成接下来的每一次重复。重复形成了一种仪式，它不仅给消费者带来了熟悉、掌控的巨大快感，而且制造了全场共鸣的高峰体验。

在文案创作之中，重复也被大量应用。比如奥迪 A6L 的经典广告片《见证你的路》："别人看到你的今天，我们看到你的昨天。别人看到你的成就，我们看到你的奋斗。别人看到你的付出，我们看到你的收获。别人看到你的荣耀，我们看到你的执着。见证你的路，2011 年型奥迪 A6L。"

2017 年刷屏的京东金融广告《你不必成功》，通篇使用"你不必 × ×"这一句式，鼓励消费者活出自己的生活："你不必把这杯白酒干了，你不必放弃玩音乐，你不必总是笑，不必每一条微信都回复，你不必改变自己，你不必让所有人都开心，你不必理会那些只要求特权却不尽义务的人，你不必背负那么多……"在重复的语气中，消费者的情绪被一点点放大，最后形成巨大的共鸣。

还有水井坊的电视广告《金狮篇》："开创一段历史，源远流长。开拓一方文明，闪耀世界。开启一种生活，成就高尚。水井坊，中国高尚生活元素。"这其实就是一种排比的修辞手法。它在句式和用词上进行重复，在意思上形成层次递进，用一种由浅及深、由远及近、由小及大的方式，层层推进语意，形成了一种一咏三叹的节奏感。⊖

2006 年我们服务白酒品牌高炉家酒，当时请陈道明代言拍摄广告，我们的电视文案和三张平面文案是这样写的："传承多年，是陈。用心历练，是道。坦荡见底，是明。高炉家酒，天陈、地道、自然明。"陈道明三字拆开，形成排比的句式。既巧妙使用了代言人的名字，又充分表达了白酒的产品属性，饶有趣味。

⊖　陈望道 . 修辞学发凡 [M]. 上海：复旦大学出版社，2012.

2. 热爱我的热爱

重复对品牌来讲，首先是一种价值上的强调。我最喜欢的广告语之一，来自公牛插座"保护电器保护人"，连用两个保护，简洁有力。前半句强调了产品利益，后半句突出了品牌理念，给品牌贴上"保护"的标签。还有别克"比你更关心你"、雅芳"比女人更了解女人"重复使用同一词语，对语意形成强调。

2010年，雪佛兰进入中国市场第5年，发起了第一次聚焦母品牌的传播战役，主题叫作"热爱我的热爱"。雪佛兰以"热爱"为题，与为梦想而坚持奋斗的主流年轻人进行沟通，号召他们坚持自己的热爱，热爱自己的坚持。

雪佛兰拍了4部广告片讲述4个普通人的"热爱故事"，让他们来回答"我的热爱能走多远"这个问题。汽车设计师的回答是"直到中国制造，变成为中国而造"；徒步旅行者回答说"直到向往的风景，变成走过的地方"；曼陀铃演奏者答"直到每段旅程，变成我的舞台"；旧货店店主答"直到走别人的路，变成走自己的路"。

随后，雪佛兰又在活动网站上发起"热爱大串连"的互动活动，号召消费者用"我的热爱能走多远？直到_____，变成_____"这个热爱句式，来填写自己的热爱。聚焦于"热爱"的传播，帮助雪佛兰大幅提升了品牌形象，尤其是强化了在消费者心目中年轻活力、积极乐观的品牌印记。

围绕着"热爱"，雪佛兰还对旗下的全系产品进行再定义，包括科鲁兹"热爱追逐"、科帕奇"热爱纵横"、赛欧"热爱简单"、爱唯欧"热爱真我"、斯帕可"热爱创造"、景程"热爱舒适"，从而打造统一的品牌形象，让热爱深入人心。⊖其实这正是我在第三章中表述过的道理，当你找到了品牌的核心标签，就要拼命讲、反复讲、天天讲。

重复还可以为品牌文本创造某种意味，增强文字的内涵和表现力，比如

⊖ 中国广告.实战案例 | 雪佛兰"热爱我的热爱"广告活动 [EB/OL].（2016-08-11）[2020-06-01]. http://www.ad-cn.net/read/5969.html.

轩尼诗的名句"愈欣赏，愈懂欣赏"。它表明了一个美学命题，审美能力是需要培养的。当你开始欣赏一件作品，你便会去了解更多的相关知识，因而也会收获更多，更懂得这件作品的价值。这句话将轩尼诗变成了高雅、品位的象征，变成了一件值得欣赏的艺术品。

2004 年，大众汽车在国内推出了首支品牌形象广告，以呼应大众新的全球品牌主张"For the love of automobiles"（源于对汽车的爱），广告片的主题叫作"中国路，大众心"。在片中，大众当时在国内的 13 款车型悉数登场：第四代高尔夫、帕萨特 B5、捷达、夏朗、桑塔纳 3000、波罗三厢、高尔、辉腾、波罗两厢、宝来、途锐、新甲壳虫、新甲壳虫敞篷。

为了拍摄这部广告片，大众一共制作了 18 个场景，动用了 263 名演员，耗尽千万元费用，但它却只讲了一个字，并将其重复了 13 次——这个字就是"心"。整部片由 13 个心字旁汉字组成，每款车型一个汉字，代表大众的一颗"心"。这 13 个汉字包括：高尔夫"忠"、帕萨特"志"、捷达"恳"、夏朗"态"、桑塔纳"惠"、波罗三厢"想"、高尔"聪"、辉腾"慧"、波罗两厢"悠"、宝来"感"、途锐"恣"、新甲壳虫"惹"、新甲壳虫敞篷"爱（愛）"。

高尔夫忠心为你、帕萨特志在进取、捷达勤勤恳恳、桑塔纳实惠国民、夏朗姿态万方、高尔聪明伶俐、辉腾心领神慧、波罗敢想敢为悠然自得、宝来天生带感、途锐恣行无忌、甲壳虫惹人怜爱……心的重复和汉字排列，传递了大众汽车的责任、使命与爱心，每一辆车都代表着大众的拳拳用心，代表着大众的"有多少心，用多少心"，这就是大众的"中国路，大众心"。它不仅充分展示了大众旗下各款产品的特性，而且完美塑造了大众在中国的地位和形象，成为大众神车的最好注解。

虽然这么多年来，大众推出过众多车型，拍摄过无数条广告，但这支广告是大众广告史上永恒的经典。围绕着"心"这一主题的反复表达，让整部广告片显得极为简洁而又极其丰富，它为大众的品牌沟通添加了情绪，牢牢牵引住观众的情感，形式表现上又能给人以愉悦感和美感，最终达到了一种统一和谐的效果，加深了消费者对大众汽车的印象，传递了品牌的理念和价值观。

3. 个人的一小步，人类的一大步

1969 年 7 月 20 日，在世人的注目下，阿波罗 11 号成功登陆月球表面，宇航员尼尔·阿姆斯特朗（Neil Armstrong）率先踏上这片神秘而未知的土地，成为第一个登上月球并在月球上行走的人。在踏足月球的那一刻，阿姆斯特朗说出了那句，注定今后要在无数场合被引用的名言："That's one small step for a man, one giant leap for mankind."（这是一个人的一小步，却是人类的一大步。）

"small" 和 "giant"，"step" 和 "leap"，"man" 和 "mankind"，一句话中三个单词形成鲜明对比，让这句话充满了魅力。此后这句话的翻版，出现在无数你不可能错过的场合——比如公共厕所里的"向前一小步，文明一大步"。为什么这个句式如此流行？

瑞士名表铁达时，在 1976 年被中国香港宝光集团收购后开始进军亚洲市场，但知名度一直很低，市场打不开。1992 年，铁达时请知名广告人、香港大才子朱家鼎创作广告，这就是周润发、吴倩莲代言的广告片《天长地久》。广告播出后好评如潮，片中那一句"不在乎天长地久，只在乎曾经拥有"迅速流传，片中主角所佩戴的手表一度被争相抢购，铁达时至此在香港地区大受热捧，销量节节攀升，并随之打开东南亚市场，步入世界名表行列。

因为这句广告语，铁达时也成了忠贞爱情的象征。它反用"两情若是久长时，又岂在朝朝暮暮"之意，强调真正的爱情不在乎天长地久，只在乎曾经拥有的那份美好瞬间，"不在乎"和"只在乎"，还有"天长地久"和"曾经拥有"分别形成了鲜明对比，提升了爱情的魅力。后来，中国台湾远传电信将这句经典广告语改编成"不在乎天长地久，只在乎能打多久"。情侣之间不在乎天长地久，只要电话里能跟你一直聊下去就行。虽然搞笑，但一样传神，这句话也流传一时。那么，这个句式又有什么魔力呢？

这两个句式都有一个共同特征，那就是前后两句的对比。对比是用字数、句式相同或类似的两句话，前半句和后半句表达截然相反之意。对我们来说，这种具有对称性特征的话语，不仅容易记忆，而且两种不同观念并列放在一起，进行比较和交锋，可以加强语言的表达力度，加深听众的印象。

这样的语句在生活之中俯拾皆是，比如美国总统肯尼迪在就职演讲中那句知名的"不要问你的国家能为你做什么，而要问你能为国家做什么"。还有被模仿过无数次的"我不在咖啡馆，就在去咖啡馆的路上"，最近一个模仿版本来自全联超市的"省钱是正确的道路，我不在全联，就在去全联的路上"。

著名作家沈从文在《湘行散记》中写过一句经典的话："我行过许多地方的桥，看过许多次数的云，喝过许多种类的酒，却只爱过一个正当最好年龄的人。"2017年网易云音乐推出的"乐评专列"中，就有一个这句话的翻版："我听过一万首歌，看过一千部电影，读过一百本书，却从未俘获一个人的心。"它前面三句使用排比式重复，跟最后一句形成强烈反差，因而打动读者的效果卓著。第一章中提到的网易云音乐"走心文案"、蚂蚁财富"扎心文案"，其中大部分文案采用的都是对比句式。文案能走心，文案能扎心，这就是对比的力量。

对比形成了强化，因而能够更好地表现产品卖点和品牌理念。对比制造了冲突，因而它能增加叙述的戏剧性，让故事充满张力，更好地表达消费者的内心情感与个性态度。对比还创造了韵律，它能给文案增添意境，能使句子读起来如同某种哲理，给人以趣味和耐人寻味的感觉。这就是对比的三重作用。

4. 充电 5 分钟，通话 2 小时

对比的第一重作用，是展示产品卖点与品牌理念，让功能卖点在对比中更突出，让品牌理念在对比中更鲜明。

比如 OPPO 手机，虽然它拍过很多广告，请过很多明星，但一提到OPPO，人们大概率想起的还是那句经典的"充电 5 分钟，通话 2 小时"。这句话为什么效果如此好呢？就在于它通过对比的方式，强调了 OPPO 的充电性能，加上运用数字，进一步强化了这种对比效果，让大家一下子就记住了OPPO 的卖点。

红酒品牌长城干红，2004 年因为一套平面广告声名鹊起，而这套平面文案全部使用对比手法写成。最知名的是那句"3 毫米的旅程，一颗好葡萄要走10 年"，它和 OPPO 的文案有异曲同工之妙。这句话描述了红酒瓶壁只有 3 毫

米的厚度，但是葡萄要历经 10 年光阴方能变成美酒，从瓶外走到瓶内。这个距离和时间的对比，一下子让你感受到了长城干红的品质及品位。如果平铺直叙地描述"长城干红，每一瓶都要陈酿 10 年"，那就没有这种强烈效果了。除了这句经典文案，另外三句文案的写法也如出一辙："太阳有两个，一个是给别处的，一个是给我们的""创造时间，神用指尖，我们用舌尖""在地下，也有天堂"。

还有一张平面的标题是"10 年间，世界上发生了什么？"，这句文案虽然不是对比，但它的广告内文却是用对比写成的："科学家发现了 12 866 颗小行星，地球上出生了 3 亿人，热带雨林减少了 6 070 000 平方公里，元首们签署了 6 035 项外交备忘录，互联网用户增长了 270 倍，5 670 003 只流浪狗找到了家，乔丹 3 次复出，96 354 426 对男女结婚，25 457 998 对男女离婚，人们喝掉 7 000 000 000 000 罐碳酸饮料，平均体重增加 15%。我们，养育了一瓶好酒。"世界上发生了这么多事，而我们只养育了一瓶好酒。这种对比的技巧，让你感受到了长城干红时间的魔法、品质的魔力。

MINI 汽车的文案在汽车业是佼佼者，它通过一系列经典文案塑造了一个张扬、个性、桀骜不驯的品牌，赢得众多年轻人喜爱。MINI 有一套系列文案号召消费者到大自然中去，不要整天关在城市里而只有朝九晚五的单调生活，包括"摆脱空气清新剂，只去空气清新地""有的人只会放假，有的人懂得放下""住酒店不看星级，只看星星""高级雅座不在地图上，只在地球上"等，当然最著名的，非"别说你爬过的山，只有早高峰"莫属。

早高峰不是峰，但它和山的对比，制造了反差感，表达了品牌的态度。MINI 告诉消费者，要去浪、去野、去兜风，去郊外玩 MINI，这一句话就打动了无数都市上班族。"别说"和"只有"，一个是表示否定的副词，一个是表达必需条件的连词，让整句话的感情色彩显著，而且口语化，读起来非常流畅。别看这句文案只有 12 个字，却使用了多种文案技巧，是文案创作的典范。

胜加广告公司为户外品牌 Timberland 创作的电视广告《未完成》，旁白文案中有一句"我走的时候叫 Timberland，回来时才叫踢不烂"，这句话被很多人视为 2018 年业界的最佳文案之一，而片子真正点题的广告语"踢不烂，用一辈子去完成"很多人却不记得。正是因为这句话，采用出发与归来的对比，描述了鞋子的历程、人的历程。before/after（之前 / 之后）的使用前后对比，本就是广告业最常使用的创意手法，这句文案，成功帮助 Timberland 打造了"踢不烂"的品牌精神。

我们再来看一些经典文案。USP 理论的提出者罗瑟·瑞夫斯，为 M&M 巧克力创作的经典文案"只溶在口，不溶在手"，"只溶"与"不溶"之间，"口"与"手"的对比，突出了 M&M 首创糖衣包装的独特销售主张，成为流传半个多世纪的经典广告案例。大卫·奥格威最得意的作品"在时速 60 英里[⊖]时，这辆新型劳斯莱斯车上最大的噪音来自电子钟"（见图 5-1）。最大的噪音和电子钟的滴答声相对比，消费者一下就明白了劳斯莱斯的品质有多么棒。

图 5-1　劳斯莱斯广告

资料来源：盛世空间网。

　⊖　1 英里约为 1.6 公里。

史玉柱曾在《史玉柱自述：我的营销心得》一书中，谈到"今年过节不收礼，收礼还收脑白金"这句经典口号。他认为这句话最巧妙之处在于它是一个病句，"其实病句是最容易让人记住的，因为后面一句话跟前面一句话是相矛盾的"。[一]前后矛盾的两句话最容易让人记住，这就是对比。

5. 他忘记了很多事情，但他从未忘记爱你

对比的第二重作用，是让原本平铺直叙的故事充满张力，从而更好洞察消费者心理，表达其情感与个性态度。

台湾奥美首席创意官胡湘云，曾经分享过微电影创作的秘诀，告诉人们怎么用电影的方式说故事。她的观点是："故事里边最重要的是'但是'……你自己去想看过的故事、看过的电影都有'但是'，那个'但是'产生了戏剧的张力，那个'但是'把人性的丑恶、把人性的美好全部勾引出来。"[二]

这个"但是"，就是故事前后情节、前后事实和观念的对比。对比创造冲突和张力，因而是讲故事的好方式。这一点在唐诗中表现得就极为突出，比如"朱门酒肉臭，路有冻死骨""可怜身上衣正单，心忧炭贱愿天寒""烽火连三月，家书抵万金""遍身罗绮者，不是养蚕人"，都是通过对比，描述了残酷的事实和强烈的情感。

2013 年，央视拍过一部关爱老人的公益广告片《打包篇》。片中主角是一位患有阿尔茨海默病（也就是老年痴呆症）的老人。老人的记忆力变得越来越差，很多事情都忘记了，冰箱在哪、洗衣机在哪、自己刚做过什么事、有没有吃过饭这些事全不记得了，就连儿子的长相都忘了。

有一次，儿子带着老父亲去外面吃饭，餐桌上的盘子里剩下两个饺子，老人当着一桌人的面，直接用手抓起饺子就塞进了自己口袋，儿子又羞又急，连忙抓住父亲的手："爸，您干什么？"这时，已经说不清楚话的老人却吃力

[一]　史玉柱口述，优米网编著.史玉柱自述：我的营销心得 [M].上海：文汇出版社，2017.

[二]　胡湘云.金瞳奖颁奖典礼演讲，奥美创意总监胡湘云：关于微电影，我想说的是 [EB/OL].（2013-02-25）[2020-06-01]. https://www.vmovier.com/19853.

地回答道："这是留给我儿子的，他最爱吃饺子。"这个回答让儿子瞬间愣住。在这则故事的最后，一行字幕告诉我们："他忘记了很多事情，但他从未忘记爱你。"在忘记与未忘记之间，一句话戳中泪点，感动了万千网友。

中国移动早年也拍过一支类似讲亲情的广告。一位女儿给远在乡下的母亲买了一部手机，这样虽然她每年才能回一趟家，但也能每天跟母亲通电话。有一次，女儿打了好几次手机母亲都没有接通，这让女儿非常着急和担心。过了许久好不容易接通了，女儿就赶紧问母亲怎么了，为什么不接电话，原来是老母亲出门买菜忘了拿手机。于是她就说女儿："哎呀，离开手机就不能活啦？"女儿的回答是："不是离不开手机，是离不开你。"在离开与离不开之间，母女情得到了最好的体现，这就是移动传达的品牌理念。

2013 年春节，一组名为《世界再大，也要回家》的手绘漫画在网络上广为流传。这组漫画通过女儿在家时和不在家时的对比，描绘了爸妈截然不同的表现和态度，漫画配的文案是这样的："你不在家时，他们一日三餐清粥小菜；你在家时，他们每天都准备一桌好吃的。你不在家时，他们总向别人有意无意提起你；你在家时，他们却特别嫌弃你。你不在家时，你是那个精明能干的自己；你在家时，是那个永远需要被照顾的小孩……"在家和不在家之间的对比，展现了爸妈对儿女浓浓的爱，也让"世界再大，也要回家"这句同样是对比的口号，有了切实可感的温度。

我们通过故事来传情达意，但很多时候我们的情感表达是含蓄的，人的心理和动机是隐蔽的，这时就要运用对比的手法来让它显影。前后的反差，让这种情和意的表达自然动人；而直接将情和意喊出来，则不免失了机巧，也少了一份感人的力度。

7-11 便利店旗下品牌城市咖啡，拍过一部由桂纶镁代言的广告片。深夜，暴雨，一个没带雨伞的女子狼狈地冲进路边的电话亭躲雨。可是，这个面积只有巴掌大的电话亭里已经有一个男子了，根本站不下两个人。为了给桂纶镁腾出位置，男子冲进大雨跑开了。这时，文案告诉我们："雨天，这个城市，仍有一个角落是晴朗的。"外面的暴雨和内心的晴朗，文案用这个巧妙的对比，将人与人之间的温情细腻地刻画了出来。

再如淘宝女装的一段视频广告，文案是这样的："萝莉范儿的小花边，渴望的不是你的保护，而是你的占有；小清新的白色连衣裙，期待的不是山楂树，而是莽撞的古惑仔；职场黑丝通勤装，叫喊的不是求独立，而是求肩膀；黑色超短小礼服，不是通行的穿衣之道，而是可以不赢但绝对不能输的虚荣心；女人的真心话，从不挂在嘴上，只会穿在身上。衣服，是最动人的语言。"

一句句文案，通过对比的手法写出了每件衣服背后的小心思，诠释了女性心声，表达了服装对于人内心表达的真实价值。对比，是洞察消费心理、表达人的情感与个性的好手法。

6. 踩惯了红地毯，会梦见石板路

对比的第三重作用，是增添文字的趣味性和思想性。

重复带来节奏，对比创造韵律。对比不仅是一种语意上的强调，也是一种形式上的美感。它让语句显得更加迷人，更加有趣，也更加富于哲理，更加深刻。所以在名酒、汽车、地产、电器家居等需要展示品味、内涵、风格的行业与品牌中，人们经常刻意采用对比手法创作文案，在形式上追求对仗，在意思上寻找反差。

名酒文案如人头马"懂得萃取过去，才能创造未来"，轩尼诗"世事无绝对，唯有真情趣"、轩尼诗VSOP"有生活品位，才能品味生活"。汽车文案如奔驰品牌口号"The best or nothing"、保时捷"多数人知道，少数人了解"、萨博"心不羁，驰无际"、宝马公益文案"行有界，爱无疆"、大众CC"心风雅，行光华"、大众辉昂"隐锋芒，自辉昂"。

奥迪A6L早年有一段电视广告，文案是这样的："何以掌控？放开。何以升华？沉淀。何以犒赏人生？再上征程。全新奥迪A6L。"这段广告中三句一问一答的设问句，掌控与放开的对比，升华与沉淀的对比，犒赏人生与再上征程的对比，一下丰富了文案的意境和思想，让人顿感奥迪车主的身份不凡、谈吐不俗，树立了高端、大气、上档次的品牌形象。

地产文案如万科棠樾"你在的时候你就是一切，你不在的时候一切就是你""妈妈在意的永远是儿子的变化，儿子在乎的永远是爸爸的距离"。如我前东家阳狮广告曾帮中海金沙湾写过一句"离你最近的远见"，当时这个楼盘位置有些偏僻，但未来发展潜力巨大，近和远见的对比，拉近了楼盘和消费者之间的距离。还有我最喜欢的苏州地产项目归去来，它的一组文案作品："冰箱里最甜的西瓜，也比不上水井里的那一颗""在家，窗前的桃花都是三月开；离家之后，冬月的夜里也绽放""尘埃里的旧物能拾起，记忆中的旧事有几件能找回？""走得再远，还是没有走出最初的地方""离开了家，就开始回家"，这一系列文案曾获第十四届中国广告节平面金奖，它用对比的形式，展示生活中那些平凡却闪光的细节，因而有了直击心灵的力量。

江湖人称"团长"的文案大师陈绍团，曾给万科兰乔圣菲写过一组经典文案。"没有一定高度，不适合如此低调""踩惯了红地毯，会梦见石板路""一生领导潮流，难得随波逐流""没有 CEO，只有邻居""粗犷的气质，值得细细玩味"，这些文案曾被业界视为神作。包括 2003 年万科企业形象文案"再名贵的树，也不及你记忆中的那一棵""最温馨的灯光，一定在你回家的路上""世界上没有一幢摩天大楼，比天坛更高"，都是通过对比形式，向用户强调了万科价值观，树立了万科的品牌形象。

再看家电文案。德国西门子的广告语叫作"This is how"，这是一句英文俚语，比如你问别人什么事怎么做，人家亲自示范做给你看，然后告诉你：This is how，你看就是这样。为了充分表达其含义，这句话被翻译作："知其道，用其妙。"不仅知道其原理，还能将其巧妙应用于生活之中。知和用的对比，这就是西门子的品牌精神。

荷兰飞利浦的广告语叫作"Sense and Simplicity"，直译的话就是感觉和简洁。但这么翻译就平平无奇，也失去了英文特意连用两个 S 开头单词的意味。于是这句话被译作："精于心，简于行"。理念与行动的对比，大大丰富了飞利浦的品牌内涵。

还有日本 NEC 的广告语"想得到，做得到"。想和做的对比，大气、自信，充分传达了 NEC 的企业形象和品牌实力。

翻译界有一个经典标准叫作"信、达、雅"，如上述几句外文广告语，原文直译成中文或许准确、信实，但使用对比的形式来创作，则能更好地体现"达"，因为对比有对语意的强调和突出作用。而且对比能够赋予语句以韵律感和形式美感，读起来更"雅"。这就像瑞典的萨博汽车进入中国时，有一句宣传其造车理念的文案" less is more"，意思是少即是多，但是中文翻作"越不繁，越不凡"。这句话可说是汽车文案的一句神作，它既有对比，又有重复，还有"繁"和"凡"的同音押韵，在成功打造高端品牌形象的同时，充满了语言之美。

在文案界，有一座难以逾越的高峰，那就是台湾的意识形态广告公司。意识形态为中兴百货创作的大量文案所表现出的消费意识、独树一帜的表现形式和强烈先锋派的美学风格，长期以来都是广告人心目中神一般的存在。而中兴百货的代表文案，如"到服装店培养气质，到书店展示服装""流行是安全的，风格是危险的""不景气不会令我不安，缺乏购物欲才会令我不安"等，都是用对比的形式让文案充满哲思，不愧为意识形态的代表作。

7. 将所有一言难尽，一饮而尽

对比的力量如此强大，对比的手法如此好用，以至在广告业出现了一种十分常用并且极其好用的文案技巧，我把它叫作押字法。

所谓押字法，就是在创作文案时，在一句话里，重复使用同一个字，但组成两个意思相对或相近的词，分别出现在前后半句，从而形成对比的句式。这种文案技法可以形成语音上的押韵、语义上的对比、语境上的韵律及意境，从而使句子读起来兴味盎然、意蕴深刻。

押字法，在汽车文案中最为常见，如——

奥迪：变，以驭万变。

奥迪：谙知，未知的方向。

沃尔沃：别赶路，去感受路。

福特：你的世界，从此无界。

宝马：境界愈大，自视愈小。

宝马：舍去繁华，方得升华。

宝马 X5：不知足，所以无不足。

宝马 5 系：有时放眼前行，有时放手远行。

雷克萨斯：掀波澜，也能挽狂澜。

大众迈腾：愈曲折，愈见大风景。

奔驰 GLK300：不敛锋芒，尽显光芒。

奔驰 S 级：前所未有，因为之前所有。

别克：看到时代左右的人，也在左右这个时代。

奔驰 She's Mercedes：买包解决不了的问题，背包试试。

奔驰 She's Mercedes：遇见知己，更看见自己。

1998 年，广汽集团和日本本田合资成立广州本田，推出第一款车型雅阁。雅阁是本田正式进入中国市场的第一个产品，也是第一个与国际市场同步上市的产品。公司上下对此极为重视，雅阁的上市整合传播方案，提前半年就开始全球招标，有很多国际广告公司和本土公司参与竞标，前后历经 4 轮比稿，在当时号称中国广告业的"第一次世界大战"。

当时参与比稿的广东省广告公司，在著名营销专家、业界人称丁老师的丁邦清带领下，给出的核心策略是："起步，就与世界同步。"一句话强调了雅阁的世界级品质，顺利打开中国市场。这句话一下子就打动了中日双方的评委，最终帮助省广赢得了生意，广州本田的总裁门胁轰二当场对省广表示：你们有一流的策略。⊖

"起步，就与世界同步"就是应用了押字的文案技巧，它不仅完美体现了

⊖　孙允广. 饿过肚皮，买不起 4 块的书，他白手起家，带领公司一年进账 100 亿！[EB/OL].（2019-08-17）[2020-06-01]. https://mp.weixin.qq.com/s/_amlqFq8UVFU3EvieERQsQ.

营销策略，而且朗朗上口，深入人心。雅阁上市大获成功，成为中国汽车市场上代表性的中高级轿车，消费者排队抢购，甚至必须托人找关系才能买到。而成功拿下雅阁的品牌代理也帮助省广收获了更多品牌客户，奠定了中国广告业扛旗者的辉煌基础。

还有我在省广的同事丁剑、龙鉴秋，他们帮助红星二锅头创作了大量经典文案，比如"用子弹放倒敌人，用二锅头放倒兄弟""没有痛苦，不算痛快""将所有一言难尽，一饮而尽"，在网上流传甚广。

2017年，针对北漂这一目标人群，他们又为红星二锅头创作了"越是一无所有，越是义无反顾""现实不可怕，接受现实才可怕""以前什么都无所畏，现在什么都无所谓""为了实现梦想，有时候你得先放弃梦想""待在北京的不开心也许只是一阵子，离开北京的不甘心却是一辈子""不是害怕离开，而是害怕再也回不来"等文案。这套文案同样采用双比的形式、押字的技法，强化了情绪的宣泄，道尽了北漂的无奈，写出了目标人群的生活状态，让很多人产生强烈共鸣。红星二锅头的这些文案不仅在网络上成功刷屏，吸引了大量眼球，而且帮助红星这个经典品牌重新焕发了光彩，赢得了年轻人，完成了品牌重塑。龙少和丁大师也因为这一系列文案成为业界著名的金牌文案。

除了这些品牌，还有很多押字法文案为大家所熟知。如利郎商务男装"简约而不简单"、KEEP"自律给我自由"、诺基亚LUMIA"凡事不平凡"、台湾大众银行"不平凡的平凡大众"、全家便利店"全家就是你家"、大益茶业"茶有益，茶有大益"、白兰氏鸡精"有精神，精彩每一天"、李维斯"不同的酷，相同的裤"、山外山地产"不见身家，只见家"、淘宝商城"没人上街，不一定没人逛街"，等等。

2019年底，著名广告行业网站数英网盘点全年案例，评出了50句年度文案金句。⊖在这50句金句中，我发现有16句文案都是用押字法，比如苏泊尔"人生百味，炒出滋味"、快手家乡好货"没见过世面的核桃，市面见"、雀巢

⊖ 数英网.2019年度文案精选50句，感受文字的力量！[EB/OL].（2019-12-20）[2020-06-01]. https://www.digitaling.com/articles/243200.html.

咖啡"能微笑面对的事，就别让它成为心事"、全家"日常小事，都是动听的故事"、杜蕾斯"For the right woman. For the woman's right"、台湾礁溪老爷酒店"假没有放，就是假的"、老板电器"包容百味，才更有年味"、钱皇丝绸"做过很多在一起的梦，终于能在一起做梦"、中国银联"用不打开的方式打开新世界"、耐克"用无可撼动的野心，去撼动世界"、热风"等风来，不如追风去"等。

台湾地区广告业从 1994 年开始设立广告流行语金句奖，评选那些具备社会流传性、反映文化趋势、带动生活观念的文案金句。比如曾获得永恒金句奖的黑桥香肠"用好心肠，做好香肠"、雄狮文具"想象力是你的超能力"、黑松沙士"不放手，直到梦想到手"等是押字。2020 年 5 月第 27 届金句奖揭晓，在年度十大金句中又有多句是押字，如乐购虾皮购物"今天下单，明天脱单"、永庆房屋"先诚实，再成交"、台新银行街口联名卡"花在刀口，省在街口"等。由此可见押字法的流行。

台湾地区分布最广的超级市场全联超市主打卖点是便宜。从商业的角度来看，便宜是最基本的竞争优势，是吸引顾客购买的基本要素和强大动力。但从人性的角度来看，便宜也是一种劣势，因为很多年轻人会觉得手上拿着全联的购物袋很丢人，他们不希望自己看起来很廉价。为了挽回不断流失的年轻人，从 2015 年起全联开始宣扬"全联经济美学"，把省钱变成一种年轻人的消费美学，一种新时代的生活方式和个性态度，从而让人进全联更加理直气壮。

全联推出了一系列海报文案，来诠释"全联经济美学"，被视为教科书级别的文案，是值得文案人员学习的典范作品。

2015 年的全联文案是这么说的——

长得漂亮是本钱，把钱花得漂亮是本事。

会不会省钱不必看脑袋，看的是这袋。

花很多的钱我不会，但我真的很会花钱。

知道一生一定要去二十个地方之后，我决定先去全联。

再来看 2016 年的文案——

懂得怎么花，就能活出一朵花。

不管大包小包，能帮我省钱的就是好包。

预算是有限的，对美的想象永远无限。

当不成名模，日子也要过得有模有样。

为了下一代，我们决定拿起这一袋。

2017 年的全联经济美学，属于老年人——

富不过三代，但来全联可以一袋一袋省下去。

价格跟血压血脂血糖一样，不能太高。

就算记性再差，也不会忘了货比三家。

牙齿或许不好，但划算的一定紧咬不放。

2018 年的全联文案，全家一起上阵——

我们家不爱花钱，除了为爱花钱。

我们家的财神，就是每个人都有省钱精神。

家里一定要有两种花，鲜花跟集点印花。

想省钱就一起租房，想更省钱就一起进厨房。

这一系列文案讲的不是全联怎样，而且年轻人应该怎样看待自己的金钱，拥抱何种消费观，经济美学的消费态度打动了年轻人，就这样使他们接纳了全联。正是如此，一个原本瞄准中老年客群主打实惠便宜的普通超市，成功转型为年轻人青睐的生活方式品牌。文案改变了观念，重塑了全联，而其中绝大多数文案都是用对比的技法尤其是押字法写成。善用对比是文案的基本技巧，押字法是文案的基本生存技能，是办公出差、搞定客户的必备良方。

但是请注意，押字对比也是文案最常用的套路，是被用滥了的文字技巧。押字也要讲究合乎语意逻辑，合乎生活情理。为押字而强行押字，则会导致文案矫揉造作，匠气太过。万万不可妄图"一招鲜，吃遍天"。

8. 世界上最累的工作，也是最好的工作

美国著名语言学家、认知语言学的创始人乔治·莱考夫（George Lakoff）和马克·约翰逊（Mark Johnson）写过一本书，叫作《我们赖以生存的隐喻》（*Metaphors We Live By*）。这本书中的一个核心观点是，我们思想和行为所依据的概念系统，是通过隐喻来构成和界定的。⊖

比如当我们谈到时间这个概念时，我们会这么说："你在浪费我的时间""我在她身上花了很多时间""这事值得你花那么多时间吗""他没有好好利用时间""这个小玩意儿能帮你省很多时间""你快要把时间都耗完了""谢谢你宝贵的时间""我生病时错失了很多时间"……看看这些描述时间的词，浪费、花、值得、利用、省、耗、宝贵、错失，其实我们是在用描述金钱的方式来描绘时间，我们用日常生活经验中的金钱、宝物来定义时间这个抽象、难以感知的概念。在我们的思维中，隐藏着"时间就是金钱"这样一个隐喻。

再如我们谈到理论时，我们说："这个理论的基础是什么？""这些事实可以支撑这个理论""我们需要确凿的证据来支持这个理论，否则它就不成立""这个理论站不住脚""我们目前只有一个理论的框架"。我们用基础、支撑、支持、成立、框架、确凿、站住脚这些词来形容理论。很显然，我们把理论比作建筑。

隐喻建构了我们思维中的概念，特别是当我们谈到一些抽象的事物时，我们习惯于用实际的物体或物质去隐喻它们。隐喻不仅仅是一种修辞技巧，不仅仅是语言的事情，更是我们的思维习惯。我们习惯用具体的、浅显的、熟悉的、鲜明的事物，去隐喻并说明抽象的、深奥的、陌生的、模糊的事物。隐喻

⊖ 乔治·莱考夫，马克·约翰逊.我们赖以生存的隐喻[M].何文忠，译.杭州：浙江大学出版社，2015：4-47.

把抽象的概念表达得更生动，把深奥的道理说得更易懂。隐喻在我们的日常生活中无处不在，人类的思维过程在很大程度上是隐喻性的。

在营销中我们经常发现，很多企业的传播诉求都极其宏大空洞，在广告中要表达的品牌理念非常抽象，这经常让人在写文案时感到无从下手，很难写出好文案。那么，根据人类的这一思维习惯，其实我们就可以用隐喻的手法，用更易被消费者感知的物品和现象来类比抽象的诉求与概念。

比如母爱。2012 年伦敦奥运会，宝洁便以"感谢妈妈"为主题展开奥运营销。在广告片中，宝洁展示了妈妈们的日常，给孩子洗衣做饭，送他们去上课、陪他们训练，鼓励他们走上运动之路，看着他们走上奥运赛场、夺下金牌……这些常规的生活场景，被广告最后出现的一句文案点亮："世界上最艰难的工作，也是世界上最幸福的工作"，这句点睛的文案升华了全片，在这里"妈妈"被视为一份"工作"，站在工作的视角去看待妈妈，你才会发现妈妈的伟大，广告因而有了张力。

这则广告，不仅斩获了戛纳广告节金奖，还在历年全球十佳人气奥运广告中牢牢占据着第一位。2014 年母亲节，世界上最大的贺卡及礼品公司美国礼品公司（American Greetings）还曾复刻这个创意，将之变成了一次事件营销。

美国礼品公司虚构了一个"运营总监"的工作岗位，在报纸和网站上刊登招聘广告，并由面试官对 24 位应聘者进行视频面试。面试一开始，面试官就介绍了这位"运营总监"需要承担的工作职责，包括：每天工作 19 个小时，可能没有睡觉的时间；大部分或所有时间都站着工作，需要不停地走动，不断地弯腰，并耗尽体力；需要出色的谈判和人际交往技巧，以及医学、金融、烹饪等多方面技能，要身兼数职；不仅没有休假，而且在节假日工作量会剧增；要等所有同事吃完，才可以吃饭，有时候不得不和同事一起熬夜；需要在混乱的环境中工作，还要放弃自己的生活；尤其是……这份工作没有工资。

听到这些苛刻条件，应聘者们目瞪口呆，难以相信竟然有这样的工作。他们纷纷表示："这太疯狂了""太残酷了""根本不人道""这工作合法吗""有人愿意做这样的工作吗"。

"有的，"面试官告诉他们，"现在有数十亿人正在做着这份工作，她们就是妈妈。"听到这个答案的求职者们先是发笑，进而陷入了深思，纷纷回忆起自己的妈妈。妈妈，世界上最辛苦的工作。这个营销同样将"妈妈"类比为"工作"，它让观众们转换视角，从求职者的角度重新打量妈妈这个角色，因而重新认识妈妈。

澳大利亚昆士兰旅游局也围绕"工作"开展过营销，那是昆士兰在 2009 年初的品牌战役"世界上最好的工作"（见图 5-2）。作为一个旅游目的地，为什么昆士兰不讲珊瑚礁有多美丽、冲浪有多刺激、海洋公园有多梦幻，却要讲工作呢？

图 5-2 昆士兰旅游局广告

资料来源：昆士兰旅游局官网。

这是因为 2008 年底经济危机席卷全球，很多企业破产裁员，搞得大家惴惴不安，这时候人们最关心的不是度假游玩而是工作，这时候讲旅游没人有心情听。于是昆士兰转换视角，决定在全球招聘一名护岛员。这名护岛员的工作职责就是每天开着高尔夫球车巡视全岛，喂鱼、潜水、吃海鲜，顺便拍拍照、写写博客宣传昆士兰大堡礁，同时还有海滨别墅可住，以及免费往返机票，薪水则为 6 个月 15 万澳元（约合人民币 72 万元）。

在金融危机的大背景下，这无疑是一份诱人的工作，于是昆士兰旅游局将之命名为"世界上最好的工作"，开启了一场全球海选、现场面试 PK 的大型真人秀活动。2009 年 1 月 10 日活动启动当天，官网点击率就突破了 100 万人次，网站为此一度瘫痪。最终，全球一共 34684 人报名申请工作，整个选拔过程引发全世界消费者和媒体关注，整个活动在只有 170 万澳元预算的情况下，却让昆士兰得到了各国媒体的大量免费报道和持续追踪，一共带来了价值 4.8 亿元公关费用的巨大收益。

昆士兰只字不提旅游，却用"工作"抓住了全球消费者的注意力。这个案例带给我巨大震撼，我把这个案例列为我个人最欣赏、影响我最大的三个广告之一。好的营销未必要传统玩法，好的营销一定要洞见社会文化，而这讲的几个营销案例的中心，在于"工作"二字。

所以，为了让创意、文案生动可感，你可以把你要传达的概念去跟消费者熟悉的事物做比较，采用比喻、比拟、类比等手法，将两个不同的事物关联到一起，并且找到二者相似点，于是戏剧性就产生了。文案也因而形象起来，栩栩如生。比如中华汽车"世界上最重要的一部车，是爸爸的肩膀"，凯迪拉克"雄性退化是这个时代的悲哀，好在有凯迪拉克"。

还有"前男友"这个概念如今在营销界的火爆，前男友面膜、前男友口红层出不穷。内衣品牌思薇尔说"可怜的旧情人，看不到我的新内衣"，酒窝甜品的冰镇柚子蜜则说"比前任的心还冷 1 度"，它们都通过品牌与其他事物的比较、隐喻，创造了新的联想和感受，因而给消费者耳目一新之感。将这一技巧玩得出神入化的，是一位深藏文案功力的老太太，她在水果摊上插块牌子："甜过初恋"。

第三节　意

品牌文本要想取得长久的流传力，不仅要考虑到语音上的和谐与形式上的美感，符合大众的语言和审美习惯，还有一点就是要满足消费者的普遍心理习惯，在表"意"上做足文章。

斯坦福大学教授福格博士认为，人的核心行为动机分为三种，所有人的行为都受到这三组核心动机的影响：⊖

- 其一，追求快乐，逃避痛苦。
- 其二，追求希望，逃避恐惧。
- 其三，追求认同，逃避排斥。

在我看来，第一组动机涉及人的情绪和感官体验，第二组动机则和人的自我认知与生活方式有关，第三组动机则关乎社会文化心理，人总是渴望获得归属感，融入特定的群体之中。

对每个消费者来说，首先，追求的就是快乐。好莱坞编剧大师罗伯特·麦基（Robert McKee）说："实现情感操控的第一步是认识到主要情感只有两个——愉悦和痛苦。"⊜由于快乐和痛苦都是极其强烈的驱动力，在广告中创造这样的体验，注定会成为强有力的营销工具。

其次，人们之所以消费，是因为希望让自己变得更好，人们透过消费来表达自己对美好生活的向往。消费者购买的不是产品，而是一种希望。

最后，你传递的信息只有赢得人们的认同，人们才愿意听你的、买你的。认同感是品牌得以流行、销售得以达成的关键配方。

这三个动机都来自人的本性，只有深深触及人性，文案才有流传的可能。伯恩巴克曾经说过："要想说服消费者，广告人需要触动人们永恒不变的基本天性——他们执着地追求生存、追求被欣赏、追求成功、追求爱、追求自立。"好的文案应该像一个传道者、一个鼓动者、一个心理医生一样，懂得撩拨消费

⊖ 尼尔·埃亚尔，瑞安·胡佛.上瘾：让用户养成使用习惯的四大产品逻辑 [M]. 钟莉婷，杨晓红，译.北京：中信出版社，2017.
⊜ 罗伯特·麦基，托马斯·格雷斯.故事经济学 [M].陶曚，译.天津：天津人民出版社，2018.

者，追逐人类天性，在文案中植入快乐、希望与认同。

1. 把乐带回家

追求快乐是人类的本能，可以说我们一生中大部分时间和精力都花在了追求快乐上。反映在消费上，快乐则是对销售的直接刺激，是用户决策行为的强大驱动力。要想表达消费者对快乐的追求，方法有两种：一种是通过文案直接讲出消费者情绪，写出感情色彩，写出消费者的喜与怒、爱和怕。另一种方法则是描述品牌带给消费者的感官体验，激发用户对品牌的体验和感受，从而诱使其产生情绪反应，理解品牌创造的愉悦。

心理学实验证明，在我们的大脑中存在一个快乐中枢，只要有适当的外在刺激，就会引起神经递质多巴胺的释放，于是我们对快乐、愉悦的感受便被激活了。所以，零食、饮料、啤酒这些和口腹之欲密切相关的品牌，在传播中都不遗余力地宣扬快乐主义。可乐、啤酒都喜欢拿"爽"做文章，可口可乐说"要爽由自己""这感觉够爽"，漓泉啤酒说"我爽天下爽"，燕京啤酒说"清爽感动世界"。而剩下的品牌则一窝蜂地讲"乐"，冰纯嘉士伯"不准不开心"，哈尔滨啤酒"一起哈啤"，青岛啤酒"用欢聚连接世界"，趣多多"一定吃到逗"，M&M巧克力豆"妙趣挡不住"，彩虹糖"玩味无限"。

百事可乐每年固定的春节营销主题叫作"把乐带回家"，它涵盖了百事旗下多个品牌，包括百事可乐、乐事薯片、纯果乐果汁饮料等，既让消费者把这些都带着"乐"字的品牌带回家，也将品牌自然融入春节回家的节日氛围中。

"把乐带回家"从2012年开始，至今坚持传播8年，俨然成为百事的年度大IP。它将百事旗下不同品牌的代言人聚集到一起，用自己的全明星阵容，来拍摄一部搞笑温情路线的贺岁微电影，这使得"把乐带回家"如同春节贺岁档的电影大片一样，成为消费者每年度固定的期待。

除了自有阵容以外，百事每年还邀请娱乐搞笑类明星加入拍摄，增加"快乐"元素。如2013年，何炅、谢娜等快乐家族成员作为美年达代言人加入拍摄；2015年，则有《万万没想到》的主创团队加盟；2016猴年春节，百事邀请六小龄童加入，拍摄章家四代人坚持用猴戏把快乐带给千家万户的故事；2017年，百事则将国民家庭喜剧《家有儿女》原班人马重新聚齐，一起拍摄微电影。这一系列玩法，将百事和快乐深植人心。

美食美味能够直接激活大脑中的"内侧前脑束愉悦回路"，让人感受到快乐，因而这些和吃喝相关的品牌在传播中都偏重于享乐哲学。但是，不是这一类型的品牌又该怎么做呢？其实无论快乐还是痛苦，决定我们情绪反应强度的，并非出自我们的生理感受，而是有赖于人们的认知。我们认为一件事是快乐的，我们才能从中收获最大的快乐。我们认为一个品牌代表着快乐，那么我们就能从其消费过程中享受到快乐。

著名心理学家保罗·艾克曼认为人有6种基本情绪：快乐、惊奇、痛苦、厌恶、恐惧、愤怒。⊖基本情绪与生俱来，它是通过基因而不是通过文化根植入我们的神经系统的，是人类共有的基本心理模式。如果文案能将品牌与人的某种情绪关联在一起，那么品牌将大获成功，无论是什么行业。

第二章提到的"怕上火，喝王老吉"，从情绪上来讲，"怕"这个字准确点出了消费者在吃火锅、熬夜时的矛盾心态。一个"怕"字贩卖了焦虑感，王老吉因而热销。汉庭酒店也有一句品牌口号，叫作"爱干净，住汉庭"，它将"干净"作为品牌的核心标签。拿干净这个点来说，没有谁不喜欢干净，但什么人爱干净呢？它指的就是那些对干净有强迫性偏好的人，我们通常把那些有轻微洁癖的人形容为"这个人爱干净"。既然一个有洁癖的人都愿意住，那么这个酒店的干净卫生程度也就不言而喻了。同样是表达干净，"爱干净，住汉庭"就比"汉庭很干净"语气更强烈，更能打动消费者。

台湾奥美曾为天下文化出版社写过一篇长文案，标题叫作"我害怕阅读的人"。

阅读的人有什么可怕呢？他们明明手无寸铁，甚至可能是手无缚鸡之力的书生。这个"害怕"勾起人的好奇心，促使你接着读文字。读完全文你才知

⊖　保罗·艾克曼.情绪的解析[M].杨旭，译.海口：南海出版公司，2008.

道，原来读书人的可怕之处是因为他们"举手投足都是自在风采"，因为他们"总是不知足……总是低头看书，忙着浇灌自己的饥渴"，因为"他们的榜样是伟人"，因为"他们的生命毫不封闭"，因为"他们的一小时，就是我的一生"。

一个"害怕"成为全文的点睛之笔，它正中消费者靶心，唤起人们对不读书的害怕担心，不读书你就会变得自卑，变得浅薄无知，变得孤独而无人理解，变成他人眼中的小透明。这一句"我害怕阅读的人"，比单纯地劝告人们读书多么重要，更有力量、更有分量。

NBA有一句经典口号"I love this game"（我爱这比赛），它简短而有力，基本上懂一点英文的人都能理解。启用这句口号之际，乔丹正在统治赛场，先后两次三连冠让人如痴如醉。乔丹退役之后，又有湖人接力三连冠，科比和奥尼尔组成的OK组合赢得了无数球迷的心。伴随着这句口号，NBA开始全球化推广，一个"爱"字，传达了全世界篮球迷对NBA的狂热与激情，帮助NBA收获了亿万观众的追捧与喜爱。1992—2007年的这句口号，可能是NBA历史上最成功的口号。

在此之前，NBA在20世纪80年代的口号叫作"It's fantastic"（难以置信），当时魔术师约翰逊和大鸟伯德组成的黑白双煞进入联盟，带来王朝对决的热潮，NBA由此走出70年代的低谷，掀开崛起的大幕。

而在此之后，由于接连爆出球员斗殴事件和裁判赌球事件，NBA的品牌形象一落千丈。于是2007年NBA决定更换宣传口号，重新展示NBA的美妙之处，以重振形象。这句新的口号就是"Where Amazing Happens"（奇迹发生地）。"惊奇"替代"喜爱"成为NBA希望带给消费者的新体验、新感受，NBA也开始在宣传片中重点展示绝杀、压哨、夺冠、大逆转、高难度进球等各种神奇时刻，从而唤起消费者的惊喜反应。

这几句口号的成功，在于它们都强调了用户的情绪，而此后NBA推出的"Big Things Are Coming"（盛世开启）、"Everybody UP"（所有人动起来）、"This Is Why We Play"（这就是我们为什么打球）则显得自说自话，失于平淡。因而年年更换，每句口号的使用时间都十分短暂。

对我们的记忆来说，我们记得最清楚的，要么是那些不同寻常的特殊经历（即第三章提到的莱斯托夫效应），要么就是我们倾注了强烈情绪的经历。[1] 演讲家与畅销书作家托尼·罗宾斯（Tony Robbins）也曾经说过："缺乏感情的信息人们是记不住的。"那些被我们成功记住的文案，总是和我们的喜怒哀乐有关，只有充满情绪的文本，才有机会进入人们的长期记忆，并成为社会流行的一部分。

我们平时总是把情绪和情感混用，其实这两者是不同的。人类的基本情绪由遗传而来，而高级认知情感则和社会文化有关，更容易受到我们的认知和思维意识影响。情绪和情感的关系就像天气和气候，情感更稳定，它的形成与消失都需要更长时间，而人的基本情绪通常只持续几秒钟，而且每次出现都很突然。情感能起到稳定情绪的作用。

人类的高级认知情感分为 7 种：爱、骄傲、羡慕、嫉妒、尴尬、羞愧、内疚。这些情感都是社会性的，指向群体和他人。情感是人类社会的黏合剂，是人与人之间的最佳导体，是世界通行的语言。在广告业，品牌诉求最容易指向人类最基本的亲情、爱情、友情，因为他们涉及我们最基本的社会关系，家人、爱人、朋友。

可口可乐全球营销副总裁哈维尔·桑切斯·拉米拉斯（Javier Sanchez Lamelas）相信，建立品牌最有效的方式就是诉诸情感，因为人的行为是由情感驱动的。为此他还专门写了一本书叫作《情感驱动》，他说："购买一个品牌带给我们的感觉要比购买一件产品美妙得多……它会让我们感受到情感的联结，让我们进一步确信自己的价值，让其他人对我们是谁以及我们在乎什么有所了解。归根结底，它给了我们想要的东西，也承载了我们热爱的理念。"[2]

情感给我们带来美妙的感觉，让我们感受到更深层次的快乐和满足。近些年来，那些引发了社会关注与讨论的广告，总是和我们的情感有关。比如

---

[1] 丹尼尔·列维汀 . 有序 [M]. 曹晓会，译 . 北京：中信出版社，2018.

[2] 哈维尔·桑切斯·拉米拉斯 . 情感驱动：人们愿意为情感支付额外的费用 [M]. 刘琨，译 . 北京：中信出版社，2018.

2017年11月刷屏的招商银行《番茄炒蛋》，讲述父母半夜起床给大洋彼岸的儿子视频直播如何做菜的催泪故事。2017年感恩节，讲述来自陌生人的关爱和人间美好的999感冒灵视频广告《这个世界总有人偷偷爱你》。2019春节刷屏的《啥是佩奇》，讲述农村爷爷为给城里的小孙子准备礼物满村找佩奇的故事。

而很多经典文案也和情感有关，比如芝华士的父亲节长文案，比如麦斯威尔的"好东西和好朋友分享"、雀巢咖啡的"再忙，也要和你喝杯咖啡"、尊尼获加的"朋友给我鼓舞，我朝梦想迈进"。

2019年4月上映的《复仇者联盟4》创造了27.98亿美元的惊人票房，排名影史第一。在这部电影中，有华丽的全明星阵容，有震撼的决战场景，有复杂的时间线，有宏大的宇宙设定，有扣人心弦的英雄拯救世界的故事。而且《复联4》作为漫威电影11年来的一个终章，初代复仇者退出历史舞台，漫威英雄们悉数登场，又渲染了丰富的史诗色彩。

但在《复联4》上映之后，朋友圈刷屏的却是一句"爱你三千遍"。这句话来自电影中的一个小情节，它是钢铁侠托尼·史塔克的小女儿摩根，睡前晚安时跟爸爸说的一句话。在影片结局，托尼为拯救世界而死，他在事先录好的遗言里，最后一句话，又将"爱你三千遍"送给了女儿摩根。相比于超级英雄拯救世界的老套设定，复联4最后的这句话，才更具打动人心的力量。

加上影片最后美国队长穿越时空后选择留在过去陪伴爱人，黑寡妇和鹰眼为了让对方活下去抢着赴死，正是有了这些亲情、爱情、友情，超级英雄才有了生命，空洞的剧情才显现出生活的质感，那些遥远的宇宙在影迷心目中也变得更真实，更令人亲近。超级英雄都是想象出来的，但他们为之战斗的目标，却是每个普通人都能触摸、都能感受的，那就是和自己爱的人幸福地生活在一起。有了这些情感和故事，才让我们坐在影院里的生命三小时得到了洗礼，得到了升华，它让我们得到了深层次的满足，更加感受到日常生活的美好。所以，"爱你三千遍"就成了流行金句。

2. 扭一扭，舔一舔，泡一泡

广告要触发消费者的情绪反应，除了在文案中直接喊出"我很快乐"和"你快乐吗"外，更巧妙的办法就是通过对感官体验的描述，让消费者感同身受，唤起消费者的渴望和生理反应。品牌大师马丁·林斯特龙（Martin Linstrom）曾经做过一项研究，他扫描了全世界 50 名消费者的大脑，从中找出了 10 种最能唤起用户情感和最容易上瘾的声音，包括婴儿的笑声、烹饪牛排的嗞嗞声，以及把饮料倒进满是冰块的玻璃杯中的噼啪声。⊖

《音爆》一书中，则提到了一个奇利斯餐厅（Chili's）的案例。⊖ 奇利斯餐厅是一个在全球拥有数千家门店的连锁餐厅品牌，它出售一种名叫菲希塔的铁板烤肉，广受食客欢迎。奇利斯之所以成为人们心目中铁板烤肉的代名词，不是因为它的牛肉更好，或是拥有什么独门香料秘方，而是因为它的烤肉烤得最大声。奇利斯的大厨将烧烤的全过程展示于台前，食客可以清楚地听见烤肉的嗞嗞声、看见上面冒出的热气、闻见煎洋葱的气味，从而引发感官的连锁反应，产生品尝它的强烈渴望。

视觉攫取人的绝大部分注意力，声音触发脑部负责深层情感甚至视觉故事的区域，嗅觉是记忆和情感的强大触发器，感官体验对激发用户的购买欲有着难以置信的效果。现代广告的秘密就是通过采用多媒体、全感官手段，通过精美的图像图片、优美的音乐、震撼的音效、有触感的产品设计，甚至是散发诱人的气味来引诱消费者。

文案虽然写在纸上，但它也可以通过文字对感官体验进行描述，从而激发消费者反应。这就好比，当人们看到一颗新鲜的山楂实物时，会刺激唾液腺分泌口水，而看见纸上的"山楂"两个字、听见"山楂"这个词，同样会诱发生理反应一样。好的文案不是平铺直叙地讲述产品卖点，而是写出产品的色彩、声音、气息、味道、触感，在文字中添加生理或情绪方面的诱因和信号。

⊖ 马丁·林斯特龙.品牌洗脑 [M].赵萌萌，译.北京：中信出版社，2013.
⊖ 乔尔·贝克曼，泰勒·格雷.音爆：声音的场景影响力 [M].郭雪，译.北京：北京联合出版公司，2016.

　　这就是为什么"黑——芝麻糊哎——"那一声悠长的叫卖，能够成为整整一代人的集体回忆，在内心深处留下深深烙印的原因。这句话让我们产生一股莫名的亲切感，唤起一种挥之不去的"馋"念和内心深处的怀旧情怀。

　　这就是为什么雀巢咖啡要说"味道好极了"，康师傅方便面要说"就是这个味"，汇源冰糖葫芦汁要说"好这口，爱这味"；这就是"农夫山泉有点甜""透心凉，心飞扬""纵享丝滑"能够取得成功的原因，文案中描述的体验让我们深有感触，它们让我们一听到这些话就能想到农夫山泉、雪碧和德芙。

　　感官体验是描绘产品价值、唤起消费者购买欲的不二法门。为了将品牌的改变落到实处，打动年轻人，奥迪 A4L 诉求"感享·感肆放"；奥迪 Q3 上市时又诉求"感官觉醒"，强化产品的时尚设计与智能体验。为了传达产品的醇厚风味，轩尼诗 X.O. 在 2016 年 3 月发起"一场感官之旅"的品牌战役，在形象广告片中用甘甜始现、热力升华、辛香诱惑、炽焰绽放、醇厚涌动、木香萦绕、余韵悠然等七个篇章，将消费者带入轩尼诗的七重感官体验。

　　1997 年，花王碧柔洗面奶的一句"清新爽洁不紧绷"清楚表达了碧柔的产品体验，直到今日很多人在选购洗面奶时还会将这句话脱口而出。

　　据说当年负责该创意的广告公司，文案写了很多稿都不满意，最后试用了一个星期碧柔洗面奶，才写出了这句文案。这句话证明了创作者下了足够的功夫来体验产品，足够真诚地写文案，而不是空口白话、漫无边际地写产品如何好。不夸示产品功能和品质，而把产品带给用户的体验表达出来，这才是写产品文案的关键，才是触达用户内心的秘诀。

　　1998 年，苹果推出台式电脑 iMac G3。它采用一体机设计，内置 USB 接口，支持 FireWire，并率先使用可吸入式光驱取代软驱。更重要的是，iMac G3 采用半透明塑料壳设计，加上圆润的蛋壳造型十分可爱，一扫 PC 界产品沉闷的风格。刚上市时，它还只有一款邦迪蓝配色，不过到了 1999 年 1 月苹果就新增了草莓红、青柠绿、葡萄紫、橘子橙等一系列糖果色，所以 iMac G3 又被称为粉丝们亲昵地称为果冻、硬糖。

　　为了表现产品魅力，iMac G3 的广告文案只用了一个单词"Yum"（见

图 5-3）。Yum 是英语中的感叹词，它来自口语，表示吃到美味时发出的赞叹声。比如吃到一颗糖果、一块蛋糕、一盒覆盆子黑巧克力脆顶冰激凌，很多人就会情不自禁地发出"Yum"的声音，以示滋味美妙。

图 5-3 iMac G3 广告

资料来源：苹果官网。

iMac G3 这个广告，没有讲产品性能，没有讲创新的吸入式光驱，没有讲苹果的匠心和偏执——这种半透明材质的成本是普通外壳的 3 倍。它只告诉了我们一个单词"Yum"。这个单词调动了消费者脑海中的快乐中枢，让消费者一下子就感受到了苹果的魅力，迫不及待想要拥有它。

为了强化 iMac 打动消费者感官的能力，乔布斯对广告图片的色彩极其在意，在产品发布前夕，他发现杂志广告上 iMac 的蓝色与真机不同，立马向杂志社要求更换广告商，并且大发雷霆："去他……的！不够蓝！"从 iMac G3 开始，多彩也成了苹果的一个突出风格，并延续到后来的 iPod、iPhone 等产品上。每次推出一个新色彩，也成了 iPhone 换代的一大卖点。色彩能直接打动消费者，这也是多乐士诉求"多彩开始"、佳能 IXUS 的文案强调"你好，色彩"的道理。后面的故事大家都知道了，iMac G3 在上市 6 周内卖出了 27.8

万台，到当年底销售超 80 万台，它将苹果从濒临破产的边缘拉了回来，iMac G3 拯救了苹果。

什么是品牌？其实就是消费者的感官体验集成和情感载体。文案就是要将这种体验传达给消费者。

诞生于 1912 年的奥利奥，从 20 世纪 50 年代开始宣传"扭一扭、舔一舔、泡一泡"（Twist、Lick、Dunk），将这一吃法植入消费者心智，成为奥利奥坚持至今的营销方式。扭、舔、泡三个动作简单，却有着生动丰富的细节，它需要手眼舌头并用，调动视觉、触觉、味觉，包括听觉等多种感官。奥利奥创造了边吃边玩的独特体验，将品牌与快乐、有趣联系在一起。听到这三个词，就让人情不自禁去想象吃奥利奥的情景。

扭、舔、泡三步骤，还让吃奥利奥有了一种特别的仪式感，帮助很多人养成了消费习惯，下至三岁孩童，上至花甲老人，大家都这么吃奥利奥，仿佛奥利奥天生就应该这么吃一样。凭借着这个消费仪式，奥利奥风靡全世界，成为全球夹心饼干的代名词，被誉为饼干之王，成为全球第二大食品公司卡夫旗下的超级明星。全世界在售的奥利奥摞起来，长度能从地球到月球来回 6 次。

围绕扭、舔、泡，奥利奥还与全球众多插画师、设计师合作，将奥利奥的吃法变成妙趣横生的插画和动画，号召全世界的消费者一起玩转奥利奥（见图 5-4）。它还专门开发了手机游戏 App，用类似水果忍者的玩法，让大家通过手机屏幕来尽情扭一扭、舔一舔、泡一泡。

此外，奥利奥也曾掀起"奥利奥的最好食用方式"的用户大讨论，饼干扭开是先吃夹心还是先吃饼干？是单独食用还是放进冰激凌里？是饭前配牛奶还是饭后当甜点？这一互动方式，不仅推动了销售和用户尝试，还为奥利奥创造了更多有趣吃法。通过各式各样的演绎，奥利奥这块黑白夹心饼干已经成了一个经典 ICON，一个经久不衰的 IP，深受消费者喜爱。

自 1996 年进入中国市场，奥利奥也一直延续了这一体验营销的方式。2010 年，奥利奥邀请姚明担任品牌大使，在其代言的电视广告中继续推广奥利奥的经典吃法，同时还基于电视广告的情节，发起"看谁能泡到"的体验活动，既有线上的互动小游戏，也有线下的全国巡回活动。

图 5-4 奥利奥广告

资料来源：优优教程网。

2013 年，奥利奥发起的是"扭开亲子一刻"的品牌营销。它通过网络征集了 20 个真实的家庭亲子故事，联手导演冯小刚拍摄了《奥利奥：亲子中国》的微电影。这是一次全国性的社会行为，旨在鼓励父母们走进孩子的世界，多多陪伴孩子，并和孩子一起快乐玩耍。"亲近时刻，只有奥利奥"也是奥利奥一直以来的品牌诉求，它希望将扭、舔、泡的吃法，变成父母一起动手、全家共享的亲子时刻，把食用奥利奥的乐趣，变成温馨美满的家庭乐趣，用亲子一刻来联结消费者。

但是，和其他品牌一样，拥有百年历史的老顽童品牌奥利奥，如今也面临着如何应对新世代消费者的大挑战。为了吸引年轻人，2015 年奥利奥正式打响"玩转奥利奥"的全新品牌战略，不仅邀请消费者来分享奥利奥的创意新吃法，还让消费者来设计产品包装，充分发挥人们的奇思妙想。2016 年，奥利奥还推出了一款音乐盒，把饼干当成唱片，放到音乐盒上就可以播放音乐，而且每咬一口饼干，播放的音乐就会换一首。这个创意引发了消费者的极大兴趣，随后奥利奥批量制作了这个音乐盒进行发售，一天就卖掉了 2 万个。

2018 年初，奥利奥又请了 TFBOYS 成员王源担任品牌大使，并且将广告语再次更换为"玩在一起奥利奥"。奥利奥在文案中告诉大家，家人要"扭在一起"，和宠物要"舔在一起"，好兄弟"泡在一起"，姐妹们"潮在一起"，无论哪种一起，喜欢奥利奥，我们都能玩在一起。经典的扭、舔、泡，变成了大家齐分享的纽带。

延续音乐盒的玩法，奥利奥又推出了 AR 游戏机，用手机扫一扫不同造型组合的奥利奥，就能解锁多达 18 款奇趣小游戏。在产品上，奥利奥还不断推出新口味刺激消费者，诸如樱花抹茶味和白桃乌龙味，以及芥末味、辣鸡翅味这种听起来颇有些像黑暗料理的新口味。同时，奥利奥还开启了让粉丝来创造新口味的玩味计划，网友们大开脑洞提出了小龙虾蒜末味、咸鱼海盐味，以及方便面味、茅台味等"奥次元"产物。

2020 年 5 月，奥利奥官宣新的品牌大使周杰伦，诉求"玩心不变，玩出无限"。并且接连打造了"5 万块小饼干拼成巨幅周杰伦专辑封面""周杰伦限量黑金音乐盒""大号奶茶桶"等营销事件，让消费者直呼："奥利奥太会玩了！"从品牌上的新诉求，到产品上的新口味、新包装、新吃法，到营销上的新代言人、新玩法，奥利奥所做的这一切都是为了和消费者"玩在一起"，赢得新世代消费者的欢心。

纵观奥利奥的品牌营销史，其中包括了感官体验、快乐情绪、亲子情感等多个维度的品牌建设，不变的则是创造快乐、分享快乐的品牌诉求。

3. 人头马一开，好事自然来

我总是开玩笑说，只有广告中的人生，才是最值得过的人生。因为广告中描绘的总是一副理想生活场景。针对家庭的品牌，无论家用车、家电、家居，广告中呈现的都是幸福的一家三口，事业有为的先生、时尚靓丽的太太、聪明可爱的孩子，外加一条乖巧的金毛大狗。他们在家，过着无忧无虑的生活，周末开上车，一家人去蓝天白云下郊游。而主打高端的品牌表现出来的画面则是红地毯、镁光灯、上流社会的交际与应酬、成功人士环绕，不是在演讲台上挥斥方遒，就是在酒桌上端起酒杯激扬人生。

更妙的是，广告告诉你想要拥有这种生活，只需要消费就好了。广告中人们的梦想，只需要购物就能达成。广告中人们的烦恼，只需要购物就能解决。通过消费和购买，你就能收获一份美好人生的希望。买了我的产品之后，你会变得更好，更美、更帅、更聪明、更有趣、更强大、更有品位、更有魅力，你会变成更好的自己，拥有更美好的生活。这样才能让消费者对购买某件商品充满期待，激发其拥有该商品的欲望。

所以可以看到，大多数广告中都是帅哥美女，年轻的努力拼搏，走上人生巅峰；年长的事业有成，独步青云，执掌一切。女性若未婚则独立自主，潇洒人生；若嫁了人则家庭美满，其乐融融。这就是广告向消费者许下的承诺，每个人都可以过上广告中的生活。

广告业其实是造梦业。广告中应该展示的不是你的产品多么多么好，而是消费者拥有了产品之后，他的人生会是多么美好。全世界第一座迪士尼乐园落成时，在入口处铭刻着一句标语："在这里你离开今日，进入了一个由昨日、明日与幻想编织而成的世界。"其实这才是迪士尼真正贩卖的产品，它卖的不是城堡、公园、游乐设施，而是梦想，是每个女生心目中的公主梦。所以上海迪士尼乐园的广告语叫作"点亮心中奇梦"，它是魔法成真之地、梦想成真之地。

文案要做的，就是给消费者以承诺、以希望，如果文案能将品牌与大众的某种心理期待关联在一起，那么品牌就能长久立于不败之地。就像电影《肖申克的救赎》所说的："在我们心里，有个地方是关不住的，那个地方叫作希望。""希望是好事，也许是世间最美好的事物，而美好的事物永不消逝。"

创作于1992年的"人头马一开，好事自然来"，不仅成功帮助人头马打进香港市场，而且成为风行一时的流行语，几乎家喻户晓。这句出自黄霑手笔的文案，为人头马的品牌传播立下了汗马功劳。据黄霑自己回忆，他当时一边喝着人头马，一边为人头马想文案，第一句便写下这句"人头马一开，好事自然来"，起初他对这句话并不十分满意，于是又一口气写了140句广告语出来。

这么多文案，统统被交到人头马的营销负责人那里，营销负责人只看了第一句，就立刻拍板用它。而这一用，就是很多年。

在我看来，黄霑第一句便写下"人头马一开，好事自然来"，这就是押韵带来的语言习惯，它是一句朗朗上口、朴实自然的大白话。而人头马之所以采纳这句话，则并非出于头脑发热，而是来自他们对中国市场的研究发现。

中国是一个注重世俗人情的社会，凡事都讲究吉利、讨个好彩头，逢年过节时刻的各种酒宴更是如此。这一文化心理在粤语地区尤其明显，诚如在今日广东，过年时节要吃发菜寓意发财，家里要买上几盆金橘寓意大吉，丝瓜在粤语中谐音"输瓜"于是改名"胜瓜"等，皆如此类。

和广告语配套的电视广告中，人头马便列举了三个"好事来"的场景：打麻将时自摸"红中"和牌；街头投币时突遇机器故障，吐出大把钱币；酒桌上中年男子携带年轻女伴，又有餐厅驻唱女星献媚。

人头马定价高端，目标用户瞄准有一定社会地位和经济实力的富人群体，这群人常在商务应酬场合饮酒，"好事自然来"一方面迎合他们想要的财源广进、兴旺发达的"好事"，另一方面，喝人头马能让这群中年大叔散发男性魅力，从而引来异性倾慕的"好事"。关于这一点，广告片中就有所表现。而生性风流潇洒、爱讲段子的霑叔，在写广告语时自然不会想不到这一层。

"人头马一开，好事自然来"顺口、好记，迎合了国人追求吉祥、好运的文化心理，因而在有着自己独特酒文化的中国市场，人头马迅速打开局面，成功改变香港地区的饮酒风气，被消费者接纳并流行开来。在当时各种应酬和婚宴场合，人头马都是必备酒水，销量因此大涨。

1994 年，中国成为干邑白兰地全球第三大市场，而其中人头马就占据了半壁江山。而且 1600 万瓶的销量，也为人头马整个品牌的销量贡献了近一半份额。在中国，人头马不仅成为干邑白兰地的代表，更几乎成为整个洋酒界的代名词。"人头马一开，好事自然来"对于其品牌提升、市场销售，堪称意义非凡。

随着中国洋酒市场日渐成熟，更多洋酒品牌进入中国，人头马也开始转向个性态度和价值取向的品牌沟通，品牌转而提出新的广告语"一生，活出不止一生"。在产品沟通上，人头马特级 CLUB 诉求"真男人的心得"、人头马诚印宣传"无装饰的诚意"、人头马 VSOP 试问"谁是心玩家"，但这些文案都未能达到"人头马一开，好事自然来"的精准和流行度。

所以在 2018 年，人头马又重新推出了新的品牌概念"人头马一开，人生更多彩"，表达消费者对丰富多彩生活体验的向往。这句话既承接了"人头马一开，好事自然来"的历史品牌资产，又发扬了"一生，活出不止一生"的斜杠人生哲学，重拾消费者对人头马的符号记忆，重新强调消费者对好运和美好人生的希望与追求。

从"人头马一开，好事自然来"到"人头马一开，人生更多彩"，其实品牌应该向消费者灌输的就不是一个产品功能，而是一个美梦。人头马能让你的人生变得丰富多彩，与此类比，马爹利说"跃升新优雅"则是在说喝马爹利的人都超有品位，而芝华士说"活出骑士风范"，则是表达消费者的高贵身份与修养。

2014 年阿里上市那一天，所有阿里员工一起穿上了一件特别定制的纪念 T 恤，上面印着马云亲自挑选的一句话："梦想还是要有的，万一实现了呢?"这句话后来成为 2014 年度最火的一句话，流传甚广。类似的话小米也有一句，它最早是作为红米手机发布时的广告语使用，出现红米手机的发布会上、手机壁纸上、日历上、T 恤上、产品包装盒上。后来，它被无数"米粉"保存、转发，用以自我期许，这句话叫作"永远相信美好的事情即将发生"。这句话，成了一句社会流行语，也成了小米最具代表性的经典宣传口号。这句话，真正代表着小米的使命和品牌理念，那就是始终坚持给用户打造感动人心、价格厚道的好产品，总是超出用户预期，让他们相信还有更好的产品问世。这句话代表着小米用户的生活态度，代表着他们对小米的态度，它是"小米粉丝营销"得以成功的关键。

"梦想还是要有的，万一实现了呢"和"永远相信美好的事情即将发生"，这两句话的流行最能说明社会大众的心理习惯。实现梦想、希望美好，才是我们一生孜孜追求的目标。可以说，这两句就是阿里和小米最好的企业形象广告。

4. 因为我们更努力

洗衣机是一个了不起的发明，它将我们从繁重的家务中解放出来，给生活带来了极大便利。人类历史上最早的洗衣机品牌 1900 在推销产品时也是这么想的，它的产品文案是这么写的："别把自己铐在洗衣盆上。"画面上是一位家庭主妇，被一条链子铐在老式洗衣盆上。文案接着写道："你的生活和健康正被损害，你会未老先衰。为您奉献采用新原理制造的新式洗衣盆。它省时省钱，30 天试用……"⊖

当这则广告一出现，大家觉得 1900 公司的大门会被挤破，产品会引起哄抢，对不对？不对。家庭主妇们根本就讨厌这则广告。道理很简单，没有哪位女性希望自己被视为奴隶，她们绝不愿意被轻视，绝不承认自己被铐在洗衣盆上，做着牲口般的苦力活，即使洗衣真的很累。就算洗衣机有极强的产品创新，并且完全击中消费者痛点，但它不能赢得消费者的认同，依然无法实现产品销售。

这时，广告史上第一位文案大师约翰·肯尼迪出现了，他重写了文案。新的广告插图是一位女士坐在摇椅上，一边悠闲地看着书，一边操作着洗衣机。而文案标题是："让这台机器为您免费洗衣"（Let this machine do your washing free）。这幅新的广告，既强调了洗衣机让人获得自由时间，也表示购买洗衣机的花费要远小于每周请一次洗衣工洗衣。洗衣机这才赢得了主妇们的认同，从此走进千家万户，改变了我们的生活方式。1900 公司后来改名为惠而浦，成为今天世界上最大的家用电器企业之一。

30 年后，发明速溶咖啡的雀巢遭遇了同样的困境，他们发现家庭主妇们不接受速溶咖啡。雀巢一开始以为这是口味问题，速溶不如现磨咖啡。但消费

⊖ 阿尔伯特·拉斯克尔.拉斯克尔的广告历程 [M].焦向军，韩骏，译.北京：新华出版社，1998.

者口味测试表明，主妇们根本分辨不出口味。经过更深入的研究，雀巢才了解真相：原来在主妇们看来，购买速溶咖啡代表着懒惰、邋遢、挥霍浪费、生活不讲究且没有计划。不是消费者不接受速溶咖啡，而是她们不接受自己被视为一个失职的主妇。于是雀巢赶紧转变思路，不再诉求速溶咖啡省时省力、减少繁复操作的痛点，转而强调速溶咖啡的美味与香醇，于是速溶咖啡销量大增。

在洗衣机和速溶咖啡刚刚问世的那个年代，负担起繁重家务仍被视为是家庭主妇的天职，社会公认的完美主妇应该勤俭持家、热爱家务、喜欢烹饪，将一家人的生活计划得井井有条。而逃避这种劳动则会被他人鄙视，并被自己内心谴责。洗衣机和速溶咖啡看起来解决了消费者生活中的痛点，却并不能赢得消费者认同，因为它不符合社会文化对家庭主妇的期望与定义，也不符合当时主妇群体的自我认知。

按照马斯洛的需求层次论，人的需求从低到高依次被分为生理需求、安全需求、社交需求、尊重需求、自我实现需求。其实，除了生理需求和安全需求，后三种需求都与认同相关。我们渴望获得自我认同、赢得他人和社会认同。所以营销的问题不在于产品，而在于消费者的内心认同。广告人的价值不在于改造产品本身，而是要改变人们头脑中的观念，改变消费者对一个产品的看法和期望。文案要想创造这种认同感，有两种心理来源：

- 其一，对特定群体的生活方式和价值观念予以肯定、鼓励，从而赢得他们的认同与归属感。
- 其二，和社会主流文化形成共振，让品牌成为一种社会共识，从而赢得社会层面的共鸣。

1962 年，当安飞士租车公司（Avis）找到伯恩巴克时，它已经到了破产的边缘，创业 13 年来安飞士年年亏损，已经山穷水尽。当时，安飞士刚刚上任的总裁罗伯特·汤赛德（Robert Towmsrnd）决心扭转局面，他希望提升安飞士的行业地位和品牌形象，并要让消费者以租用安飞士为荣。为此，汤赛德先后拜访了六家广告公司，但由于其广告预算仅有 100 万美元，却又要求起死回生的品牌效果，于是这些公司纷纷予以拒绝。

最后，汤赛德找到了DDB。DDB的创始人、天才广告人伯恩巴克接受了他的邀请，但伯恩巴克提了一个条件：DDB创作出来的广告必须原封不动地刊登于媒体上，安飞士一丝一毫都不能加以更改。走投无路的汤赛德答应了。

伯恩巴克带领他的团队研究之后发现，赫兹公司（Hertz）在美国汽车租赁市场占据着50%的份额，而且凭借强势的广告宣传，全美消费者都知道赫兹。而安飞士根本什么都不是，默默无闻，与赫兹相比就是天壤之别。伯恩巴克认为，安飞士既不是最大的，也不是最好的，它能做的就是成为最令人愉快的租车之地。于是，历经90天埋头苦干之后，一个大胆的方案摆在了安飞士面前："我们是第二，我们更努力。"看到方案的汤赛德大吃一惊，但由于DDB寸步不让，而伯恩巴克又有言在先，于是这一系列广告作品最终得以投放，并大获成功，安飞士咸鱼翻身。

我们来瞧瞧这一系列文案作品，看一看安飞士都告诉了消费者什么——

（1）安飞士在租车业不过是第二，为什么还要租我们的车？

因为我们更努力。（如果不是老大，就必须如此。）

要是烟灰盒没清理，油箱里只有半桶油，雨刮器坏了，车没清洗，轮胎瘪了，或者车上没有能调节的座椅，没有暖气，没有能除霜的除霜器，谁还来租我们的车，我们怎么活下去？显然，我们最想尽力做到的无非是最好。让您开着一辆像崭新的福特那样的车，脸上带着笑容出发。并让您知道，比如，在德卢斯的哪个地方能买到香喷喷、热腾腾的熏牛肉三明治？为什么？因为怠慢了您，我们可担待不起。下次试试我们吧。我们柜台前排的队比较短（见图 5-5）。

（2）老二主义——安飞士的宣言。

我们在租车业，在巨人面前只是坐在第二把交椅上。但最重要的，我们必须学习生存。

在努力中，我们学到了在这个世界上，做老大和做老二的差别。老大的态度是："别做错事，不要犯错，那就对了。"老二的态度是："做对事情，找寻新方法，比别人更卖力。"老二主义是安飞士的信条，它很管用。

安飞士的顾客租到的车子都是干净崭新的。雨刷完好、烟盒干净、油箱加满，而且安飞士各处的服务小姐都笑容可掬。结果安飞士本身就可以转亏为盈了。

安飞士并没有发明老二主义。任何人都可以采用它。全世界的老二们，奋起吧！

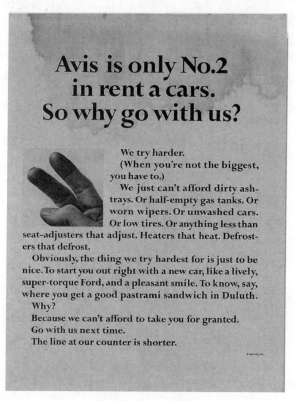

图 5-5 安飞士广告

资料来源：网易网站汽车频道。

还有几句文案是这样的——

当你只是第二时，你必须更卖力，不然你就完了。

假如您在安飞士车中找到烟蒂，请投诉，这样做对我们自己是有好处的。

安飞士承受不起提供未清洗的车子。

如果你要抱怨请打电话给安飞士总裁，他的电话号码是 CH8-9150（他连秘书都没有，只能亲自接电话）。

在这一系列文案中，安飞士让自己摆出一个弱者的低姿态，并以"我们更努力"的真诚态度赢得了消费者的同情和认同，很多人开始尝试租它的车，安飞士一时间声名大噪。

此外，安飞士还专门制作了一枚"我们更努力"（We try harder）的胸章给员工佩戴，而消费者纷纷写信给安飞士公司索取这枚胸章，从而创造了一次意料之外的巨大传播（见图 5-6）。安飞士光赠送出去的胸章总价值就超过了 10万美元。

图 5-6　安飞士胸章

资料来源：安飞士官网。

而且设身处地想一下便知，当这些广告出街时，作为行业老大的赫兹其实是非常难受的。不回应吧，自己就真成了安飞士塑造的一个傲慢自大的老大形象；回应吧，那根本就是在帮安飞士做广告。最终赫兹还是没忍住，它回应了一波广告："第二说他们更努力，比谁？"然后开始强调自己租车方便、网点遍地、车型众多、计费方式多样，而且支持信用卡。没错，这些都是赫兹的优势，但从用户心理认同的层面，一旦赫兹开始回应，它只会更落下风。

7 年以后，杰克·特劳特和艾·里斯出版《定位》，在书中将安飞士视为定位的成功。《定位》一书中如是说——

> 作为"关联"定位的典型案例，安飞士广告将永垂营销史，它是参照市场领导者而建立的定位。
>
> 安飞士连续赔本 13 年，但它自从承认自己排行第二以来，就开始盈利了……安飞士之所以能有不菲的收益，是因为它们承认了赫兹的位置，而放弃与其正面冲突。
>
> 让我们深入潜在顾客的心智，假想我们能看到标有"租车公司"的品类阶梯，在阶梯的每一层上都有一个品牌名称，赫兹在最高一层，安飞士在第二，而全美租车公司则在第三。
>
> 许多营销人员都误解了安飞士的故事，他们认为该公司的成功是工作更加努力。完全不对。安飞士之所以成功，是因为它关联了赫兹。
>
> "关联"定位是一种典型的定位方法。如果一家公司不是第一，则它一定要尽早占据第二的位置。[⊖]

自打定位论开始流行，安飞士就成了经典的定位案例，好像安飞士的成功是因为将自己定位成"行业第二"，这真是天大的误会。真正帮助安飞士成功的不是"第二"，而是"我们更努力"，它的态度和精神打动了消费者。不然如何解释人们纷纷索取"我们更努力"的胸章？难道会有人愿意将"我们是第

⊖ 杰克·特劳特，艾·里斯.定位：有史以来对美国营销影响最大的观念 [M]. 谢伟山，苑爱冬，译.北京：机械工业出版社，2011.

二"自豪地挂在胸前吗？

　　没有人会以第二名为荣。NBA 传奇球星科比·布莱恩特说得极对："第二名就意味着你是头号输家。"你是第二我就要租你的车？为什么我不租第一呢？第一不更好吗？况且，安飞士当时濒临破产的业绩表现也谈不上行业第二，它讲"第二"只不过是为了把自己摆在一个与老大赫兹截然相对的位置上。

　　说到这一点，就不能不提锤子手机，锤子问世之初也曾处处关联苹果，罗永浩无论在发布会上还是微博上，都言必称苹果，以乔布斯继承人自居。甚至锤子官网上也曾公然打出"全球第二好用的智能手机""东半球最好用的智能手机"等宣传口号，以比附苹果进行"定位"。但是这个"行业第二"的定位帮助锤子占领用户心智了吗？帮助锤子取得成功了吗？恰恰相反，关联行业老大的定位换来的不是成功，而是群嘲，还有工商局的违规通知书。

　　而真正赢得粉丝认同的文案恰恰是锤子 T1 发布会上那一句"我不是为了输赢，我就是认真"。当这句话出现在现场的大屏幕上，台下就有观众被感动到热泪盈眶。后来这句话在网络上广为流传，成为锤子手机最好的广告语。而这才是锤粉认同锤子手机和罗永浩的初衷。

　　大家都说罗永浩是营销奇才，锤子手机多年来也出过很多经典文案，诸如"漂亮得不像实力派""天生骄傲""以傲慢与偏执，回敬傲慢与偏见""所有的光芒都需要时间才能被看到"，等等，但在这许多漂亮的、逆天的、高格调的文案中间，最打动人心的却是一句简单直白的"我不是为了输赢，我就是认真"。

　　为什么？

　　因为这句话一反罗永浩惯来睥睨众友商，不把其他手机品牌放在眼里的狂妄，而是以一种谦逊、弱者的姿态面对众生。是的，我们刚刚起步，我们弱小，我们是手机业的门外汉，我们可能打不赢强大的竞争对手，但我们就想认认真真做一部手机，这样都不行吗？如果罗永浩能始终摆出这种姿态来做手机营销，我想那锤子手机的今天也许会不一样。

厦门大学新闻传播学院博士生导师邹振东，提出过一个观点叫作"弱，才是舆论世界的哲学"。他在《弱传播》一书中指出："强者要在舆论世界获得优势，就必须以弱者的身份或姿态，以弱者为旨归，想方设法与弱者产生联系。""舆论的世界里，弱者天然占据优势，这就是舆论世界的第二条丛林法则：争取认同，强肉弱食。"⊖

示弱才能赢得消费者的认同，这才是安飞士租车广告案例取得成功的真谛。它将自己摆在一个弱者的地位，进而用"我们更努力"创造了巨大的情绪感染力，它唤起的是民众对一个小人物奋力挑战行业巨头的鼓励与支持，这和"第二"根本没有丝毫关系。

无论在东西方的文化传统里，都有这种对弱者的认同与支持，这就是人类普遍的心理习惯。如圣经中牧羊少年大卫战胜巨人歌利亚的故事，抑或中国神话故事里的精卫填海，以及大泽乡那一声振聋发聩的呐喊：王侯将相，宁有种乎？邹教授说，当代中美最有代表性的两部动画片，《猫和老鼠》《喜羊羊与灰太狼》。现实中的强者猫和狼，在动画片中处处被欺负、被捉弄，因而广受欢迎。

所以，特劳特错在了哪里？在于他忽视了用户心理和社会文化习惯的巨大惯性，仅仅将品类地位作为购买的真相。而安飞士的商业故事，它的文化原型就是一个大卫战胜歌利亚的故事，它是一个平民英雄。

对观众们来说，大家最爱的故事有两种，一是看高高在上的人跌落神坛，诸如名人丑闻、明星八卦之属；再就是小人物挑战命运不公，凭借自身的不屈努力和种种际遇逆袭封神。许多经典传奇、大多数网络小说、社交媒体上流传的各种鸡汤故事都是这个标准套路。

2018 年 6 月 16 日晚，第一次打进世界杯的冰岛队逼平夺冠热门阿根廷队。第二天，微信公众平台就诞生了 2498 篇写冰岛的文章，其中 46 篇 10W+。为什么大家热衷于谈论这个世界地图上毫不起眼的小国家？那是因为

⊖ 邹振东. 弱传播：舆论世界的哲学 [M]. 北京：国家行政学院出版社，2018.

冰岛太励志了，一个人口仅有 34 万的国家，凑出了一支世界级球队。他们的球员大多是兼职，而且全队的球员身价加起来只抵得上 40% 的梅西。就这样，他们逼平了阿根廷。所以有 10W+ 文章的标题就叫作《冰岛一夜刷屏世界杯：你凭什么看不起小人物？》。

小人物的故事是营销传播中最可贵的内容素材。因为大多数品牌针对的也就是普通民众，这样的内容让他们感到真实、亲切，感到振奋、感动，也最容易赢得他们的认同。它就像一束光，照亮了我们每个平凡的人生。2016 年 7 月，彩虹合唱团的《感觉身体被掏空》走红网络。2018 年 5 月，公众号 "视觉志" 一篇《凌晨 3 点不回家：成年人的世界是你想不到的心酸》刷屏全网，14 个小时内阅读量破 660W。2020 年 5 月，表达年轻人价值观的 B 站广告《后浪》成为现象级的营销事件。这是因为在这些刷屏内容背后都有一个明确的目标群体，文案说出了 "996" "加班族" "打工人" 的心声。

企业在做营销时，不应该只是泛泛而谈将人群定义为男女都有、18 ～ 55 岁、一到五线城市……而应该锁定一个明确聚焦的目标群体，比采用人口统计要素对目标人群画像，更重要的是采用生活方式和心理要素进行画像。去研究他们的生活主张，他们有什么内在需求。品牌必须把自己当成目标消费者，为一个群体代言，说出他们的心声，这样才能让消费者对品牌产生认同感，产生了 "这就是我" 的代入感。

5. 活出你的伟大

要做出好的创意，你需要对消费者有深入洞察。要做出惊天大创意，你还需要对消费者所处的社会文化、社会心理有深刻洞见。文化才是一切现象背后的决定因素，没有对文化的深刻洞见，就谈不上对内容的有效营销，就写不出赢得超级认同感的文案。

2008 年奥运会首次在中国举办，这是全民关注的一件大事。那一年我在广告公司，每个客户都要做奥运营销，无论哪个行业，足见盛况。耐克、阿迪达斯这种运动品牌，就更不用说了。

阿迪达斯是 2008 年奥运合作伙伴，营销主题叫作"一起 2008"。

最出彩的是阿迪达斯的创意表现，它采用了手绘风格，描绘了无数个人，他们万众一心，伸出无数双手，托起了中国跳水运动员胡佳站上跳板，托起了中国男足运动员郑智头球争顶，托起了中国女篮运动员隋菲菲三步上篮，托起了中国奥运代表团站上领奖台。文案告诉大家："与胡佳一起 2008""与郑智一起 2008""与隋菲菲一起 2008""与中国奥运代表团一起 2008"。

很明显，这个文案和创意要表达的就是中国人民万众一心迎奥运的那种心理情结和民族自豪感。13 亿中国人团结一致，众志成城，和我们的奥运健儿们一起备战奥运。在广告投放的同时，阿迪达斯还启动了一个名为"2008，我们一起跑"的全民跑步营销活动，鼓励每个普通人都参与进来，全民一起奥运。

耐克在北京奥运的做法与阿迪达斯全然不同，它的营销主题叫作"你是谁"。

耐克通过众多运动员对这一问题的回答来表达品牌态度。篮球明星易建联回答说"我是奋斗"，亚洲飞人刘翔说"我是专注"，网球名将李娜说"我是力量"，拳击冠军邹市明说"我是顽强"，马拉松选手周春秀说"我是决心"，跆拳道冠军陈中说"我是历练"……耐克通过运动员的个人特质，来呈现体育精神，表达竞技运动的真谛。

同样是奥运营销，阿迪达斯与耐克的营销路线、诉求方向、品牌风格却截然不同。耐克更多关注个体层面，诉诸体育精神；阿迪达斯则更多强调集体层面，诉诸爱国情怀。但是，在 2008 年这个时间点上，阿迪达斯的营销明显占了上风，它影响了很多消费者，让人记忆犹新，而耐克的营销却没给消费者留下深刻印象。

不过到了 2012 年伦敦奥运上，情形又发生了巨大改变。

阿迪达斯这次的营销主题叫作"全倾全力，让巨龙动起来"。

它打造了"聚龙环"，一款印有巨龙图案，并饰以红黄配色的腕带。在这个腕带内侧有一个序列号，消费者只要登录阿迪官方活动网站，输入序列号，就可以为中国队加油，并且参与抽奖，赢取精美运动装备。2012 年 7 月 17 日，阿迪达斯为聚龙环在北京三里屯举办了发布仪式。从发布之日起，一直到 8 月 12 日奥运会闭幕，在这近一月时间里，消费者都可以到阿迪达斯在全国各地的指定店铺免费领取聚龙环。"# 戴上聚龙环，为中国加油 #""# 领动巨龙 #"，这是阿迪达斯发起的社交话题和互动活动。

在伦敦奥运会上，阿迪达斯依然延续了北京奥运会的营销路线，诉诸爱国情怀，凝聚 13 亿 "龙的传人" 的信念与力量，一起全倾全力支持中国健儿。

而耐克在伦敦奥运上推出的品牌战役，则是大名鼎鼎的 "活出你的伟大"。

"伟大" 这个词听起来很抽象、遥不可及。但耐克在它的电视广告中做了详细解释："一直以来，我们只相信伟大是属于少数人的，只属于那些巨星。但其实，我们都可以伟大。这并不是说要降低伟大的标准，而是要提升我们每个人的潜能。伟大，不限地点，不限身份。伟大，属于每一个正在追寻它的人。"

这表明耐克的诉求依然聚焦于个人奋斗，宣扬一种敢拼敢闯、敢于追求伟大的运动精神。不过耐克这次传播最厉害之处，是借助了微博平台响应热点的速度。奥运赛场上的成绩揭晓、奖牌诞生、现场发生的话题事件，几分钟后耐克就会在微博上跟进推出相应的热点海报、热点文案。这种营销的即时性、神一般的速度、近乎直播式的奥运营销在社交媒体上引起了巨大反响。以至于很多人在看奥运赛事的同时，会期待着耐克将会说点儿什么。

尤其是，耐克关注的热点不只是金牌和冠军，而是运动员的赛场表现，以及从中体现出的运动精神。比如 8 月 7 日男子 110 米栏预赛中，刘翔攻栏时摔倒在地，最终单腿跳过终点无缘晋级。耐克推出的海报文案说："谁敢拼上所有尊严，谁敢在巅峰从头来过，哪怕会一无所获，谁敢去闯，谁敢去跌，伟大敢。"这条微博在 24 小时内就收获了 13 万次转发和 2.6 万条评论，引发人们的强烈共鸣。

再如李娜女网单打首轮出局，耐克配的文案叫作 "伟大的反义词不是失败，而是不去拼"。女子 10 米气步枪比赛中，易思玲因夺得冠军而备受媒体瞩目，喻丹却因只得铜牌被解说忽略姓名。于是耐克说："他们也许没记住你的名字，但记住了你的伟大。"乒乓球国手王皓连续三届奥运会杀入男单决赛，却三次屈居亚军，因而被粉丝调侃"千年老二"，但耐克说："三次亚军，证明的是你三次想赢冠军的决心。"场地自行车女子团体竞速赛中，中国队以领先对手 0.179 秒的成绩赢得了比赛，但被判犯规，金牌变成银牌。耐克说："裁判能决定你的成绩，但决定不了你的伟大。"

体现"伟大"的不是荣誉和冠军，而是追寻伟大的决心和过程。耐克通过对"伟大"的重新解读，将体育精神从那些顶尖运动员身上，传递给了每一个努力拼搏，渴望取得成绩的普通人。"伟大"不止存在于运动员身上，也存在于日常生活之中，每个普通人都可以活出伟大，成就自我。这一视角的解读无疑拉近了奥运顶级赛事与普通人之间的心理距离，讲出了普通消费者的内心感受。所以在 2012 年这一次奥运营销上，耐克大获成功，而阿迪达斯的聚龙环则逊色不少。

两次奥运会，耐克一直在表达运动精神，而阿迪达斯则一直在讲爱国情怀。耐克和阿迪达斯的营销路线都没有变，但两次奥运营销的效果却完全不同。2008 年，阿迪达斯大获全胜。2012 年，则是耐克大放异彩。这是什么原因造成的呢？答案是，社会形势变了。2008 年奥运第一次在中国举办，举国欢庆，人人都怀着强烈的自豪感和荣耀感，全民奥运的氛围达到高潮。而且在这届奥运会上，中国第一次夺得奥运金牌榜第一，成绩骄人。这时候阿迪达斯说"一起 2008"，自然赢得民众的强烈认同。

而 4 年之后，民众对奥运的情绪在达到一个巅峰后自然回落，且奥运会远在伦敦举办，国内早已不再有 2008 年那样的氛围。而随着全民体育的普及，普通民众对于奥运会的期待，也不再只关注奖牌数量，而是回归到竞技本身和关注赛场表现。耐克"活出你的伟大"将奥运精神与普通人的生活态度结合在一起，自然更能赢得消费的认同。

包括在 2014 年巴西世界杯，耐克的广告语"搏上一切"（risk everything），赢得广泛叫好，而阿迪达斯的营销主题"成皇或败寇"（all in or nothing）却招致不少批评。不少人以为阿迪达斯过于功利，仅以成败论英雄，只重结果不看过程。这正是因为社会观念的变化，消费者对体育赛事的看法早已超越只关注胜负的阶段，人们更看重的恰恰是运动员在赛事中展现出的风采和强大精神力，这才是耐克文案赢得人们认同的关键。

所以说要想赢得社会认同，制造社会流行，文案就不能只关注产品功能卖点，不能只盯着用户需求，更应深刻洞见社会文化和大众心理趋势，和社会观念形成共振。要做好文案，不能埋头只写纸上文，两耳不闻窗外事，而应该多多观察品牌所处的市场环境，理解人们认同什么又反对什么，研究民众关注什么热点和什么内容又正在刷屏。这些日常功夫，才是写好文案真正的基本功。

日本电影大师小津安二郎有一句名言"电影和人生一样，都是以余味定输赢"，好文案亦是如此。好文案不仅读起来有韵味，而且文字背后有着深长意味，有丰富的消费者感受和深刻的社会文化观念。在音、形、意上做文章，这样的文案才有流传的生命力。好文案，以余味定输赢。

后　记

距离我写下这第一本书的第一行字，已经过去了6个月零2天。

距离我写下这第一本书的第1版大纲，已经过去了2年6个月加10天。

距离我许下写一本书的豪言壮语，呃，已经过去了7年。

我发现最难写的是大纲，最终的章节目录和第一稿比起来面目全非，根本就是两本书。尤其是第一章，光大纲就修改了七稿。为了让大纲逻辑更清晰完善，我还在微信读书里专门建了一个书架，存了几十本书作为参考，打算全部读完再动笔写（主要的参考书我也列在了后面，可以作为给文案们推荐的书单），结果这个大纲一修改就是两年。

如果没有我公众号和粉丝群里的朋友们一直催，我想，光大纲我都能再改一年。所以这本书的问世我首先要感谢粉丝群的朋友们，是他们每天催进度，才给了我天天早上6点爬起来码字的动力，特别是群昵称改成"苦等空大出书的XX"那几位，我会准备好签名版的。

等2020年初全部大纲定下来，真的让我长出了一口气。心想大纲定下来，填字就容易了。初稿写起来的确很顺利，大约花了3个月就完成了，虽然在写作的过程中，大纲又被我修改了两遍。

不过，我发现了一个新的难题，很难整理资料。在第一章中我讲到，我写案例不只是写一句文案，而是要把它放到整个品牌演进史中去考量，去看一句文案对整个品牌策略的作用与影响，也要看一句文案的创作是如何根据市场和人群变化而变化的。

这就不仅需要搜集文案作品，还要将一个品牌的市场状况分析出来，把它的各种营销活动、公关事件、代言人策略等资料统统整理出来，尤其是每一年和每一季度都做了什么、有什么变化，这真的是一件需要花费巨大精力和耐心的事。

所以我要感谢我的助理 Rebecca，我每写一个品牌，她就帮我整理一个PPT，把这个品牌历年来的营销推广、文案作品按时间线排列清楚。一本书下来，攒下来的 PPT 都有几十个。还要顺便感谢我的大学同窗好友猫爷，以他出众的英文能力，帮我在看英文资料时答疑解惑，并提供了多句英文文案的准确翻译。

等到初稿完成，我又发现了一个新的难题。原来改稿比写稿更累，减字比增字更难。我大约修改了四稿。四轮修改一共花了 3 个月，时间完全和写稿齐平。所以我也要感谢华章出版的华蕾、刘静，容忍我一再拖稿，改了一遍又一遍，如果不是有交稿期限，恐怕我还会再修改两遍。谢谢你们给我这个第一次写书的"小白"提供耐心指导，帮助我一点点完成书稿。

第一轮修改是增补，缺失的数据、观点背后没讲清楚的原理、新增的案例，尤其要给每章写出点题的知识点和方法论，这一点真不容易。

第二轮修改是理顺逻辑，让整本书变成一个整体。因为万事开头难嘛，所以这本书我的写作顺序是第五章、第四章、第二章、第一章、第三章、序言。第一章和序言作为开篇的确最难写，第一章写废删掉的字都比最后用的字要多，序言则写了五稿，另外还把开篇文字发给了几个好友提意见，再作修改。所以我也要感谢我的前同事苏西，给了我很多热情洋溢的建议，祝你的创业书店生意兴隆。还有我的大学同学打口，祝你的鼠打猫互动公司多出精品案例。

第三轮修改是删减，相当于真正的第二稿，大作家斯蒂芬·金说过："第二稿＝第一稿－10%"，我大约删掉了14%。很多耗费心血写成的段落，鼠标一点就咔嚓删掉，那一刻我真的体会到了心痛的感觉。我单独建了一个 Word 文档，把所有删掉的文字都存在里面，以示我没有抛弃它们。

第四轮是继续精简，但往往是删掉了2000字，结果又增补了1000字。而那些本打算只改改病句和错别字的，结果一个没忍住又几乎重写了一遍，比如第四章的第三节、第三章的导读和第二节第7小点。

写作以外更大的难题是生活。本书大部分章节写于疫情期间，整天埋头敲键盘的我基本上过了两个月饭来张口、衣来伸手的日子。所以我最最要感谢的是家人，谢谢疫情汹涌期间为我提供一张安静的书桌，谢谢容忍我总是出神、忘事、开小差，因为我总是想着书稿（我当时只要不在打字就觉得非常焦虑。每天我算着字数过日子，吃饭时、走路时总是忍不住想接下来要写什么，所以转眼就忘了刚才做过什么）。尤其要感谢家人对我种种行为的极大包容和理解。比如我习惯每天睡前躺在床上回想一遍白天写过的内容，以及接下来要写什么。所以，灵感总是在半夜不期而至，我常常半夜躺下又爬起来打开手机，记录下来刚刚想到的内容，以免第二天睡醒忘记。躺下又起来，躺下又起来，如是者多次。

最后，我把这本书献给樱雨和彦。

附录 给文案们推荐的书单

第一章 文本

诺姆·乔姆斯基《语言的科学：詹姆斯·麦克吉尔弗雷访谈录》

史蒂芬·平克《语言本能：人类语言进化的奥秘》

史蒂芬·平克《心智探奇：人类心智的起源与进化》

尤瓦尔·赫拉利《人类简史：从动物到上帝》

伊丽莎白·爱森斯坦《作为变革动因的印刷机：早期近代欧洲的传播与文化变革》

唐·舒尔茨等《整合营销传播：创造企业价值的五大关键步骤》

第二章 场景

约瑟夫·派恩、詹姆斯·吉尔摩《体验经济》

罗敏《场景连接一切》

尼尔·埃亚尔、瑞安·胡佛《上瘾：让用户养成使用习惯的四大产品逻辑》

奇普·希思、丹·希思《行为设计学：零成本改变》

第三章　标签

丹尼尔·列维汀《有序：关于心智效率的认知科学》

闫泽华《内容算法》

丰信东《小丰现代汉语广告语法辞典》

川上量生《龙猫的肚子为什么软绵绵：吉卜力感动世界的秘密》

第四章　社交

约瑟夫·坎贝尔《千面英雄》

克里斯托弗·沃格勒《作家之旅》

玛格丽特·马克、卡罗·皮尔森《很久很久以前：以神话原型打造深植人心的品牌》

安托万·德·圣－埃克苏佩里《小王子》

第五章　流传

费尔迪南·德·索绪尔《普通语言学教程》

陈望道《修辞学发凡》

乔尔·贝克曼、泰勒·格雷《音爆：声音的场景影响力》

保罗·艾克曼《情绪的解析》

邹振东《弱传播：舆论世界的哲学》

道格拉斯·霍尔特《文化战略》

科特勒新营销系列

书号	书名	定价	作者
978-7-111-62454-7	菲利普·科特勒传：世界皆营销	69.00	（美）菲利普·科特勒
978-7-111-63264-1	米尔顿·科特勒传：奋斗或死亡	79.00	（美）米尔顿·科特勒
978-7-111-58599-2	营销革命4.0：从传统到数字	45.00	（美）菲利普·科特勒
978-7-111-61974-1	营销革命3.0：从价值到价值观的营销（轻携版）	59.00	（美）菲利普·科特勒
978-7-111-61739-6	水平营销：突破性创意的探寻法（轻携版）	59.00	（美）菲利普·科特勒
978-7-111-55638-1	数字时代的营销战略	99.00	（中）曹虎 王赛 乔林（美）艾拉·考夫曼
978-7-111-66381-2	社交媒体营销实践指南（原书第3版）	69.00	（丹）斯文德·霍伦森（美）菲利普·科特勒（德）马克·奥利弗·
978-7-111-40314-2	正营销：获取竞争优势的新方法	45.00	（美）菲利普·科特勒